최고의 나를 만드는
공감 능력

하버드 뇌과학 수업이 증명한 가장 강력한 성공의 도구

최고의 나를 만드는
공감 능력

헬렌 리스 · 리즈 네포렌트 지음
김은지 옮김

THE · **EMPATHY** · EFFECT

KOREA.COM

차
례

PART 1

인간이 가진 특별한 능력
'공감'은 어떻게 작동하는가? ······ 22

인간을 '최고의 모습'으로 이끄는 강력한 힘, 공감

사거리 한복판에 엉망으로 찌그러진 자동차 한 대가 서 있었다. 자동차 헤드라이트의 불빛이 비스듬하게 도로를 비추고 있었고 그 옆에는 온몸이 피투성이가 된 남자가 앉아 있었다. 이 광경을 목격한 내 친구 조지는 차를 멈춰 세우고 내렸다. 주변에 서 있던 사람들은 우두커니 지켜보고만 있었다. 누군가 경찰이 출동했다고 말했다. 그들처럼 가만히 보고만 있을 수가 없었던 조지는 그 남자에게 다가가 팔을 뻗어 꽉 안으며 위로와 용기의 말을 속삭였다. 남자의 머리에서 흐르는 피가 조지의 옷으로 번져 나갔다. 무엇이 조지에게 용기를 주었을까? 그는 문제가 되는 상황을 피하는 대신 주저 없이 다가갔다.

1968년 거센 시위 속에서 민주당 전당대회가 열리던 그날, 나의 또 다른 친구 버트는 시카고에 있는 한 호텔 방 안에 있었다. 호텔 밖에서는 거리로 몰려나온 청년들이 슬로건을 외치고 있었다. 순간 폭력 사태가 빚어졌고 경찰 역시 상황을 진압하기 위해 무력으로 맞섰다. 몇몇 시위자가 경찰을 피해 호텔 안으로 뛰어 들어왔다. 누군가 버트의 방문을 두드렸고, 문을 열자 청년 몇 명이 피를 흘리며 서 있었다. 버트는 이들을 방 안으로 들였다. 그러나 몇 분이 채 지나기도 전에 경찰이 방문을 두드렸다. 시위자들은 연행되었고, 몇몇은 머리채를 잡힌 채 끌려 나갔다.

텅 빈 방 안에서 버트는 무슨 일이든 해야 한다는 강렬한 충동에 사로잡혔다. 넥타이를 매고 재킷을 걸친 후 거리로 나간 그는 조심스럽게 시위대 사이를 지나 청년들이 연행된 경찰서로 향했다.

버트는 경찰에게 다가가 뉴욕에서 온 변호사 행세를 했다(사실 그의 직업은 배우였다). 그러고는 방금 막 잡혀 온 청년들의 변호를 맡고 있다고 말했다. 늦은 시간이었기에 경찰이 뉴욕에 전화를 걸어 신원 파악을 하지 않을 것이라는 계산이었다. 그의 예상은 적중했다. 그는 체포되지 않았고 학생들을 무사히 유치장에서 꺼내 병원으로 데려갈 수 있었다.

나는 종종 이 두 명의 친구들을 떠올리며, 이들이 타인에게 친절을 베풀 용기를 어디에서 얻었는지 궁금해하고는 했다.

25년간 나는 사람들이 가장 긍정적인 방식으로 타인을 이해하고, 별다른 문제나 오해 없이 상대방과 명확하게 의사소통하는 이유를 찾으려고 노력해 왔다. 내가 찾던 해답이 바로 '공감'이라는 사실은 갈수록 분명해지고 있다.

이 책의 저자인 헬렌 리스는 이와 관련된 분야의 전문가다. 그녀를 만난 후에 나는 마침내 내 친구들의 용기 있는 행동을 보다 근본적으로 이해할 수 있게 되었다. 그들은 공감의 순간을 경험했고 그에 따라 행동했던 것이다.

그렇다면 공감이란 정확히 무엇일까? 사람들은 공감을 정의하기 위해 여러 상충되는 주장을 펼친다. 공감이 곧 연민이라고 말하는 사람도 있고, 연민으로 향하는 디딤돌은 맞지만 공감만으로 선한 행동이 유발되는 것은 아니라고 말하는 사람도 있다. 그런가 하면 공감의 정의가 무엇이든 간에 인간은 누구나 일정 정도의 공감을 가지고 태어나며 그 이상은 절대로 가질 수 없다고 주장한다. 이를 반박하며 어렸을 때 공감을 배워야 한다는 의견도 있다. 물론 공감은 학습될 수 없다고 단호하게 주장하는 사람도 있다.

헬렌 리스는 이렇듯 여러 주장이 한데 모여 만들어 내는 불협화음을 잠잠하게 만든다. 그녀는 공감을 학습할 수 있다는 것을 알고 있다. 그녀가 직접 가르치고 또 연구하기 때문이다. 그녀는 수천 명의 전문 의료진을 가르치면서 공감이 증가하는 것을 직접 목격했고 관련 연구 결과를 기록했다.

그녀는 인간의 근본적인 특성을 근본적인 방법으로 다룬다.

인간이 다른 동물과 다른 이유를 연구한 과학자들로부터, 우리가 누구인지를 결정하는 데 공감이 매우 중요한 역할을 한다는 이야기를 들은 적이 있다.

우리는 공감 덕분에 타인의 기분을 읽을 수 있다. 공감은 상대방의 관점에서 상대방이 바라보는 대로 세상을 볼 수 있게 한다. 이러한 능력은 현대인들이 세상을 살아가는 데 큰 힘이 되기도 한다. 공감은 대화뿐 아니라 무역과 정치도 가능하게 한다(상대방이 원하는 것을 파악할 수 없다면 나의 제안이 상대방에게도 이익이라는 점을 어떻게 설득할 수 있을까?).

수백 년 동안 우리가 이러한 인간의 특성에 대해 궁금하게 여겼다는 사실은 어쩌면 당연한 일이다. '공감'이라는 단어가 쓰이기 시작한 지는 100년 정도밖에 되지 않았지만 그 훨씬 전부터 작가와 철학가들은 공감을 연구해 왔다.

　시인 월트 휘트먼은 타인의 고통이 우리에게 끼치는 영향에 대해 이런 글을 남겼다. "나는 다친 사람에게 기분을 묻지 않는다. 내 자신이 그 사람이 된다." 그는 우리가 상대방의 감정을 똑같이 따라 느끼면서 그 기분을 이해한다는 점을 발견했다. 어떤 면에서는 우리의 감정이 타인의 감정을 들여다볼 수 있는 렌즈라고 할 수 있다.

　철학자 데이비드 흄은 이렇게 말했다. "인간의 마음은 서로를 비추는 거울이다."

　이러한 생각은 호머 시대까지 거슬러 올라간다. 기원전 18세기에 호머는 이런 글을 썼다. "시간이 지나면서 내 심장은 타인의 좋은 일에 반짝이고 타인의 슬픈 일에 녹는 방법을 배웠다."

　공감과 연민은 엄연히 다르지만, 공감 없는 연민은 상상하기 어렵다. 공감은 인류에게 매우 중요한 요소다. 또한 오래 전 내 친구가 모르는 이들을 안전하게 지키기 위해 위험을 무릅썼던 것도 공감 때문이다.

무엇이 우리로 하여금 타인과 교감하게 만들까? 무엇이 우리가 힘을 합치도록 돕는 걸까? 무엇이 이타적으로 협력하게 하는 걸까? 우리의 가장 나은 모습을 이끌어 내는 이 강력한 힘은 과연 무엇일까?

만약 누군가 '우리의 성공을 돕는 가장 중요한 도구를 어떻게 얻을 수 있을까?'라고 묻는다면, 그 답은 바로 당신이 손에 들고 있는 이 책 안에 있다.

—앨런 알다
미국 배우 및 영화감독

삶에 '공감 능력'이 꼭 필요한 이유

유고슬라비아에 살던 우리 부모님은 제2차 세계대전이 끝난 후 거의 모든 것을 잃고 미국으로 이민을 왔다. 유고슬라비아에 티토 정권이 들어서면서 인종 청소 사태가 일어났는데, 부모님은 양쪽 집안 모두 독일계인데다가 개신교도였기 때문에 매우 심각한 상황에 처하게 되었다. 친할아버지와 할머니는 독재 정권에 의해 처형당했고, 아버지와 두 고모는 기아 수용소로 보내졌다. 외가 역시 재산을 모두 빼앗기고 가족 모두 강제 노동 수용소에서 일해야 했다. 결국 외할아버지도 수용소에서 눈을 감으셨다.

다행히도 아버지와 어머니는 교회 공동체 사람들이 보여 준 신앙과 공감 덕분에 각각 수용소에서 탈출할 수 있었다. 이후 두 사람은 서로를 만났고 오스트리아에서 결혼한 후 미국으로 건너왔다. 부모님의 과거를 이해하지 못하거나 알고 싶어 하지 않는 사람들은 부모님의 출신 배경과 독일식 억양만 보고는 바로 부모님을 판단해 버렸다.

잔혹한 전쟁 범죄를 일으킨 민족이라는 비난, 나아가 그동안 겪은 일에 대한 사람들의 공감 부족은 부모님에게 매우 큰 영향을 미쳤다. 가족과 집, 터전을 빼앗긴 것도 모자라 오해까지 받는 상황은 견디기 힘든 어려움이었다. 이러한 오해는 또한 나에게도 지대한 영향을 끼쳤다.

어렸을 때 나는 같은 반 친구들이 피부색이나 사는 곳, 또는 가족이 처한 상황처럼 어찌할 수 없는 문제로 누군가를 놀리면 크게 화를 냈다. 겉모습으로만 사람을 판단하는 불공평한 행동에 분노했다. 그러다 보니 사회 정의에 관심을 가지기 시작했고 오늘날까지 이어지고 있다. 타인이 느끼는 고통을 치유하고 싶다는 욕구 때문에 나는 정신 의학을 업으로 삼게 되었다. 이제 정신과 의사로서 나는 환자들이 정신병자로 낙인찍히거나, 환자들에게 '왜 그렇게 정신과 약을 많이 먹느냐'며 꼬치꼬치 캐묻는 사람들이 많다는 이야기를 들으면서, 환자들이 겪는 고통에 대한 공감이 부족하다는 사실에 분개한다.

10년 전 쯤 〈뉴욕타임즈〉나 〈월스트리트저널〉, 〈워싱턴 포스트〉

와 같은 신문에서 보건 의료 분야에 더 많은 공감이 필요하다는 기사를 지속적으로 다루기 시작했을 때 나는 이미 공감에 대한 연구를 하고 있었다. 그 당시 하버드의과대학의 매사추세츠종합병원 정신과에 소속되어 있었는데 동료 의료진과 함께 의사가 진료 중에 더 많이 공감할 경우 환자와 의사 간의 생리적 반응이 일치하는지를 연구했다. 정확히 언제 두 사람의 마음이 맞는지를 보여 주는 물리적 증거를 찾는 것이 우리의 목표였다.

전기 자극에 대한 피부의 저항이 어떻게 변하는지를 측정하는 전기 피부 반응은, 정서적 각성을 파악하는 가장 섬세한 방법이다. 내가 가르쳤던 학생 중 한 명인 칼 마시 박사는 전기 피부 반응을 활용해 의사와 환자 사이에 언제 마음이 잘 맞고 또 맞지 않는지를 알 수 있는 생리적 반응을 발견했다. 이러한 생리적 반응을 토대로 피부에서 분비되는 땀의 양을 측정하고, 생리적이고 정서적 활동을 실시간으로 파악하는 피부 전기 활동을 확인할 수 있었다. 그런 다음 환자에게 의사의 공감 능력을 평가하도록 했다. 그 결과, 의사와 환자 사이의 생리적 반응이 일치할수록 환자가 의사의 공감 능력을 높이 평가했다.

이 연구의 획기적인 성과는 정의하기 어려운 공감이라는 특성을 객관적으로 측정할 수 있는 생체 지표를 발견했다는 점이었다. 한 여성은 자신의 불안감을 나타내는 생리적 반응과 그에 따른 의사의 반응을 살펴본 뒤 놀라며 이렇게 말했다. "마치 제 마음 상태를 엑스레이 사진으로 보고 있는 것 같아요!" 그녀는 평생 불안함에 시달렸는데, 아무도 그녀의 고통에 귀 기울이지 않는다고 느꼈다. 그녀는 자신의 감정과 의사의 반응 사이에 연결성을 확인한 이후 치료에서 놀라운 진전을 보였다. 이를 통해 공감을 정의하고 측정하는 능력을 한층 더 개선하는 동시에 공감의 힘을 확인할 수 있었다.

하버드의과대학의 교수로서 나는 눈에 보이지 않는 감정을 가시화할 수 있다는 사실이 매우 흥미로웠다. 이 도구를 활용해서 어떻게 공감 반응을 향상시킬 수 있을지 고민하기 시작했다. 이후 하버드대학에서 의학 교육 펠로우십을 받게 되었고, 하버드 메이시연구소에서 공감의 신경과학을 배우면서 새로운 도구를 적용할 수 있었다. 또한 공감 훈련 프로그램을 개발하여, 이를 무작위 대조 시험을 통해 검증해 볼 기회도 있었다.

이를 토대로 나는 이 분야에서 최초로, 하버드의과대학의 매사추세츠종합병원에 '공감과 관계 과학 프로그램'을 만들었다. 처음 연구를 시작할 당시만 해도, 많은 전문가들은 공감은 타고나는 것이라고 보았다. 나는 여섯 개의 각기 다른 전공 분야의 수련의를 모집한 다음 간단하고 짧은 공감 훈련을 실시한 후, 그들이 환자들의 감정적 신호를 더 잘 인식하고 보다 효과적으로 대응할 수 있는지에 대해 연구했다. 또한 환자들에게 공감 훈련 전후로 의사를 평가하도록 했는데, 공감 훈련을 받은 그룹이 계속해서 훨씬 더 높은 점수를 받았다. 교육과 학습을 통해 공감을 키울 수 있다는 것을 확인한 것이다.

의사로부터 더 큰 공감과 존중을 받은 환자는 의사를 신뢰하고 권고사항을 잘 따라 더 나은 결과를 얻게 된다. 의사에게도 득이 된다.

우리의 연구에 따르면 환자와 더 많이 공감하며 교류하면 의사로서의 직업 만족도가 높아지고 피로도가 줄어든다. 의사들은 자신 앞에 마주한 환자를 질병이나 상처가 아니라 오롯이 한 사람으로 인식할 수 있어 환자와의 관계뿐만 아니라 의사라는 직업에 더 큰 유대감을 느끼게 된다고 설명했다.

내가 개발한 공감 훈련 프로그램에 대한 수요가 빠르게 늘어나면서 더 이상 현장 훈련만으로는 감당할 수 없게 되었다. 나는 공감 훈련 전문기업인 엠퍼테틱스 주식회사(Empathetics Inc.)를 설립하고 인터넷 강의와 현장 수업을 통해 전 세계에 공감 훈련 솔루션을 제공하게 되었다.

얼마 지나지 않아 다른 직업군에서도 공감 훈련에 대한 문의가 들어오기 시작했다. 나는 의료진을 훈련하기 위해 개발한 이 방법이 모두에게 적용될 수 있다는 점을 깨달았다. 누구든, 무슨 일을 하든, 어디에서 왔든 상관없이 말이다. 실제로 우리의 공감 훈련 프로그램을 가장 먼저 도입한 곳도 한 대형 은행이었다. 조직 개발 부서의 부사장이었던 로리스 올포드는 조직의 성공을 위해 은행의 경영진이 갖추어야 할 핵심 역량이 바로 공감이라는 점을 이해했다.

이 책을 통해 나는 주변 사람들에게 더 공감함으로써 자신의 삶과 나아가 사회 전반을 개선할 수 있다는 점을 보여 주고자 한다. 부모는 공감을 바탕으로 자녀를 있는 그대로 바라보고 잠재력을 발휘할 수 있도록 돕는다. 교사는 학생의 재능을 발견하고 향상시킬 수 있도록 공감을 통해 교류한다. 기업 역시 함께 일하는 직원에 더 많이 투자할수록 성공의 확률이 높아진다. 정치인은 모든 유권자가 필요로 하는 바를 대변할 수 있게 된다.

공감은 늘 각계각층의 사람들이 서로를 더 잘 이해하고 공통점을 찾게 하는 연결고리 역할을 해 왔다. 공감은 상대방을 판단하는 대신 호기심을 느끼게 하며 개개인이 인류의 일부라는 사실을 상기시킨다.

연구를 진행하면서 발견하고 훈련을 통해 다듬은 '공감의 일곱 가지 열쇠'는 당신을 더 나은 삶으로 인도할 것이다. 일곱 가지 열쇠에 대해 배운 후에는 이를 활용해 삶을 전반적으로 개선하는 방법을 익히게 된다. 가장 친밀한 가족 관계에서부터 학교생활, 직장, 공동체 생활, 나아가 조직 내 리더십 역할까지 다양한 부분에서 도움이 될 것이다.

다음 장에서는 '마음 공유 지능'이라는 다채로운 신경망에 대해 알아볼 텐데, 이를 통해 더욱 세심하게 공감한다면 타인의 삶을 향상시킬 수 있으며 우리가 사는 세상 역시 관용과 포용이 넘치는 곳이 될 것이다.

—저자 헬렌 리스

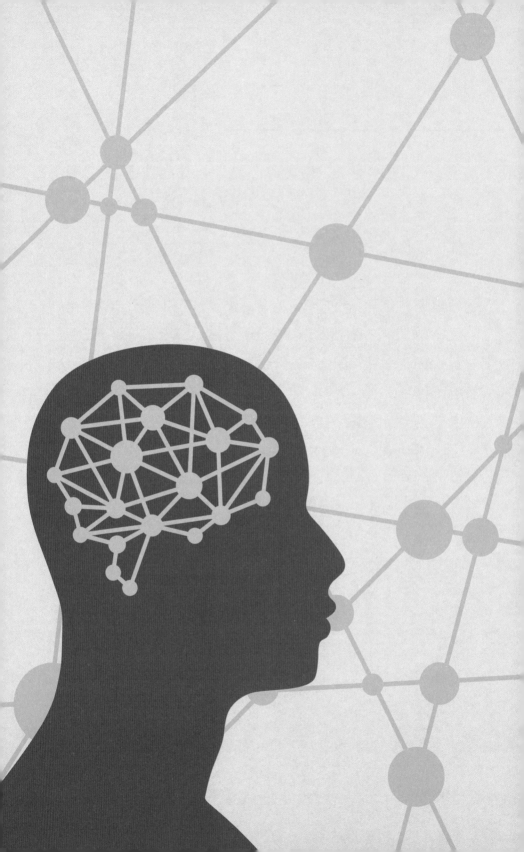

인간이 가진
특별한 능력
'공감'은 어떻게
작동하는가?

CHAPTER 1

나와 당신의 관계에
가장 중요한 공감

샌드라는 깊은 한숨을 내쉬며 진료실 의자에 풀썩 주저앉았다. 그녀의 얼굴에 수심이 가득했다.

"도대체 이 일을 어떻게 극복할 수 있을지 모르겠어요."

나는 목 근육이 잔뜩 굳어지고 심장 박동이 빨라지는 것을 느꼈다. 자세한 이야기를 듣지 않았는데도 그녀가 두려움이라는 감정을 느끼고 있음을 알 수 있었고, 이내 그 공포는 내게도 퍼져 나갔다. 그녀는 보스턴마라톤 폭탄 테러 사건 현장에 가장 먼저 도착한 구급대원이었다. 부상을 입은 마라톤 참가자의 신발을 벗기려고 다리를 잡았는데, 그의 다리 한쪽이 완전히 떨어져 나왔다고 했다.

이 이야기를 읽고 숨이 턱 막히거나 기분이 언짢은 사람도 있을 것이다. 무의식중에 손을 다리로 가져간 사람도 있을 것이다. 만약 당신도 그랬다면, 당신은 감정이 공유되는 경험을 한 것이다.

당신에게 물리적으로는 아무 일도 일어나지 않았지만, 당신의 뇌 속에 있는 특별한 신경 회로가 샌드라의 경험과 비슷한 감정을 불러일으켜 샌드라뿐만 아니라 부상자의 감정적, 신체적 고통을 감지한 것이다. 아마도 당신의 기분은 이 이야기를 읽기 전과는 천지차이일 것이다. 공감이 작동한 것이다. 우리는 일시적으로 타인의 생각과 감정을 상상하고 타인이 겪었을 불쾌감을 경험한다. 일반적으로 이러한 행동은 타인을 돌보고 보살피고자 하는 '공감적 관심'으로 이어지며 동정심을 유발한다.

대개의 경우 공감적 관심에서 남을 돕고자 하는 마음이 우러난다. 믿기 어렵겠지만, 심리학과 신경과학 연구의 전 영역은 공감을 연구하기 위해 발전했고 그 결과는 매우 흥미롭다. 공감학자들은 자식을 돌보는 부모의 마음, 즉 자식이 생존할 수 있도록 자식을 잘 챙기려는 마음에서 공감이라는 감정의 뿌리를 찾을 수 있다고 믿는다. 타인을 보살피는 행동이 인류의 생존에 큰 도움이 되었기 때문에 뇌 속 공감회로는 수천 년간 잘 보존될 수 있었다.

공감은 여러 가지 방법으로 정의된다. 철학자, 심리학자, 과학자, 교육자 등 수많은 학자의 의견이 모두 다르다. 공감에 대한 가장 이해하기 쉬운 정의는 바로 타인의 고난과 감정에 마음이 이끌리고 감동하는 다양한 인간적 특징이 한데 어우러진 능력이라는 것이다. 개인적으로 '공감'보다는 '공감 능력'이라는 단어가 더 적절하다고 생각한다. 공감이 다양한 심리적, 생리적 요소들로 이루어져 있음을 더 잘 보여 주기 때문이다.

공감 능력이 제대로 발휘되려면 타인을 인지하고, 이해하고, 나아가 반응할 수 있도록 하는 특별한 뇌 회로가 필요하다. 이 세 가지 활동이 얼마나 잘 어우러져 일어나는가에 따라 공감 능력의 '정도'가 정해진다. 공감 능력이 뛰어난 사람들은 대개 타인의 감정을 잘 '인지'하고, 그에 따른 정보를 잘 '이해'하며, 나아가 효율적으로 '반응'한다.

샌드라의 이야기로 돌아가 보자. 나는 그녀의 표정과 자세, 어조를 인지하고 다친 사람을 도와주려다 완전히 떨어져 나온 부상자의 다리를 손에 잡게 된 그녀의 경험을 상상함으로써 그녀의 감정을 읽었다. 그녀의 이야기는 감당하기 힘들었다. 공포와 두려움에 휩쓸리지 않고 그녀의 말에 귀를 기울이기 위해 나는 감정을 가다듬어야 했다. 이를 위해 천천히 그리고 조용히 깊은 숨을 들이쉬며 스스로를 진정시켰다. 동시에 그녀가 정확하게 어떤 기분인지 확신할 수 없었지만, 말로 설명할 수 없을 정도로 불편한 감정이며 더 자세히 들여다볼 필요가 있다고 생각했다.

그녀에게 정말 도움이 되려면 먼저 내가 인간으로서 보이는 감정적 반응을 다스려야 했다. 나는 내가 개발한 공감 능력 훈련 프로그램의 가장 기초적 요소인 ABC 테크닉을 활용했다. 잔뜩 긴장한 근육과 빠르게 뛰는 심장을 인지함으로써 나는 감정적으로 힘든 대화를 시작했다는 사실을 인정했다(Acknowledge). 그런 다음 내 감정 반응을 조절하기 위해 깊게 숨을 들이마셨다(Breaths). 마지막으로 내용에 대해 더 파악하고자 하는 내 호기심을 자극했다(Curiosity). 나는 그녀가 느꼈을 감정에 공포와 슬픔이 포함되어 있다고 생각했다. 어떤 감정이었는지 묻자 그녀는 무서웠고 몹시 슬펐다고 대답했다. 그리고 동시에 죄책감이 들었다고 덧붙였다.

"그에게 더 많은 도움을 주어야 했어요."

그녀의 말을 들고 난 후 나는 누군가를 도와주려다가 오히려 상황이 악화되었을 때 어떤 기분이 들지 상상했다(물론 샌드라의 경우는 이와 다르다. 샌드라가 도와줬던 남자의 다리는 안타깝게도 폭탄 파편으로 인해 영원히 손상되었으며 달리 복구할 방법이 없었다). 나는 샌드라와 비슷한 경험을 해 본 적이 한 번도 없으므로 그녀의 관점에서 상상력을 동원해야만 했다. 처음에는 끔찍한 이야기를 듣고 고통을 공감했지만, 샌드라를 치료해야 하는 입장이었기에 마냥 감정에 휩쓸릴 수는 없었다. 그녀의 경험을 보다 잘 이해하기 위해 나는 좀 더 깊이 생각하는 단계로 넘어가 내 호기심을 자극하고 정신과 의사로서의 전문 기술을 활용해야 했다. 샌드라는 치유가 필요했다. 그녀가 겪은 이야기를 들어주고 심리적 충격으로부터의 회복을 도와줄 사람이 필요했다.

뇌에서 공감이 일어나기 시작하는 방식은 신경영상 연구를 통해 입증되었다. 연구자들은 사람들에게 공감 능력과 관계된 부분을 활성화시키는 사진이나 영상을 보여 주면서 그들의 뇌를 진단 스캐너로 촬영했고, 이를 통해 사람들이 다른 사람에게 공감할 때 뇌의 각기 다른 부분들이 활성화된다는 점을 밝혀 냈다. 공감 능력을 연구하는 신경과학자들의 가장 중요한 공헌 중 하나는 공감 능력에 감정

(정서)과 인지(사고) 요소가 둘 다 있다는 것을 입증한 것이다. 이를 종합한 결과 타인과 완벽하게 똑같은 감정을 느끼지 못하더라도 상상을 통해 경험을 인지하고, 타인의 고난을 이해하며, 적절히 반응할 때 공감 능력이 작동된다는 사실을 알게 되었다.

공감 능력은 우리가 일상 전반에 걸쳐 사용하는 꼭 필요한 특성이다. 육아에서부터 교육, 의료 서비스, 직장, 기업, 법률, 예술, 환경, 디지털 세계, 리더십, 정치에 이르기까지 모두 공감 능력과 관련이 있다. 혼자 힘으로는 절대 할 수 없지만 서로에 대한 이해와 협력을 통해서는 달성할 수 있는 가능성과 성과에 있어 공감이 왜 그리고 어떻게 도움을 주는지 살펴볼 것이다. 공감이라는 감정이 부모의 양육과 자녀의 생존을 보장하기 위해 발달된 만큼, 부모의 양육 모델은 다른 맥락에서 공감을 이해하는 기초가 된다.

과거에 사람들은 공감 능력을 타고났든 아니든 바꿀 수 없는 것이라고 생각했다. 그러나 나는 연구를 통해 공감은 가르칠 수 있다는 가설을 증명했다. 환자에게 의사의 공감 능력을 평가하게 했을 때 공감 훈련을 받은 의사는 환자로부터 높은 점수를 받았다. 공감은 상대방의 감정을 인정하는 것과 남에게 도움이 되도록 자신의 감정을 통제하는 것 사이의 섬세한 균형을 뜻한다. 자신의 공감 반응을 다스릴 수 있어야 어려움에 처한 상대방에게 즉시 건넬 만한 적절한 말을 찾지 못하는 상황에서도 상대방을 배려하는 행동을 할 수 있다.

'감정이입'에서 비롯된 '공감'의 개념

'공감(empathy)'은 독일어로 '감정이입'을 뜻하는 'Einfühlung'라는 단어에서 비롯되었다. 19세기 중후반에 독일의 미학자들에 의해 처음 사용되었는데, 사람들이 예술 작품을 보면서 예술가의 감정을 똑같이 경험하게 되는 현상을 묘사하기 위해서였다. 예술가의 감정을 녹여 낸 작품을 보면서 그를 직접 만난 적이 없는 관객이 그 감정을 읽을 수 있다는 주장으로, 우리가 어떻게 다른 사람의 감정에 공감하는지 설명하려는 첫 번째 시도였다.

공감이라는 단어는 종종 비슷한 여러 단어들과 혼동된다. 동정(sympathy)과 공감을 같은 의미로 쓰기도 하는데, 사실 연구자나 과학자에게는 이 두 단어가 완전히 다르다. 동정은 공감보다 더 오래된 단어다. 고대 그리스어인 'sun'은 '함께'라는 뜻을 가지고 있고 'pathos'는 '고통'을 의미한다. 즉, 인간은 비슷한 감정을 느끼며 어느 정도 감정을 공유하기 때문에 타인이 느끼는 바를 파악할 수 있다는 관찰에서 비롯된 단어다. 그런데 오늘날 동정은 다른 사람이 겪는 어려움을 마치 내 일인 것처럼 함께 나눈다는 뜻보다는, 타인을 향해 안쓰러운 마음을 느끼거나 가엾게 여긴다는 의미로 사용된다.

예컨대 내 직업에 만족을 느끼는 것과는 별개로, 누군가 불행한 직장 생활 때문에 새로운 일자리를 찾고자 한다면 그 마음을 충분히 동정할 수 있다. 동정에는 누군가의 불행이나 고통이 부당하다는 일종의 이해가 수반된다. 창밖을 내다보니 어떤 사람이 빗속에서 벌벌

떨고 있는 것을 발견했을 때 추위에 지친 창밖의 사람이 안쓰럽다고 느끼는 감정이 동정이다. 공감은 상상을 통해 마치 밖으로 나가 함께 비를 맞고 서 있는 것 같은 기분이 드는 것이다. 그 사람의 불편함과 괴로움이 '마치' 내 감정인 것처럼 경험된다.

하지만 심리학자 칼 로저스가 지적한 바와 같이 이 '마치'라는 요소는 사라지지 않는다. 이러한 차이점이 매우 중요한데, 이는 자신의 불편한 감정에만 집중하는 대신 상대방을 도울 최선의 방법을 찾는 데 도움이 되기 때문이다. 공감은 타인과 경험을 공유하고 걱정을 나누며 상대방의 입장에서 생각하고 배려하는 반응을 유발하는 역동적 역량이다. 온전한 공감의 순환은 공감 반응으로 이어진다. 실제 상황이라면 당신은 비가 내리는 밖으로 나가 추위에 떨고 있는 사람에게 수건과 우산을 건넬 것이다.

20세기 초부터 심리학자들은 공감을 인간관계에서 중요한 요소로 인식하기 시작했다. 20세기 중반에 코넬대학교의 로잘린 카트라이트는 인간관계에서의 공감을 측정하는 최초의 실험을 했고, 이를 통해 '누군가의 감정을 인지해서 내게 투사하는 것'을 공감이라고 보는 기존 의미에서 벗어나 '그 감정을 느끼는 것'이라고 새롭게 정의했다. 이 과정에서 그녀는 상상을 바탕으로 그 감정을 추정하는 것이라고 보는 공감의 초기 정의를 부인했다. 그 대신 사람과 사람 사이는 공감으로 연결된다는 개념을 강조했다. '추정하는 공감'과 '감정 이입을 통한 공감'의 차이점을 쉽게 이해하기 위해 설명을 덧붙이면, 상대의 감정을 추정하는 공감은 공유한 감정을 발판 삼아 자신의 경험을 덮어씌운다. 서로 공유하는 경험보다는 상대에게 자신이 느끼는 괴로움을 더 강조해, 이해나 위로를 건네는 것이 아니라 오히려 상대가 나를 위로하는 위치에 놓이기도 한다.

이후 공감에 관련한 실험 연구가 분주하게 진행되었고 심리학자들은 타인의 생각이나 감정에 대한 정확한 평가라고 정의되는 '진짜' 공감을 이른바 '추정'과 구분하기 시작했다. 1955년, 〈리더스다이제스트〉를 통해 공감이라는 단어는 '판단이 흐려질 정도로는 감정을 개입하지 않는 선에서 상대방의 감정을 인식하는 능력'으로 대중에게 소개되었다. 이와 같은 정의는 오늘날 공감에 대한 보다 완전한 이해의 토대가 되었다. 공감에는 타인의 감정에 대한 지각적 이해와 감정적 울림, 타인의 감정에 지나치게 압도당하지 않고 정확하게 인지할 수 있도록 나와 타인의 경험을 구분하는 능력이 수반된다는 것을 의미한다.

공감 능력에는 여러 뇌 영역의 정교한 통합이 요구된다. 1959년 정신분석학자 하인즈 코헛은 공감을 '대리적 내성'이라고 정의하며 타인의 감정을 마치 내 감정인 것처럼 받아들이되 이를 객관적으로 바라보는 능력을 강조했다. 그는 공감은 '정서적 산소' 역할을 하므로 모든 심리 치료 관계에서 필요한 요소라고 생각했다.

오늘날 공감이라는 개념은 동정 또는 불편을 겪고 있는 타인을 안쓰럽게 생각하는 마음을 넘어 타인의 감정을 이해하고 그 입장에서 세상을 바라보는 의미로 사용된다. 정의상 공감은 상대방과 거리를 두는 것이 아니며 추상적인 개념도 아니다. 타인의 내면, 현재 살고 있는 삶의 모습, 그리고 이로 인한 반응 등 깊은 이해가 뒷받침되어야 한다. 상대방의 경험을 받아들이는 지각 수단(유입 경로)과 반응을 유발하는 반응 수단(얼굴 표정이나 신체 언어와 같은 유출 신호, 단어 혹은 비언어적 행동)이 둘 다 있어야 공감을 경험할 수 있다.

지난 몇 십 년 동안 신경과학자들이 이와 같은 새로운 정의를 입증했다. 여러 신경영상 연구를 진행해 우리가 타인과 신경 회로를 공유하는 동시에 타인의 감정을 지적으로도 이해한다는 것을 밝혀냈다. 따라서 공감에는 감정적 요소와 인지적(사고적) 요소가 포함된다. 그렇기 때문에 나와 비슷한 사람 또는 비슷한 경험을 했거나 공동의 목적을 가진 사람에게 공감하는 것은 당연하고 쉽게 느껴진다. 예컨대 학습장애를 가진 아이를 키우거나 신체장애가 있는 나이 든 부모님을 모시는 누군가를 만났다고 가정해 보자. 만약 당신에게 비슷한 어려움이 있는 친척이 있다면 당신은 그에게 훨씬 더 많이 공감할 것이다.

오늘날 동정은 공감보다 감정적으로 덜 격렬한 현상이라고 인식된다. 불편을 겪고 있는 사람을 안쓰럽게 생각하지만 마음이 힘들 정도로 강렬한 감정은 아니다. 마찬가지로 아는 사람이 가장 존경하는 선생님이 돌아가셨다는 소식을 듣고 예의상 위로 문자를 보내는 것이 꼭 그 사람의 고통을 함께하기 때문은 아니다. 그러나 아주 친한 친구가 그동안 깊은 애착 관계를 맺었던 사랑하는 사람을 잃었다고 했을 때 당신의 감정과 행동은 동정보다는 공감에 가까울 것이다. 삶에서 더 많은 것을 경험하고 모든 인간이 비슷한 감정을 공유한다는 점을 더 잘 이해할수록 주변 사람뿐만 아니라 인류 전체를 향한 공감 능력이 향상된다.

예술가 패트리샤 사이먼은 동정과 공감의 차이점을 보여 주는 훌륭한 예다. 2010년 그녀는 가족과 함께 지금은 상상도 할 수 없는 곳으로 가족 여행을 떠났다. 바로 시리아였다.

"우리는 시리아의 아름다움과 다채로운 문화에 매료되었어요. 특히 그곳 사람들에게 큰 매력을 느꼈죠." 그녀는 아직도 당시를 이렇게 떠올린다. 하지만 여행에서 돌아온 후 1년 동안 정치적 상황이 악화되기 시작했다. 그러고는 머지않아 오랜 역사를 자랑하던 도시가 무자비한 폭격으로 폐허가 된 모습이 TV에 나왔다. 그녀가 얼마 전 다녀왔던 곳들이었다. 그녀와 남편 딕은 시리아 사람들이 걱정된 나머지 터키와 시리아 국경 지대에서 난민 아이들을 가르치는 비정부 단체인 카람재단에 가입했다.

나는 패트리샤에게 그녀의 고향도 아니고 개인적으로 알지도 못하는 사람들을 위해 위험한 전쟁 지역으로 뛰어 들어가 목숨을 걸고 희생한 동기가 무엇이었는지 물었다. 그녀의 대답은 우리가 인간으로서 경험하는 여러 종류의 공감에 대해 많은 것을 일깨워 주었다.

"어렸을 때 몇 년에 한 번씩 이사를 다녔어요. 그래서 늘 새로 이사 온 아이, 그러니까 아웃사이더였어요. 소외되거나 투명인간 취급을 받는 기분에 굉장히 민감해졌죠. 시리아 주민들이 느꼈던 감정은 이보다 훨씬 더 컸지만, 충분히 공감할 수 있었어요. 여행 중에 시리아 사람들을 실제로 만났잖아요. 직접 그곳에 다녀왔기 때문에 더욱 친밀하게 느껴졌어요."

공감은 동정보다는 상상력에 가까운 성격을 더 많이 가진다. 패트리샤와 가족은 깊은 공감을 경험했다. 어렸을 때 이곳저곳 이사 다니며 겪었던 개인적인 경험 때문에 시리아 사람들의 고통에 공감할 수 있었다. 또한 그녀는 현지 사람들을 잘 아는 것 같은 느낌을 받았다. 타인에게 공감할 때 우리는 그들의 입장에서 생각함으로써 그들의 고통을 상상한다. 나아가 타인의 생각, 동기, 욕구까지 상상할 수 있다. 보통 사람이라면 시리아 난민이 처한 상황을 동정했을 것이다. 하지만 전쟁으로 얼룩진 시리아에서 일어나는 일을 직접 목격한 패트리샤의 가족이나, 대량 학살에서 살아남은 생존자들은 전쟁을 겪거나 사랑하는 사람과 고국을 잃어 본 자신들의 경험을 토대로 공감할 것이다. 더 놀라운 사실은 패트리샤가 지인들과 함께 카람재단을 통해 시리아 아이들에게 필요한 물품이나 지원을 보내는 단체를 만들었다는 점이다. 패트리샤 한 사람의 공감 반응은, 그녀가 영감을 주지 않았다면 행동을 결심하지 않았을 공동체로 퍼져나갔다. 그녀는 직접 겪었던 경험을 바탕으로 타인의 고통을 인식했고, 그 결과 파급 효과가 발생했다. 감정적이고 인지적인 공감이 모두 있었기에 가능했던 연민 어린 반응이었다. 이는 곧 공감의 순환이 한 바퀴를 완전히 돌았음을 의미한다. 타인의 고통에 대한 인지에서부터 공감적 관심, 연민 어린 행동을 통해 타인의 괴로움을 덜어 주고자 하는 마음까지 모든 단계를 거친 것이다.

CHAPTER 2

마음이 아닌
뇌에서 이루어지는 '공감'

이번 장에서는 공감을 일으키는 뇌의 작동 원리에 대해 더욱 자세하게 살펴보자.

다음은 실제로 진행된 실험이다. 먼저 과학자들은 뇌 스캐너를 활용해 통증 지각과 연관된 신경세포를 정확하게 파악하기 위해 실험 참가자의 손가락을 바늘로 찌르는 동안 뇌의 움직임을 살펴봤다. 동시에 다른 실험 참가자 집단에게는 바늘로 손가락을 찌르는 영상을 보여 주고 뇌 스캐너로 뇌의 움직임을 관찰했다.

그 결과, 영상을 본 실험 참가자의 신경계가 자신이 고통을 느끼는 것처럼 반응했다. 실험에서 실제로 바늘에 찔린 실험 참가자와 동일한 신경망에 자극을 받은 것이다. 우리 뇌 안에 있는 섬피질이 자극을 받으면 우리는 고통을 느낀다. 고통에 생리적으로 반응하는 것이 주요 역할인 신경세포가 이곳에 자리 잡고 있기 때문이다. 그런데 알고 보니 고통을 유발하는 행동을 지켜보기만 해도 비슷한 신경세포의 부분 집합이 자극된다. 바늘에 찔리는 기분을 생각하면 뇌는 실제로 고통을 느끼는 사람과 동일한 신경세포를 활성화한다. 고통의 거울 이미지가 만들어지는 셈이다. 물론 그 정도는 약하겠지만 말이다.

이는 놀라울 뿐만 아니라 유용한 사실이다. 만약 우리가 피해자의 고통을 있는 그대로 온전히 느낀다면 공감하기가 불가능해진다. 타인의 고통이 아니라 내가 느끼는 고통에 더욱 집중하게 되기 때문이다! 이러한 기능 덕분에 도움의 손길을 내밀 수 없을 만큼 압도당하지 않고 다른 사람의 고통을 간접적으로 경험할 수 있다.

뇌는 두 가지 중요한 이유 때문에 타인의 고통을 경험하도록 설계되어 있다. 첫째는 피해야 할 것을 알려주기 위함이고 둘째는 신체적, 정신적, 정서적 혹은 복합적인 고통을 겪고 있는 타인에게 도움을 주도록 동기를 부여하기 위함이다.

남을 돕는 행동은 도움을 받은 사람 역시 다른 사람에게 도움의 손길을 내밀도록 자연스럽게 영감을 준다. 타인을 도우면 기분이 좋아진다. 이 점은 인간관계에서 이루어지는 모든 협력, 협동, 호혜의 기초라고 볼 수 있다. 다른 사람의 고통을 느낌으로써 돕고자 하는 마음이 생기고 이는 나아가 타인의 기분을 좋게 만든다. 그러면 타인은 자신이 받은 친절에 보답하기 위해 다른 사람을 돕게 되고, 궁극적으로 공감의 순환이 반복되면서 인류의 생존 가능성이 보장되는 것이다. 우리에게는 다른 사람의 뇌에서 어떤 일이 일어나는지를 알 수 있는 특별한 신경세포가 있는데, 이것이 바로 내가 '마음 공유 지능'이라고 부르는 기질을 형성한다.

특별한 뇌세포인 거울 신경세포는 전운동피질 내에서도 F5 영역과 두정엽피질이라는 특정 영역에 위치한다. 1990년대에 이탈리아 연구자들이 영장류 실험을 진행하던 중, 영장류 한 마리가 어떤 활동을 할 때 활성화되는 특정 뇌세포가, 다른 영장류가 그 행동을 하는 것을 관찰할 때 활성화되는 뇌세포와 동일하다는 것을 알게 되면서 이 뇌세포가 발견되었다. 이 뇌세포에 '거울 신경세포'라는 이름이 붙은 이유는 실제로 한 사람의 뇌에서 일어나는 일을 거울처럼 반사해 관찰자의 뇌로 연결시키기 때문이다. 거울 신경세포를 발견하면서 신경과학 연구가 폭발적으로 늘었고, 그 결과 공유 지능 회로의 위치도 파악할 수 있었다.

짧은꼬리원숭이의 운동피질을 살펴본 실험 결과는 다른 대상의 행동을 관찰하는 것만으로도 관찰자의 뇌에서 같은 반응이 일어난다는 것을 처음으로 보여 주었다. 이러한 결과가 밝혀지기 전까지 과학자들은 대체로 우리의 뇌가 논리적인 사고 과정을 통해서 타인의 행동을 해석하고 예측한다고 보았다. 그러나 이제는 거울 신경과 공유 신경 회로 덕분에 상대방의 생각을 '이해'할 수 있을 뿐만 아니라 감정까지도 함께 '느낄' 수 있다는 것을 잘 알고 있다.

우리 뇌는 왜 이렇게 멋진 신경망을 발달시켜 온 걸까? 만약 과학자들에게 이 질문을 던진다면, 일부는 상대방이 다치는 것을 본 관찰자가 자신을 지키기 위해서라고 답할 것이다. 또 일부는 타인을 돕도록 동기 부여를 해서 가족, 사회, 나아가 인류 전체에 직접적으로 기여하기 위해서라고 답할 것이다. 인류가 부족을 이루어 살던 시대로 거슬러 올라가 보면, 누군가 어떤 음식을 먹고 이상한 표정을 지으면 이를 본 다른 이들은 그 음식을 피해야 한다고 학습하게 되었을 것이다. 그래서 나는 이 두 가지 이유 모두 의미가 있다고 본다. 위험을 피하는 방법을 배워 개개인으로서 충분히 오랫동안 살아남아야 인류의 생존 역시 보장할 수 있으니 말이다.

공감이 뇌의 기능이라는 증거는 점점 더 많아지고 있다. 그리고 공감에 대한 반응은 감정(또는 정서적 공감), 인지(또는 사고적 공감), 동기 유발로 나누어 볼 수 있다. 매우 예민하거나 감성적인 사람의 경우 감정적 공감은 자연스럽고 반사적으로 나온다. 맡은 일을 수행하려면 의도적으로 감정적 공감을 줄여 객관성을 유지해야 하는 사람도 있다. 소방관이나 외과 의사를 떠올려 보자. 이들은 구조 작업이나 수술을 성공적으로 마무리하기 위해 기술적인 과제에 집중해야 한다. 임무가 끝날 때까지 절대로 주의가 산만해지면 안 된다. 반면 예민하지 않은 편에 속하는 사람은 공감 능력을 길러야 할 수도 있다.

대부분 선천적으로 공감 능력을 갖고 있다. 더 나은 인간관계와 삶을 위해 공감을 보다 잘 활용하려면 근본적으로 이러한 요소들에 대한 완벽한 이해가 필요하다. 공감은 자신에게 입력된 정보를 어떻게 인식하는지를 넘어서, 이 정보를 어떤 식으로 이해하여 감동을 받을지 혹은 행동에 대한 동기로 쓸지를 선택한 결과다.

일부 과학자는 공감이 인간에게 기본적으로 부여된 것이고, 우리가 그것을 억제해야만 지나치게 다른 사람의 감정에 주의를 빼앗기거나 산만해지지 않는다고 주장한다. 전체를 놓고 봤을 때, 스펙트럼의 한쪽 끝에는 공감을 억누르는 방법을 전혀 모르는 사람들이 있는 반면 다른 쪽 끝에는 공감 억제 능력이 굉장히 뛰어난 사람들이 있다. 대부분은 스펙트럼의 중간 어딘가에 속한다.

감정적 공감: 타인의 감정이 느껴지다

앞장에서 우리는 패트리샤 사이먼의 이야기를 함께 살펴봤다. 그녀는 어렸을 때 자주 이사를 다녔고, 그로 인해 어릴 때부터 무시를 당하거나 환영받지 못하는 기분에 민감해졌다. 그러나 그녀의 삶이 특별히 어려웠던 것은 아니었으며 시리아처럼 전쟁으로 얼룩진 국가의 난민이 되어 본 적은 더더욱 없었다. 그럼에도 어릴 적 경험이 그녀의 정서적 뇌에 영향을 미쳤고, 그 결과 뉴스에서 시리아에 대한 소식을 접하자 그녀는 시리아 난민들의 감정에 공감했다. 그들을 도와야겠다고 결심했던 그 순간에는 그 감정을 말로 쉽게 설명할 수 없었다. 그러나 돌이켜보면 폭격에 무너져 내린 건물들의 모습이 TV 화면에서 깜박거리는 것을 보았을 때 그녀는 마음속에서 공감의 물결이 일었다고 설명했다. 그녀의 반응을 가리켜 연구자들은 심리학 용어인 '정서적 공감'이라고 말한다. 이는 '감정적 공감'이라고도 표현할 수 있다. 이것이 내가 집중하고자 하는 공감의 첫 번째 측면이다.

공감의 감정적인 측면은 사실 우리에게 익숙하다. 타인의 감정이 느껴지는 것이 바로 감정적 공감이다. 힘들고 어려운 일을 겪고 있는 사람을 보면 고통을 느꼈던 개인적인 일이나 지난 경험을 토대로 상대방의 내적 경험을 바로 상상할 수 있다. 패트리샤 부부의 경우 뉴스를 통해 시리아의 어머니와 아이들 얼굴에 깊게 패인 슬픔과 두려움, 외로움을 보았다. 수백만 명의 사람들이 같은 뉴스를 봤지만, 모두가 패트리샤 부부처럼 동일한 감정적 공감을 느끼지는 않았다.

그렇다 해도 대부분의 사람에게 감정적 공감 능력이 있는 것은 사실이다. 예컨대 대개 한 번쯤은 누군가 유리 조각에 손을 베는 장면을 본 적이 있다. 이런 상황에서 당신도 감정적으로나 신체적으로 좋지 않은 기분을 느꼈을 것이다. 날카로운 유리가 피부를 스치는 것을 자세히 상상하며 어깨를 움찔거렸을 수도 있다. 지금 이 문장을 읽는 것만으로도 비슷한 느낌을 경험할 수 있다. 감정적 공감에 대한 반응에는 또 다른 실질적 현실이 존재한다는 사실을 기억하자. 누군가의 고통을 목격하면 어깨가 저절로 움찔거린다. 하지만 내가 직접 경험하는 고통은 아니라는 점을 잊지 말아야 한다. 만약 정말로 내게 일어난 일이었다면 자신의 고통에만 집중하게 되고, 따라서 정작 힘들어하는 상대방을 도울 수 없는 상태가 될 수 있다. 이처럼 정교한 신경계 덕분에 아파하는 타인을 관찰한 이후 도움의 손길을 내밀 수 있을 만큼의 고통만 공감하게 되는 것이다.

또 하나의 중요한 점은 감정적 공감이 무엇을 피해야 하는지 가르쳐 준다는 것이다. 외부의 관찰을 통해 보게 된 고통을 내부에서 느끼게 하지 않는다면 무슨 일이 일어나고 있는지 눈으로 보면서도 그것이 학습으로 이어지지 않을 것이다. 즉, 유리 조각으로 피부를 긋는 것이 잘못된 일임을 이해하는 유일한 방법은 직접 그 상처를 경험하는 것이 되고, 그러면 우리 손은 성할 날이 없을 것이다.

감정적 공감은 또한 반드시 자기 조절과 균형을 이루어야 한다. 그래야 타인과 내 감정 사이의 경계를 분명하게 만들어 지나치게 큰 괴로움을 유발하는 과도한 감정적 흥분 상태를 조절할 수 있다. 종양학자나 사회복지사 혹은 교도관처럼 매일 많은 고통과 아픔을 마주할 경우 과도한 감정적 공감으로 인해 우울하고 불안하고 번아웃될 수 있다. 처음에는 공감의 반응이 매우 예민하지만 시간이 지나면서 점점 무뎌지고 이내 타인의 경험으로부터 거리감을 두기 시작한다. 의학계에서는 이를 가리켜 '동정 피로'라고 부른다.

감정적 공감은 상대방이 나와 비슷할 때 혹은 어떤 식으로든 연결 고리가 있다고 느낄 때 더욱 강하게 나타난다. 패트리샤 역시 시리아 난민을 보고 유대감을 느꼈다. 우리는 본능적으로 친척이나 동네 주민, 같은 교회에 다니는 사람들, 혹은 아이들이 같은 하키 팀에 속한 학부모에게 더 쉽게 다가가고 도움의 손길을 내민다. 대부분의 사람이 그렇듯 공통점이 많은 상대방이 어떤 일을 겪고 있을 때 느끼는 공감은 가장 선명하고 활동적이며 선한 형태로 나타난다. 반면 다른 동네 주민, 혹은 민족성이나 인종이 다른 사람의 경우 공감의 정도가 매우 약하거나 아예 공감하지 못하기도 한다. 모든 사람이 패트리샤와 그녀의 남편처럼 타국과 그 나라 국민들을 위해 가슴 아파하지 않는다. 이러한 맥락에서 공감의 두 번째 종류인 인지적 공감을 살펴보자.

인지적 공감: 다른 사람의 관점에서 보게 되다

패트리샤 부부는 처음에는 감정적 공감을 느꼈다. 하지만 어느 순간 이러한 공감이 행동을 유발하는 인지적 변화로 이어졌다. 그 결과 두 사람은 더 이상 다닐 학교가 없는 아이들을 위해 현지에서 아이들을 가르치기로 결심했다. 패트리샤 부부는 아랍어를 할 줄 몰랐다. 아이들 역시 영어를 할 줄 몰랐다. 그러나 예술가였던 패트리샤는 미술 수업과 프로젝트를 통해 아이들에게 학습 경험을 제공했다.

"아이들은 마음속에 있는 트라우마를 엄청난 회복력으로 감추고 있었어요. 그저 보통 아이들처럼 웃고 그림 그리고 배우고 공놀이를 하고 싶어했죠. 아이들 한 명 한 명에게 나는 미국에서 왔으며 그들에게 마음을 쓰고 있다는 사실을 알려주고 싶었어요."

인지적 혹은 사고적 공감은 내가 느끼는 감정과 관련해 감지된 모든 정보를 관리하는 한 가지 방법이다. 인지적 공감을 경험하려면 먼저 심리적인 발달과 여러 행동 능력이 뒷받침되어야 한다. 인지적 공감에서 요구되는 가장 첫 번째 능력은 타인에게 나와는 다른 생각과 감정이 있다는 사실을 기본적으로 인정하는 것이다.

이를 가리켜 '마음 이론'이라고 부르는데, 아이가 4~5세가 되면 시작되는 심리적 발달의 매우 중요한 단계다. 아주 어린아이들은 사람마다 다른 뇌, 마음, 생각, 감정이 있다는 점을 구별하지 못한다. 딸이 세 살이 되었을 무렵 어느 날 저녁에 일어난 일이다. 딸은 애플파이를 먹으면서 할머니와 전화 통화를 하고 있었다. 그러다 할머니에게 애플파이를 한 입 먹겠냐고 물었다. 멀리 떨어진 도시에 있던 할머니는 손녀가 무엇을 먹고 있는지 전혀 알 수 없었다. 아직 마음 이론이 발달하지 않았던 딸은 눈앞의 경험과 현실을 할머니가 공유하지 못한다는 사실을 이해하지 못했다. 어른이 되면 우리는 이를 당연하게 받아들인다. 하지만 잘 생각해 보면 마음 이론이 작용하고 있다는 점을 알 수 있다. 누군가 비행기나 버스를 타기 위해 열심히 달렸지만 간발의 차이로 문이 닫혔을 때, 자세한 상황이나 버스를 놓친 사람에 대한 정보가 없어도 그가 어떤 마음일지 단번에 알 수 있다. 마찬가지로 사진 속 짚라인을 타고 있는 사람들의 표정만 봐도 잔뜩 흥분했는지 혹은 겁을 먹었는지 구분할 수 있다.

마음 이론은 '독심술'과는 다르다. 마음 이론은 상대방의 뇌가 어떻게 작용하고 있는지 어느 정도 이해하는 동시에 상대방의 결정, 의도 혹은 믿음이 나와 다를 수 있다는 점을 인정하는 능력이라고 볼 수 있다. 실제로 사람이나 상황, 내 기분에 따라 처음 보는 사람에게도 공감할 수 있다. 버스를 놓치거나 짚라인을 타고 내려오며 현기증을 느끼는 것이 어떤 기분인지 알고 있기 때문이다. 마음 이론에 인지적 기초가 없다면 공감이 제대로 이루어지지 않는다. 이는 자폐증 관련 연구를 통해 입증된 바 있는데, 자폐증 환자의 경우 인지적 공감과 관련된 뇌 영역의 신경 회로가 충분히 발달되어 있지 않다. 치매나 뇌에 외상을 입은 경우 역시 마음 이론이 방해받는다.

마음 이론 덕분에 우리는 상대방의 생각, 의도, 감정, 욕구를 추론할 수 있으며 인지적 공감의 다음 단계로 나아갈 수 있다. 바로 '조망수용(perspective taking)'이다. 인지적 공감의 중요한 요소로 다른 사람의 관점에서 세상을 바라보는 것을 말한다. 집중해서 관찰하고 상상력과 호기심이 뒷받침되어야 조망 수용이 가능하다. 신경과학의 측면에서 보자면 타인의 관점을 취할 때 관찰자와 관찰 대상의 동일한 뇌 영역이 활성화된다. 다른 사람의 신체적, 심리적, 사회적, 나아가 정신적 관점을 바탕으로 상황을 인식해야 한다.

공감 능력의 여느 요소와 마찬가지로 나와 비슷하거나 내집단에 속하는 사람(공통점이 있는 사람)의 관점에서 보기란 비교적 쉽다. 그러나 외집단처럼 다른 사회 집단에 포함되는 타인의 관점에서 보기란 결코 쉽지 않다. 훨씬 더 많은 주의력과 작업 기억(working memory: 정보를 기억하고 관리할 수 있는 능력—편집자)이 필요하기 때문이다. 따라서 인지적으로 어려운 일이다. 나와 많은 부분에서 다른 사람의 관점으로 세상을 바라보려면 정신적으로 더 노력해야 한다.

그럼에도 끝까지 포기하지 않고 마침내 새로운 관점으로 세상을 이해하고 나면 고정관념에서 벗어날 수 있고, 타인과 그가 속한 '공동체'에 대해 보다 호의적으로 인식하게 된다. 역사를 살펴보면 적으로 여겨지는 사람들이 특정 인물에게 연민을 느끼고 관심을 보였던 사례를 많이 찾아볼 수 있다. 예컨대 노예해방론자는 노예가 자유를 되찾도록 도왔고, 2차 세계대전 당시 유대인을 구출했던 사람들도 있다.

공감적 관심: 연민과 행동으로 이어지다

인지적 공감, 감정적 공감 다음으로 공감의 세 번째 측면을 살펴보자. 바로 공감적 관심이다. 사람들의 반응을 이끌어 내고 타인의 삶에 신경쓰고자 하는 마음을 표출하도록 유도하는 내면의 동기라고 볼 수 있다. 대부분의 사람은 '공감'을 말할 때 공감적 관심의 개념을 떠올린다. 인지적 공감과 감정적 공감의 주요 이점이 바로 이 공감적 관심을 유발한다는 것인데, 이는 곧 행동과 연민의 동기가 된다. 사고와 감정이 뒤섞여야 공감적 행동을 취할 준비가 되는 것이다. 먼저 다른 사람의 감정을 공유한 다음 고통을 이해한다. 그런 후에 상대방의 입장에서 진심으로 생각하고 연민 어린 반응을 보인다. 연민은 공감이 외부로 표출된 것으로 공감적 관심이 유발되었다는 것을 보여 주는 증거다. 상대방의 고통에 대한 친절하고 따뜻한 반응이다. 이러한 행동은 일반적인 규범이지만, 늘 연민이 실천되는 것은 아니다.

나는 종종 공감적 관심이 '행동 공감'으로 이어진다고 설명한다. 연민 어린 행동을 유발할 수 있으나 개인의 고통 또한 초래할 수 있기 때문이다. 안 좋은 일이 벌어지는 것을 보고도 행동을 취할 동기, 에너지, 혹은 능력이 부족했던 경험이 있을 것이다. 우리는 매주 거리의 노숙자를 지나친다. 이들을 볼 때마다 심란한 기분이 들지만 그렇다고 매번 나서서 돕지는 않는다. 반대 상황도 벌어진다. 공감적 관심이 연민 어린 행동으로 이어지는 것이다. 예를 들어 돈이나 음식, 담요를 건네는 것처럼 직접적인 행동을 취할 수 있다. 그런가 하면 공감적 관심이 간접적 도움으로 이어지기도 한다. 노숙자 쉼터가 부족하다는 내용의 탄원서를 국회의원에게 보내거나 노숙자에게 지원 및 정신 건강 돌봄 서비스를 제공하는 단체나 프로그램에게 기부하는 것처럼 말이다.

내가 아는 많은 이들이 거리를 방황하는 노숙자를 매일같이 보는데 아무것도 할 수 없다는 기분이 들어 속상하다고 털어놓는다. 사람은 저마다 다른 시점에 다른 방법으로 행동을 실천한다. 상대방을 향한 다정한 눈빛처럼 작고 사소한 것도 연민 어린 행동이 될 수 있다. 사람 대 사람으로서 교감하는 아주 잠깐의 순간만으로도 익명의 대중에서 한 명의 개인으로 상대방의 지위를 바꿀 수 있다. 꼭 거창할 필요는 없다. 이러한 행동을 실천으로 옮기겠다고 마음먹었다면 주변에서 일어나는 일에 대한 인식이 공감적 관심을 유발했기 때문일 가능성이 크다.

우리 시대의 가장 혼란스러운 현상은 바로 우리가 뉴스나 일별 알림을 통해 세계 곳곳에서 목격되는 고통과 아픔을 더 잘 알게 되었다는 점과 도움이 필요한 사람들의 상황을 개선하기 위해 훨씬 더 많은 일을 해야 한다는 점이라고 생각한다. 우리는 본능적으로 남을 돕도록 설계되어 있지만, 정말 큰 도움을 줄 수 있는 힘 있는 사람들은 주로 개인의 권력에만 정신이 팔려 있다. 전 세계의 고통을 줄이기 위해 노력하는 대신 부자들을 돕고 지지자들 사이에서 영향력을 키우기 위해 온 힘을 다할 뿐이다. 과학적 연구를 통해 권력과 공감 사이에 반비례 관계가 성립한다는 사실이 밝혀진 바 있다. 이러한 반비례 관계는 부유하고 힘 있는 사람들을 보통 사람들의 고통으로부터 분리시킨다.

그러나 수천 명의 보통 사람이 노력한 덕분에 도움이 절실한 이들이 도움을 받고 있다. 우리 안에 내재된 공감의 순환이 제대로 작용하고 있기 때문이다. 우리는 공감 인식이 공감적 관심과 연민 어린 반응으로 이어지지 않는 경우를 유심히 살펴야 한다. 앞으로 더 자세히 다루겠지만, 공감 능력은 정적인 상태에 머무르지 않는다. 오히려 변동이 심한 편이다. 우리의 공감적 관심은 공감 능력이 무디어졌는지를 가늠할 수 있는 훌륭한 척도다.

CHAPTER 3

'공감'의 여러 가지
모습들

"세상에서 가장 끔찍한 빈곤은 외로움과 사랑받지 못하는 느낌
이다."

테레사 수녀가 남긴 말을 찬찬히 생각해 보자. 이 말을 읽었을 때
얼마나 큰 감동을 받았는가? 마음속에 어떤 그림이 떠오르는가? 빈
곤에 허덕이는 고아가 생각나는가? 길모퉁이에서 돈을 구걸하고 있
는 노숙자 노인은 어떤가?

현재 어떤 삶을 살고 있는지 혹은 이러한 이미지를 떠올렸을 때
어떤 기분이 드는지에 따라 적어도 약간의 공감적 관심이 생길 것
이다. 우리는 외로움과 배고픔, 고립에 공감한다. 고아나 노숙자의
삶을 경험하지 않았는데도 말이다. 하지만 테레사 수녀의 말을 읽은

후에 아주 약간의 감정 변화만 느끼는 사람도 있을 것이다. 이는 전혀 관심이 없거나 신경 쓰지 않는다는 뜻일까? 어쩌면 그럴지도 모른다. 아니면 유독 힘든 하루를 보내느라 타인의 불행에 공감할 힘이 남아 있지 않은 것일 수도 있다.

사실 공감 능력이 활성화될 때가 있는 반면 비슷한 상황인데도 억누르게 되는 경우도 있다. 우리는 각기 다른 방식으로 공감적 관심을 갖게 된다. 자주 관심을 느끼는 사람도 있고 감정적으로 잘 반응하지 않는 사람도 있다. 인간의 다른 감정이나 신경 능력과 마찬가지로 공감도 평균적인 수치가 있다. 기분, 배고픔, 수면, 책임감의 정도 등 다양한 요소에 따라 매일 우리는 이 평균 범위 안에서 조금씩 올라갔다 내려가기를 반복한다.

남을 돕도록 설계되어 있는 우리의 뇌

언제, 어떻게, 왜 공감을 느끼는지는 개개인마다 다르다. 물론 신경생물학의 측면에서 보자면 공감을 느낄 때 활성화되는 영역은 누구나 동일하다. 두뇌 안에서 구체적이고 기록 가능한 활동이 일어난다. 과학자들은 기능적 자기공명영상(fMRI)의 뇌 스캔 기술을 활용해 두뇌 전체에 퍼져 있는 전기 자극을 확인한다. 더 많이 발견할수록 공감의 유동적 속성에 대해 보다 깊이 이해할 수 있다. 나아가 우리가 서로 공감하고 또 교류하도록 만들어졌다는 점이 분명해진다.

이러한 맥락에서 나는 공감이 '천부적'이라고 생각한다. 그러나 우리가 공감을 느낄 때 두뇌 안에서 어떤 일이 벌어지는지 그 실체는 최근에서야 이탈리아 파르마대학의 신경과학자들에 의해 새롭게 드러났다.

1996년 이탈리아의 연구팀은 짧은꼬리원숭이가 땅콩을 집어 먹을 때, 즉 손에서 입으로 연결되는 동작을 하는 동안 운동피질이 어떻게 반응하는지를 연구했다. 기능적 자기공명영상 스캐너를 모자처럼 만들어 원숭이에게 씌운 다음 관찰했는데, 원숭이가 땅콩을 먹기 위해 손을 뻗을 때마다 2장에서 언급한 전운동피질의 F5 영역이 활성화되었다. 어느 순간 연구자 한 명이 땅콩을 집어 들어 먹기 시작했는데, 그런 연구자의 모습을 지켜보던 원숭이의 F5 영역 역시 활성화되었다. 흥미로운 발견이었다.

다음으로 연구진은 원숭이 두 마리에게 친구들이 바나나를 먹는 모습을 지켜보도록 했다. 역시 직접 바나나를 먹었을 때와 마찬가지로 전운동피질의 신경세포가 활성화되었다. 사실상 구경만 한 원숭이의 뇌가 바나나를 먹은 원숭이의 경험을 '거울'처럼 반영한 것이다. 연구를 시작할 때만 해도 이러한 '거울' 신경세포를 발견할 것이라고 생각하지 못했지만, 어쨌든 이탈리아 연구진은 본 대로 따라하는 뇌의 활동을 하나의 신경세포로 설명할 수 있게 되었다.

그 이후 수백 개의 연구를 통해 이탈리아 연구진의 연구 결과가 입증되었다. 이제 우리는 거울 현상, 혹은 거울 신경세포뿐만 아니라 인간의 다른 신경 회로와도 직접적으로 연관이 있는 공유 신경 회로 메커니즘이 땅콩과 바나나보다 훨씬 복잡한 요소로 인해 활성화된다는 사실을 알고 있다. 공감 반응의 신경 기저인 얼굴 표정이나 자세 역시 거울 현상을 유발한다. 특수한 신경세포 덕분에 웃는 얼굴을 보면 기분이 좋아지고 겁 먹은 얼굴을 보면 두려움에 사로잡히며 화난 얼굴을 보면 긴장하게 된다.

지난 10년 동안 연구자들은 '공유 신경망'이 공감 반응에 있어 어떤 역할을 하는지 살펴봤다. 독일 라이프치히에 있는 막스플랑크 인지·뇌과학연구소의 신경과학자이자 심리학자인 타니아 싱어는 공감을 비롯해 타인의 감정을 처리하는 뇌의 과정을 이해하는 연구를 계속해 왔다. 2004년 진행한 연구에서는 결혼한 부부 여러 쌍을 대상으로 공감을 측정하고자 했다. 싱어는 먼저 아내들의 뇌 영상을 촬영했다. 그런 다음 아내와 남편의 손에 전극을 연결했다. 전극을 통해 고통스러운 충격이 아내의 손에 전달되었다. 아내에게 전기 충격을 가한 후에는 남편 역시 비슷한 충격을 받았음을 알리는 신호를 보냈다. 아내가 직접 충격을 받은 순간과 사랑하는 남편이 비슷한 충격을 받는다는 사실을 인지한 순간의 뇌 활동을 기능적 자기공명영상(fMRI)으로 촬영했다.

연구 데이터를 분석한 싱어의 연구팀은 아내가 직접 충격을 느낄 때와 남편이 비슷한 충격을 받는다고 생각했을 때 비슷한 영역이 활성화된다는 사실을 발견했다. 한 가지 다른 점은 남편이 고통을 느낀다고 생각할 때는 활성화 정도가 보다 낮았다. 이는 인간의 두뇌가 타인의 뇌와 신경망을 공유한다는 점을 보여 준다. 그래서 다른 사람의 고통이나 아픔을 내 감정처럼 받아들이는 것이다. 타인의 고통에 공감하기는 하지만 그 정도가 약하다는 사실을 발견한 싱어의 연구는 다음의 이유로 충분히 타당하다. 우리는 타인의 고통을 느끼기는 하지만 자신을 압도할 만큼은 아니다. 또한 타인이 느끼는 고통의 원인을 파악한 후에는 스스로를 보호하기 위해 비슷한 상황을 최대한 피한다. 그뿐만 아니라 다른 사람을 도와야겠다는 동기가 생기는데, 공감을 통해서 타인의 고통을 느끼고 공감적 관심을 경험하기 때문이다.

싱어는 신경과학 연구로는 처음으로 고통에 대한 두 가지 반응의 결과를 보고했다. 첫 번째는 '나 자신의 고통'을 느꼈을 때의 반응이고, 두 번째는 '타인의 고통'을 보았을 때의 반응이다. 우리 뇌의 신경세포가 친사회적 행동, 즉 남을 돕도록 설계되어 있다는 것을 보여 준 최초의 신경 영상 연구였다. '강한 자만이 살아남는 것'이 아니라, 타인의 고통을 마치 내 감정처럼 받아들이고 공감하면서 인간의 생존과 번영에 꼭 필요한 협력을 이루는 것이다. 싱어가 설명했다. "연구를 진행하기 전에는 제가 '텅 빈 두뇌'를 발견할 것이라고 생각하는 사람들도 있었죠. 이 연구는 지나친 자기중심주의와 개인주의에서 이타주의와 상호 의존성이라는 개념으로 나아가는 것이 얼마나 중요한지 깨닫게 하는 중요한 계기가 되었다고 생각합니다." 두뇌의 상호의존성은 이른바 '마음 공유 지능'의 기반이기도 하다.

공통점이 있는 사람에게 편향되는 공감

신경생물학적 관점에서 보면 인간은 생각보다 훨씬 더 근본적으로 연결되어 있다. 의식적이든 그렇지 않든, 우리는 타인의 감정에 지속적이고 자연스럽게 공감한다. 지성이 공유된다는 것을 인지한다면 상호 부조와 공동의 문제 해결 가능성이 그야말로 무궁무진해진다. 그러나 여러 요소가 이러한 공감을 강화하거나 또는 약화시키기도 한다.

예를 들어 연말을 앞두고 여러 자선단체에서 보내 오는 기부금 모금 관련 편지를 떠올려 보자. 모두 사람, 동물, 환경을 돕는 뜻깊은 일이다. 하지만 지갑을 열지, 일단 보류할지, 혹은 그냥 버릴지는 대개 편지를 열자마자 감이 온다. 지금까지 살면서 겪은 경험에 따라 가장 마음에 와 닿는 자선 활동과 기부금을 보낼 단체를 결정한다. 보다 자세히 살펴보기 위해 간단한 연습을 해 보자.

아래 나열된 단체의 이름을 살펴보자. 당신에게는 지금 1,000달러가 있고 이를 각각의 단체에 나눠서 기부할 수 있다. 어떤 단체에 100달러를 기부할 것인가? 반면 50달러만 받게 될 단체는 어디인가? 아무것도 기부하지 않을 단체는 어디인가? 혹은 가진 돈을 모두 한 단체에 기부할 것인가?

국립야생동물재단

세이브더칠드런

근위축증재단

국제해비타트

로렌 던 애스틀리 기념재단(LDAMF)

유니세프

수잔 G. 코멘

그린피스

스마일트레인

미국동물보호단체(ASPCA)

국경없는의사회

메이크어위시재단

이 연습을 매우 어렵게 느끼는 사람도 있다. 저마다 훌륭한 단체일 것이고 좋은 활동을 펼치도록 돕고 싶지 않은 사람은 없을 테니까 말이다. 그러나 기부를 전혀 고려하지 않았던 단체가 적어도 한 곳은 있을 것이다. 예를 들어 위에서 다섯 번째에 적힌 LDAMF는 내가 속한 공동체에서 시작한 지역 재단이므로 잘 모를 가능성이 크다. 재단의 존재 자체를 몰랐던 데다가 이름만 봐서는 정확히 어떤 활동을 하는 단체인지 알 수 없기 때문에 아마도 당신의 선택을 받지 못했을 것이다.

이 연습의 목표는 단체의 목적을 더 많이 알수록 더 크게 공감하며 따라서 자선을 베풀 가능성도 커진다는 사실을 보여 주는 것이다. 어쩌면 당신은 유방암에 걸린 사람을 알고 있거나 여러 마리의 애완동물을 키우는 동물 애호가일 수도 있다. 당신의 관심사와 공감을 자극하는 단체가 분명 있을 것이다. 로렌 던 애스틀리 기념재단은 '관계 교육'과 관련된 장학금을 제공하기 위해 설립된 단체다.

이러한 설명을 듣고 나서도 여전히 기부하겠다는 마음이 들지 않을 수 있다. 하지만 만약 로렌 던 애스틀리가 내 딸의 소꿉친구이며 고등학생 남자친구에게 이별을 통보한 후 그가 휘두른 폭력에 목숨을 잃었다고 말한다면, 아마도 생각이 달라질 것이다. 이 소규모 재단에 매사추세츠주 의사당이 주목했고, 그 결과 관계 교육이 의사당 안건의 우선 과제로 선정되었다. 남녀가 헤어지고 나서는 단 둘이 만나면 안 된다는 사실을 너무 늦게, 그것도 비극적인 사건을 통해 깨달은 애스틀리 가족은 청소년에게 이성 관계에서의 복잡한 감정과 폭력 예방 방법을 가르치고자 헌신적으로 노력하고 있다. 이러한 교육은 인종, 교리, 종교, 나이, 성별에 관계없이 사회 구성원 모두를 대상으로 한다.

개인 간에도 같은 방식으로 신뢰, 공감, 자산의 우선 순위를 정한다. 타인과 타인의 경험을 직접적으로 이해할수록 더욱 깊이 공감한다. 1장에서 살펴본 바와 같이 사람들은 '내집단'에 속하는 이들에게 더 쉽게 공감한다. 내집단은 쉽게 구분할 수 있다. 대개 인종, 종교, 계층, 교육 수준, 정치적 성향 등등을 공유하는 사람들이 내집단에 포함된다. 또한 스포츠 팬클럽, 출신 학교, 동네, 자동차 동호회 등 자신이 구성원인 모든 집단을 내집단이라고 볼 수 있다. 당신이 이미 속해 있는 내집단을 5개 정도 떠올려 보자.

우리와 비슷한 사람을 선호하는 경향을 가리켜 심리학자들은 '내집단 편향'이라고 부른다. 수천 년 동안 인류는 주로 부족 혹은 소규모 공동체 안에서 살아 왔다. 나와 생김새가 비슷한 사람, 같은 언어를 구사하는 사람, 같은 음식을 먹는 사람, 같은 종교를 가진 사람 등 내집단과 나를 일치시키는 것은 생존과 직결된 문제였다. 오늘날 우리는 보다 촘촘하게 연결된 디지털 세상에서 살아가지만, 여전히 상당 부분 부족 개념을 바탕으로 행동한다. 때로는 무의식적으로 행동하지만 강한 자부심을 가지고 행동할 때도 있다(프로 스포츠 구단의 열혈 팬이라면 무슨 말인지 잘 알 것이다).

이렇듯 예전부터 지속되어 온 내집단을 선호하는 경향은 나와 공통점이 없는 사람들, 이른바 '외집단'에 속하는 사람들에 공감하는 능력을 방해한다. 우리 모두 자신도 모르는 사이에 특정한 사회 계층 전체를 외집단으로 간주하기도 한다. 예컨대 많은 사람이 노숙자를 외집단으로 분류할 것이다. 심한 경우 사람이라고 생각하지 않을 수도 있다. 또 피부색이 다른 사람을 보면 자동으로 외집단이라고 여긴다. 국적, 정치적 성향, 성별, 생활 방식, 종교 등 많은 요소를 기준으로 내집단과 외집단을 구분한다.

내집단 편향은 뿌리 깊이 배어 있어 잠재의식처럼 나도 모르게 표출되는 것으로 객관성을 유지하기가 어렵다. 미국 펜실베이니아주 리하이대학교에서 최근 진행한 연구에서 백인 실험 참가자에게 흑인의 얼굴을 보여 줄 때 뇌 반응 속도가 일시적으로 지연된다는 점이 밝혀졌다. 본인과 피부색이 다른 사람을 어떻게 대해야 하는지

'의식적'으로 생각할 시간이 필요하기 때문이다. 다른 연구 결과를 보면 백인 실험 참가자의 경우 흑인의 얼굴 표정에서 감정을 정확하게 읽어 내는 데 더 오랜 시간이 걸렸다. 또한 두려움을 분노로 혼동하는 경우가 많았다. 실험 참가자를 불안하게 만든 다음 흑인의 얼굴을 보여 주면 인지 및 반응 속도가 더 느려졌고 실제보다 더 오랫동안 사진에 노출되었다고 인식했다. 이처럼 인종에 따라 인지 속도가 지연되는 현상은 경찰이 흑인의 얼굴 표정에 대응하는 방식에 매우 심각한 영향을 미친다. 두려움을 분노나 공격성으로 잘못 인식한다면 한 사람의 인생이 달라질 수도 있다.

표정 인식에 있어 이러한 차이점은 다양한 행동에도 영향을 미친다. 예를 들어 경찰이나 법원이 용의자를 대하는 방식이나 교사가 학생에게 할애하는 시간, 나아가 회사가 지원자를 대응하는 방식 등이 달라질 수 있다. 그러나 우리 사회는 이와 같은 치명적인 실수가 반복되는 것을 감당할 여유가 없으며, 이 궤도를 바꾸려면 공감 훈련이 절대적으로 필요하다.

공감 훈련의 긍정적 효과를 보여 주는 연구 결과가 많은데, 그중 하나로 미국 미주리주립대학교에서 진행한 프로그램을 꼽을 수 있다. 시각 장애인을 위한 보행 훈련 전문가가 되고자 하는 학생들은 두 눈을 가린 상태에서 주변 도로를 활보하는 연습을 반드시 거쳐야 한다. 실제로 앞을 보지 못하는 시각 장애인이 매일 마주하는 어려움을 더욱 잘 이해하기 위해서다. '눈가리개 강의'라고 불리는 이 강의를 듣는 학생들은 눈을 가린 채 최소 160시간을 보내야 한다.

신기술의 발달로도 타인의 경험을 한층 더 깊이 이해할 수 있게 되었다. 공연예술가 제인 건틀렛은 끔찍한 사고 이후 간헐적 발작과 방향 감각이 상실되는 증상이 나타나는 외상성 뇌 손상에 시달렸다. 그녀는 '인마이슈즈(In My Shoes)'라는 프로젝트에 참여해 가상 현실 기술을 바탕으로 그녀의 경험을 재구성했다. 이제 사람들은 발작을 일으키는 사람이 어떤 일을 겪는지 헤드셋을 쓰고 보다 자세히 관찰할 수 있다. 좀 더 자세한 내용은 나중에 다룰 것이다.

아무리 훈련 혹은 시뮬레이션에 집중해도 장애인의 경험을 완벽하게 이해할 수는 없다. 하지만 이를 바탕으로 타인의 어려움과 감정을 한층 더 세세히 살피고 보듬는 데 도움이 된다. 휠체어를 탄 채 버스에 오르는 것이 얼마나 힘든지, 뒤에서 줄 선 승객들이 몇 분 더 기다려야 하는 것에 대해 짜증스럽게 중얼거리는 것이 얼마나 듣기 어려운지 대부분의 사람은 알지 못한다. 타인에게 폐를 끼치고 있다는 생각은 가뜩이나 장애로 고통받는 이들에게 더욱 무겁고 힘겨운 짐이다.

공감 같지만 사실은 아닌 거짓 공감

몇몇 사람들, 특히 타인을 돌보는 일을 하는 사람들의 경우 공감 능력 부족이 직업병처럼 나타나기도 한다. 바로 동정 피로라고 불리는 현상이다. 이 중 일부는 자신과 타인의 감정을 구분하기 위해 자기 방어적인 울타리를 친다. 반면 다른 사람의 고통을 마주하면 갑

자기 분노를 느끼므로 타인이 필요로 하는 것과 자신의 감정적 반응을 혼동하지 않도록 자기 조절 능력을 길러야 하는 사람도 있다.

공감 능력은 뇌를 기반으로 이뤄지므로 유전적이고 신경생리적인 요소에 기초를 두고 있다. 내가 개발한 공감 훈련은 개선된 타인의 감정을 인지하는 능력과 자기 조절 및 자기 관리 테크닉을 모두 아우른다. 이러한 전략과 테크닉을 바탕으로 '감정 전이'에 효과적으로 대응할 수 있다. 감정 전이란 상대방의 감정에 즉각적으로 반응하는 것으로, 재채기를 하는 것처럼 미처 피할 겨를도 없이 속수무책으로 당하게 된다. 나는 공감 훈련시 적절한 공감 반응을 가르치기 위해 공감의 인지적 측면을 보다 강화하는 동시에 과도한 감정적 반응을 조절하고 완화하도록 학습시킨다. 일부 훈련은 유도된 심상, 심호흡, 마음 다스리기 등을 활용한다.

필요한 순간에 자기 조절 전략을 활용하는 가장 쉬운 방법 중 하나는 바로 속으로 다음과 같이 되뇌면서 여러 번 깊게 심호흡하는 것이다. 숨을 들이마실 때는 '있는 힘껏 최대한 많이 들이마신다'라고 생각하고 숨을 내쉴 때는 '있는 힘껏 최대한 많이 뱉어 낸다'라고 생각하면서 숨쉰다. 훈련을 들은 많은 수강생이 말을 하기 전에 열까지 숫자를 세는 기존의 방법보다 이 심호흡 전략이 간단하고 손쉬워 훨씬 도움이 된다고 말한다. 숨을 쉬지 않고 숫자를 세는 것보다 심호흡이 심박 수나 혈압을 떨어뜨리는 데 효과적이다. 천천히 깊게 숨을 들이마시고 내뱉으면 목에 위치한 경동맥의 압력 감지 기관인 '압력수용기'가 활성화된다. 압력수용기는 혈압을 낮추는 역할을 한다. 몸에서 나타내는 신체 반응의 속도를 줄이면 투쟁-도피 반응을 피하는 데 도움이 된다. 반면 숫자를 세는 방법은 절제되지 않은 감정적 반응의 표출을 늦추는 것에 불과하다.

경찰관, 의사, 간호사, 사회복지사, 교사와 같은 직업을 가진 사람들이 동정피로의 위험에 가장 많이 노출되어 있다. 직업상 타인에 대한 공감이 필요하지만 매일 마주해야 하는 타인의 고통과 어려움에 시달리는 경우가 많기 때문이다. 따라서 자신의 일에 충실하려면 공감의 인지적(사고적) 지수와 정서적(감정적) 지수를 균형 있게 유지하는 방법을 배워야 한다.

예컨대 따뜻함과 공감 능력이 요구되는 사회복지사나 그 외에 정신 건강과 관련된 일에 종사하는 사람들의 경우 의뢰인의 부정적인 경험과 수많은 역경에 지나치게 빠져들다 보면 감정적인 피로감을 느끼거나 녹초가 되기 쉽다. 의뢰인에게 필요한 서비스와 도움을 제공하는 것처럼 자신이 통제 '가능한' 일들에 집중하고 감정적으로 힘든 직업과 자기 치유 훈련을 병행하는 전략을 통해 감정 과부하를 보다 효과적으로 관리하여 우울증이나 번아웃증후군을 예방할 수 있다. 자신의 업무에 최선을 다하는 간호사 역시 마찬가지다. 통제할 수 있는 부분에 전념하고 동료 간호사와 의료진에게 도움을 요청하는 방법을 익히거나 자기 치유 시간을 갖는 것이 도움이 된다. 혼자서 모든 일을 감당하려고 애쓰는 것보다 이러한 전략을 활용하는 편이 맡은 업무를 수행하는 데 훨씬 효과적이다.

협력을 도모하는 일터를 만들고 과도한 업무량과 경쟁적인 업무를 줄이기 위해 제도적 지원 또한 필수다. 미국 미네소타주에서 진행한 연구에 의하면, 병원에 근무하는 의료진들이 업무 시간이 끝난 후 유치원으로 자녀를 데리러 가는 시간 사이에 발생하는 업무 연장이 없어졌을 때 번아웃되었다고 느끼는 정도가 줄어든 것으로 나타났다. 어떤 직업이나 상황이든 공감과 책임 사이의 올바른 균형을 유지하는 것은 휴머니즘과 연민을 전달하는 동시에 유용하고 희망적이며 의미 있는 방식으로 역할을 다하는 데 중요하다.

항상 타인의 기분을 맞추려고 노력하는 이른바 피플 플리저(people pleaser)에 속하는 사람들 역시 동정 피로에 쉽게 노출된다. 다른 사람을 행복하게 하려는 마음이 공감에서 비롯된다고 생각하기 쉬운데, 사실 늘 그런 것은 아니다. 그보다는 인정받고 싶은 욕구가 동기로 작용하는 경우가 더 많다. 나는 남들에게 많이 베풀었는데 정작 돌아오는 것이 별로 없어 화가 나거나 억울함을 느끼는 사람일수록 더욱 그렇다. 이러한 성향을 주의해야 한다. 습관적으로 타인의 욕구를 내 욕구보다 우선시하거나 스스로 남을 돕는 것을 즐긴다고 여기다 보면 남에게 이용당하거나 심지어 '종속 관계'에 놓일 수도 있는데, 이는 결코 바람직하지 않다. 이러한 습관은 자칫 자기 연민으로 빠질 수 있고, 이것이 장기간 지속되면 타인을 향한 분노 혹은 원망으로 번진다. 자세한 내용은 11장에서 다룰 것이다.

방조하는 듯한 행동 역시 '공감 같지만' 사실 공감이 아니다. 가장 전형적인 예로 약물 남용 혹은 도박과 같은 파괴적인 행동이 가능하게끔 내버려 두거나 정신 질환을 앓고 있는 가족을 적절한 조치 없이 방치하는 것 등을 들 수 있다. 방조자는 약물 중독으로 고통받는 사람에게 돈을 빌려 주거나 먹을 것과 지낼 곳, 입을 옷 등을 제공하며 그들의 변명을 거든다. 이것이 공감처럼 보일 수 있지만, 사실 소중한 사람이 자신의 잘못된 행동에 대해 책임을 지는 일에 방해가 되며 그 결과 문제 행동이 반복된다. 알코올 중독에서 회복한 경험이 있는 사람이 이를 가장 잘 이해한다. 그 누구보다 중독자의 상황에 공감하지만, 자신의 경험으로 미루어 볼 때 섣부른 도움이 실제로는 도움이 되지 않는다는 것을 알기에 대개 나서지 않는다.

마지막으로 살펴볼 거짓 공감은 '헬리콥터 부모'라고도 불린다. 이미 본 적이 있을 것이다. 자녀의 응석을 지나치게 받아 주거나 과잉보호하며 모든 행동에 간섭하는 부모를 가리키는 말이다. 헬리콥터 부모는 아이가 스스로 인생의 이런저런 문제를 해결하도록 지켜보는 대신 작은 문제가 생기면 곧바로 달려가 아이를 구하기 바쁘다. "나는 아이에게 정말 많이 공감하고 있어"라고 말하는데 사실 이것 역시 공감이 아니다. 아이에 대한 사랑이 넘친다고 생각하지만 정작 자녀가 자신의 인생을 헤쳐 나가고 자신의 행동에 책임을 지면서 학습하는 발달 과정에 방해가 된다. 이러한 부모 밑에서 성장한 아이는 대개 직장에서도 비슷한 보호를 받기 원한다. 내 동료 중 한 명은 얼마 전 면접을 봤던 지원자의 부모로부터 전화를 받았다. 그 부모는 아들이 왜 채용되지 않았는지 설명을 요구했고 '가장 적격자'를 못 알아봤다고 소리쳤다.

공감을 가로막는 장애물들

공감 능력이 뛰어나거나 잘 발달된 사람이라고 해도 모든 사람에게 늘 공감하기란 불가능하다. 가능하다고 해도 바람직하지 않다. 어떤 이야기는 읽고 난 후 행동으로 옮기고 싶어지는 반면 어떤 이야기는 별 생각없이 넘어가게 된다. 무엇이 이를 결정하는지 그 메커니즘에 대해 생각해 보자.

2012년 미국 코네티컷주 샌디후크초등학교에서 총기 난사 사건이 발생했고 22명의 아이들이 목숨을 잃었다. 이후 후원이 끊임없이 이어지는 바람에 마을 측은 들어오는 물건들을 처리하는 데만 800명이 넘는 자원봉사자를 모집했다. 사람들은 인형과 생필품, 수백만 달러의 기부금을 보냈는데, 샌디 후크는 작아도 조용하고 부유한 동네였기에 물질적인 후원이 필요 없었다. 마을 관계자가 대중에게 다른 곳에 기부해 달라고 간곡히 부탁했지만 후원 물품은 끊이지 않았다. 그야말로 쓰나미 수준의 호의가 샌디 후크로 집중되는 동안 200만 명에 달하는 미국 어린이들은 굶주린 채 잠을 청했다.

내 아이를 비슷한 사고로 잃을 수 있다는 상상으로 온전히 본능적이고 원시적인 반응에서 나온 기부였다. 모든 부모가 생각조차 하기 싫은 이 최악의 상황에 공감할 수 있을 것이다. 게다가 누군가 일부러 죄 없는 수많은 아이를 향해 총을 쏘고 목숨을 앗아갔다는 사실은 무척 충격적이다. 이러한 본능적인 두려움은 선천적 공감을 비롯해 자녀를 향한 사랑과 연결되어 있다. 자신의 자녀를 보호하려는 욕구는 매우 강력하고 선천적인데, 인류 역사를 살펴보면 인간의 생존에 반드시 필요한 것이었다. 나아가 대부분 자각하지 못하지만 우리의 뇌는 후손을 통해 자신의 유전자를 남기고 싶어 한다. 유전자가 후손까지 이어지도록 하기 위해 자녀를 보호하는 데 과도한 관심과 걱정을 쏟는 것이다.

기부나 연민, 그리고 샌디 후크 사건과 그 외 안타까운 비극의 피해자에게 쏟아진 관대함과 같은 공감 반응 역시 사회과학자들이 '식별 가능한 희생자 효과'라고 부르는 현상에서 비롯된다. 피해자에게 더 많이 공감할수록 더 넓은 가슴으로 그들을 포용하고 나아가 지갑까지 열게 된다. 피해자가 코네티컷주에 살고 있든 초등학생이든 보스턴마라톤 폭탄 테러 현장에 있던 주자든 구경꾼이든 상관없다. 그렇다면 그와 똑같이 괴롭거나 혹은 그보다 더 큰 고통을 겪고 있는 다른 사람에게는 반응하지 않는 이유가 무엇일까? 오리건대학교에서 다르푸르, 라이베리아, 르완다와 같이 멀리 떨어진 곳에서 일어난 재해의 경우 왜 대중들의 관심이 상대적으로 덜한지 연구했더니, 무관심한 이유는 공감이 부족해서가 아니라 도움의 손길이 아무런 소용이 없을 것이라는 일종의 절망감 때문인 것으로 나타났다. 감당할 수 없을 만큼의 통계들이 쏟아져 나오고 수백만 명의 사람들이 굶주림에 허덕이고 있는데, 고작 한 명의 공감 반응이 어떤 성과를 달성할 수 있을까?

전 세계에서 도움을 필요로 하는 사람들이 엄청나게 많다는 사실을 누구나 어느 정도 공감한다. 하지만 우리 뇌의 용량은 대규모의 고통을 처리하기에는 역부족이다. 그렇기 때문에 대부분 반응하지 않는 쪽을 선택한다. 이 문제를 해결할 실마리를 찾기 위해 전문가들이 정책 입안자와 함께 아프리카의 가난한 농부들에게 한 번에 50달러씩을 지원하는 소액 금융 대출 프로젝트와 비정부 단체 프로그램의 확대, 기술 공유를 위한 글로벌 협력체 등 공감의 범위를 넓히는 동시에 개개인이 연관성을 느낄 수 있도록 하는 노력을 지속적으로 하고 있다.

공감이 호출할 때 달려가려다 발을 헛디디는 이유가 또 있다. 예를 들어 인간의 본성 중에는 성별과 관련된 것이 많다. 여성의 경우 본능적으로 공감 능력이 뛰어나다. 타니아 싱어의 연구팀은 뇌에서 일어나는 공감 반응에 성별이 미치는 영향을 연구했다. 한 실험에서 연구진은 전문 배우를 고용해 실험 참가자와 함께 돈을 나눠 갖는 게임을 하도록 했다. 배우 한 명에게는 계속해서 후한 태도를 보일 것을, 다른 배우에게는 계속해서 불공평하게 돈을 배분할 것을 주문했다. 게임이 끝난 후 실험 참가자의 대다수는 돈을 후하게 나누어준 배우를 긍정적으로 생각했고 불공평하게 행동한 배우는 불신하고 부정적으로 보았다.

다음으로 싱어는 부부에게 전기 충격을 가했던 초기 실험을 다시 한 번 진행했다. 그러나 이번에는 아내와 남편을 서로 연결하는 대신 두 명의 배우에 대한 정보를 제공했다. 결과는 놀라웠다. 여성의 경우 배우의 공정성 여부와 관계없이 고통스러운 충격에 공감하는 반응을 보였다. 전기 충격을 당하는 사람에 대한 개인적인 불신이

나 반감은 공감 반응의 정도에 아무런 영향을 끼치지 않았다. 그러나 남성의 경우 전혀 달랐다. 게임에서 후한 태도를 보인 배우가 전기 충격을 받을 때는 공감 반응을 보였지만 악당 역할을 맡았던 사람에게는 반응이 없었다. 심지어 불공평하게 돈을 나눈 사람이 전기 충격을 받을 차례라는 것을 알았을 때 남성 실험대상자의 뇌 안에서 기쁨과 관련된 보상 영역이 활성화되기도 했다.

연구진은 남성의 공감 반응이 상대방의 사회적 행동을 바라보는 관점에 따라 결정된다고 결론을 내렸다. 여성과 달리 남성은 호감 가는 게임 참가자에게는 동정을 느낀 반면 호감이 가지 않는 사람이 벌을 받을 때는 분명한 만족감을 느꼈다.

이렇듯 공감 반응에는 성별에 따른 편향이 내재되어 있는 것으로 보인다. 하지만 반사적으로 나오는 신경 반응을 바꿀 수 있다는 주장을 뒷받침하는 연구도 있다. 한 번도 환자의 입장이 되어 본 적이 없는 의사든, 장애를 갖고 살아가는 것을 생각해 본 적이 없는 건강한 일반인이든, 대상이 누구든 올바른 훈련을 거친다면 기존의 생각을 빠르고 근본적으로 바꿀 수 있다는 점을 우리는 잘 알고 있다. 타인이 겪는 어려움을 직접 경험함으로써 공감 능력은 눈에 띄게 향상될 수 있다.

나는 두뇌 안에서 일어나는 공감 반응의 유연성을 들여다보는 연구를 통해 매우 흥미로운 점을 발견했다. 서로 다른 분야의 전문의 여섯 명을 대상으로 무작위 대조 시험을 실시했다. 연구에 참여한 의사들에 대한 평가는 실제 환자들에게 맡겼다. 공감 훈련 전후로 해당 의사가 보여 준 인지 능력과 공감 반응에 대해 물었다. 다음 장에서 더욱 자세하게 살펴볼 공감의 일곱 가지 열쇠(E.M.P.A.T.H.Y.)와 테크닉을 바탕으로 우리는 의사들에게 환자의 감정 상태를 올바르게 '읽는' 방법과 다양한 전략을 활용해 환자와의 소통을 보다 잘 이해하는 방법을 알려주었다. 이러한 전략에는 표정 연구에서 손꼽히는 전문가인 심리학자 폴 에크만 박사가 만든 얼굴 표정 해독법 중에서 특별히 선정한 표본도 포함된다.

훈련받은 의사들은 몸짓이나 자세와 같은 신호를 해석하는 요령을 배우고 자기 조절 테크닉과 타인의 감정을 평가하는 능력을 발달시켰다. 짧지만 정밀한 훈련을 통해 눈 앞에 있는 상황을 더욱 세심하게 이해하는 의사로 거듭날 수 있었다.

훈련받은 의사들은 또한 어려운 상호 작용에 대처하는 방법도 배웠다. 예컨대 환자가 교묘하게 원하는 약을 처방받으려고 할 때, 대화의 흐름을 약 처방에서 약물 중독에 대한 치료로 바꾸는 등의 요령이다. 환자를 판단하는 대신 공감적 경청을 바탕으로 호기심을 자극하는 방법도 익혔다. 더욱 깊은 관계를 형성하고 의료 서비스의 범위를 팀 단위로 확장하는 데 시간을 투자함으로써 약물 사용에 대한 새로운 대화를 시작하고 기존과는 다른 건강한 해결책을 찾을 수 있었다. 공감 능력을 향상시키는 훈련을 받은 집단은 임의적으로 통제 집단에 배정된 의사들보다 환자 만족도에서 훨씬 더 높은 점수를 받았다. 공감 능력이 학습 가능하다는 것을 보여 준 최초의 연구였다.

우리가 진행한 연구가 더욱 고무적인 점은 의료 업계의 문화뿐만 아니라 관계를 우선에 두는 개인이나 기관 역시 얼마든지 바뀔 수 있다는 희망을 명확하게 제시했다는 사실이다. 이제 희망을 현실화할 증거 기반의 도구가 우리 손에 있다. 감정 지능, 감정 조절, 조망 수용, 자신과 타인 구분 및 그 외 향상 가능한 뇌 기반 능력을 갈고 닦기 위해 올바른 방법으로 훈련한다면 공감의 원칙을 배우고 실천해야 하는 모든 분야에서 더욱 밝은 미래를 추구할 수 있다. 이어지는 4장에서 관련 내용을 보다 자세히 다룰 것이다.

CHAPTER 4

'공감'의 문을 여는
일곱 가지 열쇠

우리는 학교에서 읽기, 쓰기, 수학 등 중요한 과목을 배운다.
그런데 많은 교육자가 이른바 4R을 가르쳐야 한다고 이야기한다.
4R이란 읽기(reading), 쓰기(writing), 수학(rithmatic), 관계(relationships)
이다. 그런데 대부분의 사람은 내가 매우 중요하게 생각하는 비언어
의사소통과 공감 표현에 대해서는 체계적으로 배우지 못한다. '무엇
을 말할 것인가'를 배우고 '어떻게 말할 것인가'도 어느 정도 익히지
만, '어떻게 느낄 것인가'와 '타인의 감정을 어떻게 받아들일 것인가'
와 관련한 교육은 거의 받지 못한다. 학교에서 배울 필요 없는 중요
하지 않은 과목이라고 생각하거나 굳이 배우지 않아도 된다고 여기
기 쉽지만, 이는 사실과 다르다.

우리가 하는 말을 문자 그대로 해석하다 보면 중요한 역할을 하는 비언어적 신호를 놓치게 된다. 문자적인 의미 이면에 있는 정보는 감정과 진심을 주고받는 데 매우 중요하다. 같은 말도 어떻게 하느냐에 따라 상대방이 받아들이는 의미가 크게 달라진다. 누군가 "셔츠 멋진데?"라고 말했을 때 당신의 취향을 칭찬하는 것일 수도 있고 모욕하는 것일 수도 있으며 관심을 표현하는 것일 수도 있다. 고도로 발달해 온 언어의 사회적 요소와 비언어의 사회적 요소가 복잡하게 뒤섞여 있다고 볼 수 있다. 각 상호 작용은 독특하게 일어난다. 일부 연구에 따르면 의사소통의 90퍼센트 이상이 비언어로 이루어지며 우리가 대화에서 얻는 결론의 10퍼센트만이 말에서 비롯된 것이라고 한다.

나 역시 내 전문 분야인 의료계에서 의사와 환자가 서로를 보다 잘 이해하도록 의사소통의 비언어적 측면을 가르치는 것이 시급하다는 생각을 갖게 되었다. 의사와 환자 사이의 의사소통이 와해되는 것을 목격한 적이 종종 있다. 의사가 하는 말을 환자는 다르게 받아들이는 것이다. 의사는 환자의 말을 듣는다. 반면 환자는 의사의 말에서 자신이 듣고 싶은 말만 듣는다.

내 생각은 착각이 아니었다. 다수의 문헌이 이를 뒷받침하는데, 여기에는 의사가 환자에게 암의 위험성에 대해 어떻게 소통하는지를 살펴보기 위해 600명 이상의 개인을 대상으로 조사한 놀라운 연구 결과도 포함된다. 새로운 의료 전문 웹사이트인 메드스케이프에서 의사에게 환자와 암의 위험성에 관한 대화를 시도해 본 적이 있는지 조사했다. 70퍼센트 이상이 그렇다고 대답했다. 그러나 환자의 30퍼센트만이 의사가 관련 이야기를 했다고 기억했다. 이러한 인식의 단절은 심각한 결과를 가져올 수 있다. 조사에 참여한 환자 중 절반 정도가 암과 관련된 증상이나 신호를 경험한 적이 있다고 대답했고, 이 중 20퍼센트 이상이 향후 암 진단을 받았다.

의사와 환자 간의 소통이 원활하게 이루어지면 질병의 증상을 보다 빨리 파악할 수 있다. 따라서 더 많은 생명을 살릴 수 있다. 하지만 늘 이런 결과가 일어나지는 않는다. 의사와 환자 사이에는 종종 언어 장벽이 존재한다. 또한 정보를 주고받는 방식에 대한 문화적 차이가 매우 크다. 비언어적 신호에 담긴 미묘하지만 중요한 뉘앙스 역시 다르게 해석한다. 위로 치솟은 눈썹이나 팔짱, 어조 등은 놓치기 쉽다. 주고받는 말의 문자적 의미에만 의존한다면 의사소통에 오류가 발생할 가능성이 굉장히 크다.

비언어적으로 나타나는 공감의 문화적 표현을 체계적으로 살펴보는 연구를 통해 우리 연구진은 보편적으로 나타나는 공감의 비언어적 표현 몇 가지를 파악했다. 예컨대 상대방을 향한 열린 자세, 따뜻한 얼굴 표정, 위로하는 듯한 어조 등이 있다. 흥미롭게도 미소를 짓거나 친절하게 대하더라도, 팔짱을 끼고 있거나 억압적인 자세를 취하고 있으면 공감받지 못한다고 인식되는 것으로 나타났다. 방어적이라는 오해를 피하고 우호적인 의도를 전달하기 위해 의식적으로 더 많은 노력을 기울여야 한다.

나는 의료진이 환자와 대화하고 그들의 말을 경청하는 더 나은 방법이 있을 것이라고 확신했다. 그래서 다양한 방법론을 조사하고 실험을 진행했다. 그 결과 비언어적 행동을 평가하는 새로운 교육 프로그램인 'E.M.P.A.T.H.Y.'를 개발했다. E.M.P.A.T.H.Y. 테크닉은 의사뿐 아니라 다른 종류의 관계 혹은 상황에서도 얼마든지 적용할 수 있는 개념이다. 사람 간의 교류에 있어 공감은 서로 교감하고 돕도록 하는 가장 강력한 요소 중 하나다. E.M.P.A.T.H.Y. 테크닉을 기업과 은행, 교육, 정신 및 신체 건강 관리의 모든 분야로 확대해서 적용시키고 있다. 이제 이 테크닉의 기초를 이루고 있는 원리를 살펴보고 명확한 공감적 의사소통에 어떠한 역할을 하는지 설명하고자 한다.

첫 번째 열쇠 E: 눈 맞춤(Eye Contact)

아프리카 부족의 인사말 중에 '안녕하세요'라는 의미인 "사우보나"가 있는데, '나는 당신을 봅니다'라는 뜻이다. 이 문화권에서는 눈을 바라보는 것이 상대방을 가장 존중하는 방법이라고 여긴다. 눈을 통해 타인의 영혼을 들여다 볼 수 있다고 생각하기 때문이다. 미국에서 '안녕하세요, 잘 지냈어요?'라는 가벼운 의미로 상대방과 눈을 마주치는 것보다 훨씬 더 적극적이다. 서구 사회에는 이런 말이 있다. "눈은 영혼의 창이다." 비록 짧은 시간이라도 누군가의 눈을 응시하면 상대방의 생각과 기분에 대한 방대한 정보를 얻을 수 있다.

눈 맞춤은 인간이 태어나자마자 하는 행동 중 하나다. 갓 태어난 아이와 엄마가 눈을 맞추는 순간 두 사람의 뇌에서 옥시토신이라는 유대감을 형성하는 호르몬이 분비된다. 사랑, 유대감, 공감의 감정이 뇌 회백질로 흘러 들어온다. 엄마의 눈은 또한 갓 태어난 아이에게 아이의 존재를 확인시켜 주는 거울 역할을 한다.

연구 결과를 살펴보면 실제로 아기의 발달에 엄마의 시선이 굉장히 중요하며 엄마와의 눈 맞춤이 부족하면 아이에게 심각한 영향을 끼칠 수 있다. 즉, 사회적 의사소통과 공감 조율, 감정 조절, 자극 평가를 조정하는 뇌 영역이 제대로 발달하지 못할 수 있다. 어렸을 때 부모와 눈을 충분히 마주치지 못한 아이일수록 '불안정한 애착'을 느끼며 더불어 자신감과 타인에 대한 신뢰가 부족하고 감정 조절에 어려움을 겪는다.

발달 초기 단계에서부터 눈 맞춤은 뇌에서 공감을 담당하는 사회적 영역을 활성화시킨다. 우리가 누군가의 얼굴을 바라볼 때 시선은 눈, 입, 코 사이로 옮겨간다. 이때 각 부분에 머무는 시간은 1초의 몇 분의 1도 안 될 만큼 짧다. 시선이 멈추는 짧은 순간에 머릿속으로 사진을 찍으면서 상대방에 대한 느낌을 결정하는데, 이를 바탕으로 사회적 그리고 행동적 신호를 읽어 낸다. 연구 결과에 따르면 공감 능력이 뛰어난 사람일수록 시선을 더 오랫동안 눈에 고정한다. 영상을 통해 상대방을 관찰할 때도 마찬가지였다.

우리가 누군가와 얼굴을 마주하고 이야기할 때 갓 태어난 아기와 엄마가 처음으로 시선을 마주치는 것과 비슷한 과정이 일어난다. 자신에 대한 정보를 눈 맞춤을 통해 전달하는 것이다. 연구 결과에 따르면 감정적 유대감을 형성하는 데 시선이 중요하며, 눈을 응시하거나 눈 맞춤을 피하려는 것에 예민하게 반응한다. 두렵거나 화가 난 상대방이 똑바로 쳐다보는지 혹은 시선을 피하는지에 따라 뇌에서 감정을 처리하는 영역인 편도체가 다르게 반응한다는 연구 결과도 있다.

타인과 얼굴을 마주하면 상대의 정보를 받아들이고 그것이 나와 어떤 부분에서 연관이 있는지를 이해하는 데 도움이 된다. 이러한 사회적 평가 과정이 보다 긍정적이고 이타적인 행동을 유발한다고 주장하는 과학자도 있다. 중요한 비즈니스 회의나 의료 진료를 얼굴을 마주보고 진행하는 가장 큰 이유 중 하나는 상대방과 얼굴을 마주했을 때만 알 수 있는 뉘앙스와 미묘한 정보를 파악할 수 있기 때문이다. 오늘날 타인의 눈을 통해 감정 상태를 읽을 수 있는 기회가 점점 줄어들고 있는데, 의사소통이 문자 메시지와 이메일, 그 외 디지털 기반으로 옮겨 가고 있기 때문이다. 그러나 기업인들은 수십억 달러가 걸린 문제의 경우 여전히 비행기를 타고 지구 반을 날아가 회의에 참석하고 문서에 서명한다. 앞으로 미래를 함께할 파트너의 눈을 바라보기 위함이다.

공감의 첫 번째 열쇠인 눈 맞춤을 처음 만나는 사람과 더욱 깊게 하는 방법 중 하나는 상대방의 눈동자 색깔을 살펴보는 것이다. 눈을 조금 더 길게 응시함으로써 기본적인 인사를 건넬 뿐만 아니라 상대방을 진정으로 '보고' 있다는 메시지를 전달할 수 있다. 내가 지도한 전공의들은 상대방의 눈동자 색깔을 파악하는 행동이 그 후 이어지는 모든 진료 과정을 완전히 바꾸었다고 말했다. 환자를 더욱 따뜻하게 맞이할 수 있을 뿐만 아니라 신뢰를 쌓고 환자 개개인에 집중할 수 있다는 것이다.

그렇다고 처음 만난 사람의 눈을 지나치게 오랫동안 바라보라는 것은 아니다. 너무 오랫동안 응시하면 오히려 상대방을 불편하게 만들 수 있다. 문화나 개인 간의 차이도 고려해야 한다. 예컨대 어떤 동양 문화권에서는 상대의 존재에 대한 인식을 간접적인 방법으로 표현하기 때문에 상대방의 눈을 오랫동안 똑바로 쳐다보는 것을 실례라고 생각한다. 나아가 눈 맞춤을 견디지 못하거나 적절한 처리 방법을 모르는 사람도 있다. 눈 맞춤에서의 감정적 맥락을 처리하는 능력이 부족한 자폐증 환자를 예로 들 수 있다. 존중과 공감을 표현하는 비결은 바로 개개인의 차이점을 세심하게 고려하고 다른 문화의 선호도와 규범을 파악하는 것이다.

두 번째 열쇠 M: 표정 근육(Muscles of Facial Expression)

우리의 뇌는 타인의 표정을 자동으로 따라하도록 설계되어 있다. 평범한 상황에서 누군가 당신을 향해 미소짓는다면 당신 역시 미소를 지을 것이다. 혐오감으로 입술을 일그러뜨리는 표정이나 깜짝 놀라 눈썹을 치켜 올리는 표정, 불만에 가득 차 노려 보는 표정, 그 외 기본 정서를 나타내는 얼굴 표정 역시 마찬가지다. 이러한 반사적인 동작 모방은 대개 실제 감정과 연결된 근육 기억을 자극해 같은 감정을 유발한다. 예컨대 얼굴을 찌푸리면 슬픔이나 짜증이 느껴진다. 이는 굉장히 강력한 반사 작용으로 사진이나 영상에 나오는 표정을 따라할 때도 있다. 공감 능력을 처리하는 가장 중요한 요소 중 하나지만, 무의식중에 일어나는 반응이기 때문에 제대로 인식하지 못하는 경우가 많다.

임상 심리학자 폴 에크만은 획기적인 연구를 통해 정서와 연관된 얼굴 표정을 발견했다. 에크만을 비롯한 여러 과학자의 최신 연구를 살펴보면 감정 파악을 위한 표정 해석은 부분적으로 생물학을 기반으로 하며 어느 정도는 사회적 훈련에 영향을 받는다는 것을 알 수 있다. 어떤 표정은 그 해석이 보편적으로 동일한 반면 어떤 표정은 문화적 배경에 따라 달리 해석된다. 예를 들어 동양인과 서양인은 상대방의 표정을 파악할 때 각자 다른 부분에 집중한다. 동양인은 전체적인 얼굴 표정을 살피는 반면 서양인은 특정 부분에 집중하는 경향이 있다. 그렇기 때문에 같은 표정을 보더라도 다른 결론에 도달할 수 있다.

우리가 표정을 통해 생각과 감정을 전달하는 방식은 지문만큼이나 개인적이다. 대부분의 사람은 표정에서 타인의 생각과 감정을 이해하는 데 능숙하며, 상대방을 잘 알거나 배경과 문화가 비슷할수록 정확성이 높아진다. 따라서 특정 표정의 의미를 일반화할 수는 있지만 낯선 사람, 특히 다른 나라에서 온 사람의 경우 동일한 표정을 잘못 해석할 수 있다. 연구 결과에 따르면 상대방의 얼굴이 익숙한지 혹은 낯선지에 따라 신경 회로가 다르게 활성화된다.

비슷한 표정이 늘 같은 의미를 띠는 것은 아니다. 눈썹 모양이나 눈가나 입가의 미세 근육의 움직임처럼 작은 차이로도 표정이 지닌 의미가 완전히 바뀔 수 있다. 얼굴 표정을 해석하는 데는 여러 가지 요소가 작용한다. 에크만의 연구 결과를 살펴보면 상대방의 사회적 지위나 힘이 우월할 때 얼굴 표정에 좀 더 주의를 기울인다. 당신이 다른 사람에 비해 직장 상사나 교수의 표정 변화를 더 민감하게 관찰하는 것도 같은 이유에서다.

예로 미소를 살펴보자. 미소는 대개 행복, 기쁨, 만족이 연상되는 얼굴 표정이지만 매번 그러할까? 에크만은 연구를 통해 얼굴 근육의 미묘하고 무의식적인 움직임인 미세한 표정을 파악하여 진정한 기쁨의 표현인 '뒤셴 미소'와 그 외 미소를 구분했다. 뒤셴 미소는 다양한 얼굴 근육을 전류로 자극하는 방법으로 감정 표현을 연구했던 프랑스 신경학자 기욤 뒤셴의 이름을 딴 것이다. 입술의 양쪽 끝이 위로 올라가고 뺨의 윗부분이 들려지고 눈가의 잔주름을 모두 사용해야 진정한 기쁨의 표현인 뒤셴 미소라고 볼 수 있다. 진짜 감정이 담기지 않은 가짜 웃음의 경우 입술의 양끝이 올라가기는 하지만 눈가에는 움직임이 없다. 뒤셴은 웃고 있는 사람의 눈가에 주름이 잡히는지를 보면 "가짜 벗의 정체를 알 수 있다"는 글을 남기기도 했다.

실제로 미소는 다른 감정을 감추기 위해 쓰인다. 나 역시 이를 직접 경험한 적이 있는데, 어느 날 '수잔'이라는 환자가 활짝 웃으며 진료실로 들어왔다. 그녀에게 폭력을 행사하던 남자친구와 마침내 헤어졌던 것이다! 그녀의 미소가 진심인 것처럼 보였지만, 이내 전혀 움직이지 않는 눈 주변 근육과 미간에 선명하게 드러난 뒤집은 U자 모양의 근육이 내 주의를 끌었다.

뒤집은 U자 모양은 미간 사이의 생김새에 따라 짧은 기둥처럼 보이기도 한다. 1872년 찰스 다윈이 '슬픔 근육'이라고 부르면서 처음으로 알려졌는데, 이름처럼 진정한 슬픔을 느낄 때 무의식적으로 움직인다. 진심으로 슬퍼하거나 고통스러울 때만 움직이므로 속이기가 어렵다. 그런데 이 근육이 입꼬리가 한껏 올라간 수잔의 얼굴 위에 선명하게 나타나 있었다.

"굉장히 심란해 보여요." 내가 수잔에게 말했다.

더 이상 아무 말이 필요 없었다. 그녀는 눈물을 터뜨리며 말했다.

"살면서 한 일 중에 가장 고통스러워요. 존과는 헤어질 준비가 진작 되었지만, 그의 가족은 정말 그리울 거예요. 미국에 처음 왔을 때 나한텐 그의 가족이 전부였어요……."

그녀가 훌쩍이는 동안 나는 내가 만약 그녀의 미소에만 반응했다면 그녀가 어떤 감정들을 속에 담아 두었을지 생각했다.

얼굴 표정과 공감 사이에는 어떤 구체적인 연관성이 있을까? 덴마크에서 관련 연구를 진행했는데, 화난 얼굴과 행복한 얼굴이 찍힌 여러 장의 사진을 참가자들에게 보여 주어 '표정의 반응성'과 공감이 연결되어 있음을 입증했다. 설문 조사에서 공감 반응의 수치가 높은 참가자의 경우, 얼굴 표정을 측정할 수 있는 안면 근전도 검사를 통해 화난 표정의 사진들을 봤을 때는 눈썹과 눈의 움직임이 활발한 반면 행복한 표정의 사진들을 봤을 때는 뺨의 움직임이 활발하다는 점을 발견했다. 그러나 공감 반응 수치가 낮았던 참가자들은 화난 표정과 행복한 표정을 잘 구분하지 못했다. 공감 수준이 높은 집단은 공감 수준이 낮은 집단에 비해 사진 속 감정을 더욱 크게 해석했다. 즉, 화난 얼굴이 실제보다 더 화가 났다고 생각했으며 행복한 얼굴은 실제보다 더 행복하다고 받아들였다. 이를 바탕으로 공감 능력이 뛰어난 사람일수록 상대방의 얼굴 표정과 반응에 민감하며, 이로 인해 공감적 정확성 역시 높다고 유추할 수 있다.

전문가가 아니더라도 충분히 관심만 기울인다면 에크만을 비롯해 여러 과학자들이 주장하는 아주 미세한 표정을 읽을 수 있다. 상대방의 얼굴에 집중하다 보면 정확한 이유는 모르더라도 자연스럽게 상대방의 기분을 직감할 수 있다. 자신의 감정 변화를 미처 인식하기도 전에 상대방에게서 느껴지는 기분을 감지함으로써 미세한 표정을 무의식적으로 처리할 때도 있다. 보다 자세한 내용은 E.M.P.A.T.H.Y. 테크닉의 Y를 설명하면서 알아보자.

세 번째 열쇠 P: 자세(Posture)

상대방의 자세로 상대의 감정 상태를 읽을 수 있다. 생물학자 찰스 다윈은 자세와 감정 상태가 긴밀히 연결되어 있으며 자세를 통해 해당 감정을 유추할 수 있다고 보았다. 축 처진 어깨는 낙담, 슬픔,

심할 경우 우울과 같은 감정의 신호다. 등을 곧게 펴고 똑바로 앉은 상태는 행복이나 자신감을 나타낸다. 특정 감정과 관련된 몸의 움직임과 자세는 얼굴 표정만큼이나 중요하다. 또한 얼굴 표정을 인식할 때 활성화되는 뇌 영역과 자세를 인식할 때 활성화되는 뇌 영역이 상당 부분 겹친다.

고급 레스토랑이나 항공사, 그 외 업종의 서비스 담당 직원은 고객과 같은 높이에서 눈을 맞추는 교육을 받는다. 유치원 교사 역시 아이들과 소통하기 위해 아이들의 눈높이에 맞춰 몸을 낮춘다. 이러한 행동은 상대방을 존중하며 상대방의 말에 귀 기울이고 있다는 메시지를 전달한다. 반면 권력을 과시하고 싶어 하는 CEO의 경우 모두가 앉아 있는 테이블 상석에 서기도 한다. 다리를 벌리고 서서 척추를 똑바로 세운 상태에서 양손으로 허리를 짚는 파워 포즈를 취하면, 지위와 관련된 화학 물질이 뇌 안으로 흘러 들어오게 되고, 그 결과 겉으로 표출되는 자신감과 물리적 존재감이 강화된다는 연구도 있다(단, 해당 연구에 대한 반복 연구는 아직까지 진행되지 않았다).

다른 사람과 이야기를 나눠 보면 자세와 몸짓 언어가 얼마나 많은 힌트를 주는지 금방 알 수 있다. 파티에 참석해 처음 보는 사람과 이야기를 나눈다고 가정해 보자. 대화가 잘 통한다면 무의식적으로 당신과 상대방이 똑같은 자세를 취하게 된다. 또한 머리를 만지는 행동이나 손짓 등 서로의 비언어적 신호를 따라하기 시작한다. 반면 대화가 원활하게 이루어지지 않으면 서로 살짝 비켜서거나 등을 꼿꼿이 세운 상태에서 손을 가만히 두지 못할 것이다. 그러다 결국 누군가가 빨리 상황을 벗어나기 위해 건너편에 있는 애피타이저를 맛보고 싶다는 핑계를 대며 자리를 뜬다. 앞으로 누군가를 처음 만날 때 이러한 힌트를 놓치지 말고 관찰해 보자. 내가 상대방에게 어떤 첫인상을 주고 있는지, 또 거꾸로 상대방에게서 어떤 첫인상이 느껴지는지를 보다 명확하게 알 수 있을 것이다.

의사로서 나는 자세의 미묘한 변화로 인해 나와 내 공감 수준에 대한 환자의 인식이 상당히 달라진다는 것을 잘 알고 있다. 나는 늘 몸짓 언어를 통해 존경과 열린 마음을 환자에게 전달하려고 노력한다. 환자와 마주 앉을 때는 환자를 향해 몸을 돌리고 살짝 기울여 눈높이를 맞추어 상대방의 행동을 따라하는 거울 반응과 비언어적 신호를 활용한다. 이를 통해 내가 주목하고 있으며 개인적으로 흥미를 느끼고 있음을 전달한다. 나도 모르게 팔짱을 낀 것을 알아차릴 때는 방 안이 추워서인지 혹은 열린 마음과 반대되는 신호를 무의식 중에 드러낸 것은 아닌지 스스로를 점검한다.

같은 테크닉을 10년 넘게 전 세계 의료 종사자들에게 가르쳐 왔는데, 강의가 끝나고 몇 달 후 피드백을 들어보면 정말 놀랍다. 한 의사는 환자와 마주 앉았을 때 더욱 깊이 교감할 수 있으며 예전에 비해 환자와의 소통이 더욱 즐겁다고 설명했다. 간단한 변화로 인해 환자와 공감하는 새로운 길을 찾게 되었고 환자들 역시 이를 고마워했다. 극심한 피로에 시달리고 자신의 일에 보람을 느끼지 못해 일을 관둘 생각까지 했던 한 의사에게는 이러한 변화가 더 큰 의미로 다가왔다. 예전에는 컴퓨터 모니터를 쳐다보고 있으면 의사보다는 타이피스트가 된 듯한 기분이었다. 하지만 이제 작은 변화 덕분에 그는 다시 한 번 환자를 자신과 같은 사람으로 볼 수 있게 되었다.

네 번째 열쇠 A: 객관적으로 감정 읽기(Affect)

타인이 겪고 있는 감정을 파악할 때 얼굴은 매우 중요한 지침이다. 모든 사람의 얼굴에는 감정의 이야기가 담겨 있다. 나이를 먹으면서 이러한 감정은 지워지지 않는 주름이 되어 얼굴 위에 깊게 패인다. 정신과 의사가 되기 위해 공부할 때 환자의 감정을 읽고 머릿속으로 적절한 이름을 붙인 다음, 이를 검사지에 기록해 두어야 한다고 배웠다. 이는 환자가 나타내는 감정에 집중하고 슬픔, 짜증, 혼란, 흥분을 놓치지 않는 데 도움이 된다. 환자뿐만 아니라 소중한 사람들에게 감정적으로 대응하는 데 있어 매우 중요한 훈련이다. 상대방의 표정을 읽는 것만으로는 부족하다. 눈에 보이는 것을 해석해야 한다.

정신과가 아닌 다른 분야의 의사들은 감정에 올바른 이름을 붙이는 훈련을 받지 않는다. 사실 이런 훈련을 받는 사람은 일반인 중에서도 거의 없다. 마치 중요하지 않다는 듯 말이다. 하지만 나는 의사나 교사, 서비스 담당자, 타인을 돕는 일을 하는 사람들이 상대방의 감정을 읽을 줄 모른다면 인간적인 차원에서 교감할 수 없기 때문에 제대로 된 의사소통을 할 수 없다고 생각한다.

어렵게 진행되는 대화의 중심에는 항상 감정이 깔려 있다. '감정

이름 붙이기' 단계를 거치지 않으면 대화가 왜 잘 풀리지 않는지 그 이유를 완벽하게 알 수 없다. 상대방이 위협, 의심, 좌절, 분노, 혐오, 수치심, 죄책감을 느끼기 때문일까? 그렇다면 이러한 감정들이 나에게는 어떤 영향을 미칠까? 상대로 인해 자신이 갖게 되는 감정을 무시하거나 억누를 수도 있겠지만, 결국 이는 다른 사람의 마음에서 일어나는 일을 이해하는 데 중요한 단서가 된다.

심각한 문제로 서비스 센터에 전화를 했는데 "잠시 기다리세요"라는 딱딱한 반응에 짜증이 난 적이 있을 것이다. 상담 직원으로부터 "고객님, 정말 불편하시겠군요. 곤란하게 해 드려서 죄송합니다. 잠시 기다려 주세요. 최대한 빨리 도움 드리겠습니다"라는 말을 들었다면 당신의 분노는 조금 가라앉았을지도 모른다. 그러나 수화기 너머로 당신의 감정을 전혀 고려하지 않은 차가운 대답이 돌아오면 화가 더 끓어오르기 시작한다. 그러면 종종 다시 전화가 연결되었을 때 분노를 쏟아 내기도 하는데 이런 경우 직원은 더욱 냉담하고 비협조적인 태도를 보인다. 이를 통해 다른 사람의 반응이 우리에게 생리적으로 또 감정적으로 어떤 영향을 미치는지 알 수 있다.

E.M.P.A.T.H.Y. 테크닉의 마지막 요소이자 '당신의 반응(your response)'을 뜻하는 Y를 설명하면서 이러한 개념을 더욱 자세하게 다룰 것이다. 지금은 최선을 다해 감정을 파악하고 이름을 붙이는 것이 대화 상대에게 온전히 집중하고 반응하는 데 꼭 필요한 정보를 수집하는 첫 번째 단계라는 점을 이해하는 것이 중요하다.

누군가에게 용기 혹은 영감을 주거나 진정시키고, 또 본인의 행동에 책임을 지도록 하기 위해서는 먼저 상대의 현재 감정을 이해해야 한다. 어디서부터 시작할지를 알아야 하기 때문이다. 그렇지 않으면 효과적인 의사소통이 거의 불가능하다.

다섯 번째 열쇠 T: 어조(Tone of Voice)

어조는 상대방이 전달하는 비언어적 감정 표현의 38퍼센트 이상을 담당하므로 공감의 핵심 요소라고 할 수 있다. 언어학자는 말의 속도, 리듬, 높낮이를 가리켜 '운율'이라고 부른다. 운율은 우리가 주고받는 말에 감정을 불어넣으며 각 단어나 단어의 조합이 가지는 하나의 의미를 보다 다양하게 만든다.

인간은 어조와 운율에 매우 민감하게 반응한다. 누군가를 가리켜 "그 사람 일을 참 잘해"라고 말한다고 생각해 보자. 어떤 어조로 말하느냐에 따라 의미가 달라진다. 전달하고자 하는 바가 감탄, 빈정거림, 경멸, 놀람, 두려움, 혹은 혐오인가? 목소리 톤이 밝고 문장을 끝내는 순간 느낌표가 느껴졌다면 아마도 감탄을 나타내는 말일 것이다. 반면 톤이 어둡고 단어 사이사이가 뚝뚝 끊기는 느낌이 든다면 경멸이나 비난의 의미를 담고 있을지도 모른다.

종종 어조는 실제로 대화의 텍스트 자체보다 더욱 중요하며 공감적 의사소통이 가능한지 여부를 결정한다. 심리학자 날리니 앰바디는 의사의 공감적 말투가 환자에게 상당한 영향을 미친다는 점을 밝힌 바 있다. 외과의사들을 대상으로 환자와 소통하는 장면을 촬영한 후 말소리의 크기, 속도, 리듬만 들리도록 편집하여 실험 참가자들에게 들려주었는데, 그 결과 어조만 듣고도 의료 과실 소송을 당한 적이 있는 외과 의사와 그렇지 않은 외과 의사를 구분해 냈다. 강압적인 말투와 낮은 톤의 목소리가 의료 과실 소송 여부를 가늠할 수 있는 척도였다. 이를 통해 타인의 감정 상태에 민감하거나 듣는 사람과의 유대감을 형성하는 의사소통 방식은 두 사람 간의 상호작용을 강화한다는 것을 알 수 있다.

의료 분야의 연구 결과지만 얼마든지 다른 분야로 확장할 수 있다고 생각한다. 내 경우 어려운 일을 겪고 있는 친구 혹은 동료와 이야기할 때 어조와 속도를 상대방과 맞추면 도움이 된다. 위로하는 어조는 상대방이 이해받는다는 느낌을 갖게 하는 데 매우 효과적이다. 반대로 상대방이 날카로운 어조로 불편한 이야기를 할 때는 내 어조와 억양을 누그러뜨리는 것이 도움된다. 상대방의 분노의 톤을 따라한다면 그가 느낀 불편한 마음에 공감할 수는 있겠지만, 상대방이 이미 겪고 있는 불안을 증폭시키는 것과 같아 바람직하지 않다.

여섯 번째 열쇠 H: 사람 전체에 귀 기울이기
(Hearing the Whole Person)

적극적 경청 혹은 상호적 경청 대신 나는 '공감적 경청'이라는 표현을 사용한다. 공감적 경청이란 상대의 말에 귀 기울이고 감정을 파악한 뒤 비판 없는 연민으로 반응하는 것을 말한다. 공감적 경청의 기본 원칙은 먼저 다른 사람의 입장을 이해한 다음 내 입장을 상대방에게 이해시키는 것이다. 쉬워 보이지만 막상 실천해 보면 매우 어려운 일이다. 자신의 감정을 잠시 제쳐 두고 열린 마음으로 경청해야 한다. 신경학의 측면에서 보면 공감적 경청은 편도체에서 유발된 위협 감지 기관을 억누른 채 타인에게 귀 기울인다는 의미다.

두 사람 모두 '위험 지역'에 있는 상태에서는 대화를 시도해도 생산적인 결과를 얻을 수 없다. '위험 지역'이란 상호 위협과 두려움의 상태로, 이때는 자신을 방어하느라 바빠 상대방의 말을 귀담아 듣지 않게 된다. 이럴 때는 자기 차례가 돌아오면 방해받지 않고 말할 수 있다는 신뢰를 바탕으로, 대화에 참여하는 두 사람이 돌아가며 말하고 듣기로 합의하는 것이 훨씬 더 효과적이다. 임상 심리학자들은 이를 가리켜 '말하기-듣기' 훈련이라고 부른다.

특히 배우자가 자신의 말을 오해한다고 생각하는 부부에게 도움이 된다. 차례대로 돌아가며 10분씩 방해받지 않고 말한다. 듣는 사람은 아무 말 없이 들어야 한다. 그런 다음 처음에 듣는 역할을 했던 사람이 말하는 사람으로 역할을 바꾼다. 방해받지 않고 말하다 보면 격렬한 감정이 잦아든다. 또한 상대방의 입장을 온전히 이해하게 되므로 종종 몰랐던 부분을 깨닫게 된다. 공감적 경청은 타인과 감정적 그리고 인지적 측면에서 소통할 수 있도록 도와준다.

많은 사람이 공감적 경청을 어려워한다. '주된 불만'만 듣고 '주된 걱정'은 놓치고 만다. 그래서 의뢰인이 법정에서 공정한 대우를 받지 못한다며 고충을 털어 놔도 변호사는 의뢰인이 표현하지 않은 걱정을 제대로 파악하지 못할 수 있다. 의뢰인은 아마도 법정에 출석하느라 앞으로 2주 동안 출근하지 못하게 될 경우 사장님에게 어떻게 이야기할 것이며, 혹시 해고되지는 않을까 걱정하고 있을 것이다. 의뢰인이 걱정하는 부분을 캐치해 질문함으로써 변호사는 의뢰인과 보다 신뢰하고 안심할 수 있는 관계를 형성할 수 있다. 이는 법정에서 받는 스트레스를 완화하는 데도 도움이 된다. 마찬가지로 교사가 성적을 낮게 준 것에 대한 학생의 불만에만 귀 기울인다면, 학생이 대학 진학을 위해 꼭 필요한 장학금을 타지 못할 수 있다는 훨씬 근본적인 걱정을 하고 있음을 지나칠 수 있다.

보다 세밀하게 관심을 기울인 다음 상대방이 화난 이유에 관심을 가져 보자. 상대방이 하고자 하는 말뿐만 아니라 말로 내뱉지는 않았지만 관심을 기울여야 하는 부분까지 파악할 수 있고 이를 통해 상대방의 불안을 해소하는 해결책을 향한 길이 열릴 것이다.

공감적 경청을 통해 다른 사람의 말에 귀 기울이면 다른 공감 열쇠를 자연스럽게 손에 넣을 수 있다. 귀를 통해 상대방의 말뿐만 아니라 어조와 억양까지 받아들인다. 눈으로는 상대방의 표정과 몸짓 언어를 관찰한다. 본능과 '마음'을 바탕으로 말 뒤에 숨어 있는 감정적 의도를 찾아낸다. 동시에 자신의 몸짓 언어를 통해 상대방에게 신뢰, 존중, 열린 마음을 전달한다.

우리 연구진이 E.M.P.A.T.H.Y. 테크닉을 활용해 두 번에 걸쳐 연구를 진행한 결과, 상대의 불평 대신 '그 사람의 모든 것에 경청'하는 것에 더욱 집중했을 때(주된 걱정을 읽는 것을 포함하여) 더 높은 공감 점수를 받는 것으로 나타났다. 눈앞에 있는 문제에만 집중한다면 큰 성과를 거둘 수 없다. 사람들에게 진짜로 중요한 근본적인 문제에 집중해야 상호 공감과 이해라는 놀라운 경험을 할 수 있다.

일곱 번째 열쇠 Y: 당신의 반응(Your Response)

일반 대중에게 공감에 대한 발표를 할 때 '당신의 반응'을 뜻하는 'Y'에 대해 언급하고는 한다. 대부분의 사람은 내가 언어적 반응에 대해서 이야기하고 있다고 생각하지만, 사실 나는 당신이 '대답할 말'을 가리키는 것이 아니다. 공감적 경청에 진지하게 집중하다 보면 감정적 반응이 시작된다. 이는 우리가 공유하는 뇌 회로를 갖고 있기 때문이다. 다른 사람 혹은 집단과 함께할 때 어떤 기분이 드는가? 자신의 감정에 집중하는 것은 매우 중요하다. 인지하든 그렇지 않든 우리는 타인의 감정에 공감하기 때문이다.

대부분의 사람은 타인의 강렬한 감정에 반응한다. 몸이 반응하는 것이 느껴지는데, 정신과 의사들은 이를 가리켜 '투사적 동일시'라고 부른다. 자신의 불편한 감정을 쏟아놓고 상대로 하여금 그에 대한 반응을 유도하는 것이다. 말로 직접 표현하지 않더라도 상대의 감정이 고스란히 전달된다. 공유 신경망을 통해 타인에 대한 당신의 감정이 매우 중요한 정보를 전달하기도 한다. 바로 당신의 말과 행동을 타인이 어떻게 느끼는지에 대한 정보다.

학부모 모임이나 직장 동료 모임, 등산 동호회에서 극도로 불안해하거나 긴장한 사람에게 귀 기울였던 경험을 떠올려 보자. 그 당시 상대는 학교나 공동체, 혹은 환경에 가해질 수 있는 위협에 대한 두려움을 고조시켰다. 그로 인해 당신은 어떤 감정을 느꼈는지 생각해 보자. 아마도 그의 불안이 모든 구성원에게 어느 정도 영향을 끼쳤을 것이다. 그가 잠재적 위협 요소를 부풀린다고 생각했다면, 당신은 불안 혹은 짜증을 느꼈을 것이다. 반면 그의 말에 동의했다면, 더욱 초조해져 문제를 직접 해결해야 한다고 생각했을 수도 있다. 두 경우 모두 내면 반응에는 불안을 초래한 사람의 조절되지 않은 경고가 반영되어 있다. 강렬한 감정은 귀 기울이는 사람의 마음 속에 자리를 잡는다.

매사추세츠종합병원 소속의 연구자 칼 마시는 의사와 환자 간에 생리적 일치성이 존재하는지 그리고 생리적 일치성이 의사의 공감 능력에 대한 환자의 평가와 연관이 있는지를 살펴보는 연구를 진행했다. 생리적 일치성이란 심장 박동 수나 피부 전도성(전기 피부 반응)처럼 의사와 환자의 생리 현상이 일치하는 것을 말한다. 반면 생리적 비일치성은 의사와 환자의 생리적 반응 사이에 아무런 관계가 없다는 의미다.

마시는 20명의 의사와 환자들이 대화하는 장면을 동의하에 촬영했다. 진료 전 환자와 의사로 이루어진 각각의 쌍을 피부 전도성 감지기에 연결해 생리 반응을 측정했다. 진료가 끝나면 환자는 의사의 공감 능력을 묻는 설문 조사를 작성했다. 그 결과 마시는 신뢰할 수 있고 유효한 표준 공감 척도를 기준으로 가장 높은 공감 점수를 받은 의사일수록 환자와의 생리적 일치성 또한 높다는 점을 발견했다. 심장 박동 수와 피부 전도성을 측정한 결과 상대방이 나를 공감한다는 느낌을 받으면 이러한 생리 반응 역시 동일하게 나타난다는 사실을 증명한 것이다. 이 연구는 반대 현상 또한 입증했다. 생리적 일치성이 낮을수록 환자가 평가한 의사의 공감 점수가 낮았다. 감정에 대해 공감 반응이 일어나지 않는 경우 역시 두 사람의 생리 현상이 일치하지 않는다.

우리는 이미 직장에서 비슷한 예를 경험한 바 있다. 예를 들어 자격이 없는 사람이 책임자로 선정되었고 팀을 교육하는 임무가 주어졌다고 가정해 보자. 새로운 리더는 자신의 역할을 확신하지 못한다. 심지어 자신감이 사라지고 자신에게 팀을 이끌 역량이 부족하다는 사실을 남들에게 들킬까 봐 전전긍긍하게 된다. 그녀는 자신의 권위를 보여 주기 위해 두려움과 위협을 활용한다. 그리고 그녀가 리더 역할을 제대로 하지 못한다는 팀원들의 불만을 들은 후에는 회의를 소집해 이렇게 훈계한다.

"사람들이 당신들에 대해서 수군거리고 있어요. 당신들이 회사에서 가장 형편없는 팀이라고 말이죠! 앞으로 행동도 조심하고 말도 조심하는 게 좋을 거예요……."

팀원들은 어떻게 반응할까? 팀의 리더만큼이나 걱정하고 불안해하기 시작한다. 팀원들이 경험한 '당신의 반응'에는 리더의 감정적 상태가 고스란히 반영되어 있다. 이는 팀의 사기를 떨어뜨릴 뿐만 아니라 참여와 생산성에 엄청난 손해를 끼친다.

이렇듯 실패한 리더십은 마치 전염병처럼 조직 전체에 퍼져 나간다. 그리고 시간이 지나면 그로 인한 피해가 수면 위로 드러난다. 팀을 떠나거나 아예 회사를 그만두는 사람이 생긴다. 혹은 팀의 리더가 결국 물러나거나 해고당한다. 안타깝게도 생계를 책임져야 하는 직원들은 이러한 상황을 오랫동안 견딜 수밖에 없고 그 결과 불필요한 감정적 혼란에 휩싸이며 의욕이 떨어지고 극심한 피로에 시달리게 된다. 모두 회사를 그만두는 이유들이다. 공감 능력이 부족한 리더로 인한 감정적 피해는 아무리 강조해도 지나치지 않으며 생리학적 데이터가 이를 뒷받침한다(10장에서 관련 내용을 더욱 자세하게 다룰 것이다).

우리 모두 이러한 경험을 한 적이 있다. 따라서 왜 갑자기 불안을 느끼는지 이유를 파악하는 것이 도움이 된다. 여기서 당신의 '반응'이란 당신이 어떤 말을 하느냐가 아니다. 당신이 느끼는 감정이다. 당신의 감정은 주변 사람의 기분을 가늠할 수 있는 척도가 될 수 있다. 과연 현재 직장이 나에게 적합한 곳인지 아닌지를 판단할 때도 자신의 감정을 고려해야 한다. 이를 이해하면 목소리를 낼 것인지 아니면 떠날 것인지를 결정하는 데 도움이 된다.

E.M.P.A.T.H.Y. 테크닉이 중요한 이유

'환자에게 공감 치료를 하면 환자의 만족도뿐 아니라 건강도 개선되는 것일까?' 우리 연구팀은 이 질문에 대한 답을 찾고자 노력했다. 우리는 1990년 이후 발표된 모든 무작위 대조 실험 자료를 통해, 관계 요소와 개선된 건강 상태의 상관관계에 대해 연구했다. 그 결과 의료 서비스에서 관계 요소를 강화하면, 오늘날 가장 큰 문제로 대두되는 비만, 관절염, 천식, 폐질환, 감기 등 여러 일반적인 증상이 뚜렷하게 나아진다는 점을 발견했다. 또한 당뇨나 고혈압처럼 심각하고 발병률이 높은 질병도 상당히 개선되었다. 관계 요소를 연구한 결과, 이제 의사가 환자를 대하는 방식이 그들을 치료하는 것만큼 중요하다고 자신 있게 말할 수 있다.

이 연구는 의료 서비스 분야만 다루었지만, 거의 모든 직업과 개인적인 관계, 나아가 인간의 상호작용에 응용할 수 있다. 훌륭한 교사와 교수, 기업인, 변호사, 개인 교사, 멘토, 코치를 결정하는 요소가 무엇인지 곰곰이 생각해 보면 지적 능력이 가장 먼저 떠오른다. 그런데 우리가 살면서 만나는 진정한 '훌륭한 인물'들은 대인 관계에서도 탁월한 능력을 발휘한다. 교사는 자신이 가르치는 과목의 전문가다. 그러나 한발 더 나아가 학생의 상황을 이해하고, 상황에 맞게 학생을 대하면 열린 마음, 신뢰, 존중을 바탕으로 한 유대감을 형성할 수 있다. 교육 분야를 집중적으로 다루는 장에서 학생을 성공적으로 가르치는 데 공감적 관심과 이해가 필수라는 점을 살펴볼 것이다.

당신의 삶에서 어떤 식으로든 의미 있고 긍정적인 영향을 준 사람들은 모두 당신과의 상호 작용에서 이러한 일곱 가지 공감의 열쇠를 주거나 받은 이들이다. 이러한 사람들이 없다면 우리는 공허함을 느끼게 된다. 당신이 공감의 근본적인 맥락을 따라가 본다면, 놀랍게도 당신이 그 직업, 그 취미를 선택한 이유, 나아가 그 사람을 사랑하는 이유를 알게 될 것이다. 공감과 연민으로 서로를 인식하고 반응할 때, 우리는 모두 풍요로운 삶을 살 수 있다. 결국 삶이라는 텍스트에 음악을 더하는 것은 사람과 사람 간의 유대감이다.

내편 '내집단', 반대편 '외집단'

<u>**마틴 루터 킹 주니어 목사가**</u> 멤피스에서 암살당한 다음 날인 1968년 4월 5일, 미국 아이오와 주 라이스빌에서 초등학생을 가르치던 젊은 교사 제인 엘리엇은 학생들에게 인종차별이 어떤 느낌인지 배우고 싶냐고 물었다. 학생들은 모두 그렇다고 대답했다. 그렇게 그 유명한 실험은 시작되었다. 먼저 아이들을 눈동자 색깔에 따라 두 집단으로 나누었다. 한 집단은 눈동자가 파란 아이들로, 다른 집단은 갈색인 아이들로 구성되었다.

실험 첫 날, 눈동자가 파란 집단의 아이들은 특별 대우를 받았다. 여러 혜택이 주어졌는데, 특히 점심시간에는 급식 줄의 앞쪽에 서게 하는 특혜를 주었고, 쉬는 시간도 더 오래 즐길 수 있었다. 파란 눈의 학

생들은 교실 앞쪽에 앉았고 갈색 눈의 학생들은 뒤쪽에 앉았다.

두 집단을 더욱 손쉽게 구분할 수 있도록 갈색 눈동자를 가진 아이들에게 완장을 채웠다. 갈색 눈의 아이들은 파란 눈의 아이들과 같은 식수대를 사용하지 못했고 함께 놀지도 못했다. 아이들에게 파란 눈이 우월하며 갈색 눈은 열등하다고 알려주었다. 처음에는 모든 아이들이 어느 정도 반감을 보였다. 하지만 엘리엇 선생은 파란 눈이 우월하다며 아이들을 조금씩 설득했다.

"이 교실 안에서 파란 눈을 가진 사람들이 더 좋은 사람들이에요. 더 깨끗하고 더 똑똑하죠."

눈동자가 파란 아이들은 새롭게 주어진 '우월한' 지위에 빠르게 적응했다. 그리고 이를 드러내기 위해 일부러 갈색 눈의 아이들에게 으스대고 잔인하게 굴었다. 눈동자가 갈색인 아이들은 쉬는 시간에 스스로를 격리하는 등 한발 물러서는 행동을 보였다. 또한 실험 전과 비슷한 수준의 시험에서 예전에 비해 더 낮은 성적을 받았다.

다음 주가 되자 실험을 거꾸로 진행했다. 갈색 눈동자의 아이들이 파란 눈의 아이들의 팔에 완장을 채웠다. 엘리엇은 지난 주와 달리 새롭게 지위를 부여받은 '우월한' 아이들이 '열등한' 아이들을 비교적 덜 잔인하게 대한다는 점을 발견했다.

이와 같은 실험을 통해 아이들은 스스로 바꿀 수 없는 타고난 특성 때문에 차별당하고 또 이로 인해 우월함과 열등함이 결정된다는 것이 어떤 기분인지 뚜렷하게 느낄 수 있었다. 인종 차별과 관련된 긍정적인 감정과 부정적인 감정을 둘 다 겪고 또 행동으로 옮기면서 아이들은 선호되는 내집단과 비선호되는 외집단을 직접 경험했다. 틀림없이 아이오와주의 작은 마을에 사는 아이들에게 큰 교훈이 되었을 것이다.

아이들에게 차별이 불러오는 감정을 가르치고자 했던 한 교사의 노력은 동시에 공감에 대한 아이들의 이해를 넓혔다. 아이들은 어떤 특징 때문에 열등하다고 여겨지는 외집단에 속하는 기분이 어떠한지 잘 알게 되었다. 분명 좋은 기분은 아니었을 것이다.

엘리엇은 ABC에서 제작한 〈폭풍의 눈〉이라는 다큐멘터리에서 인종 차별 실험을 재현하며 전국적인 주목을 받았다. 이후 그녀는 다양성 훈련이라는 새로운 분야를 개척해 나갔으며 전 세계를 무대로 독창적인 훈련을 강연하고 코칭하면서 많은 찬사를 받았다. 오늘날까지 그녀는 차별의 경험을 본질적으로 이해할 수 있는 방안에 대한 연구를 계속하고 있다.

속했는가, 속하지 않았는가

우리 대부분은 눈동자 색 실험에 참여한 적이 없다. 그렇지만 소속이나 배정받은 집단에서 노골적으로 차별당한 경험은 있을 수 있다. 우리는 자신이 외집단에 속하는 약자의 기분을 이해한다고 생각하지만, 실제로 탄압받는 소수 집단 혹은 사회에서 비난받는 집단의 구성원과 비교해 보면 이는 한참 틀린 생각이다. 우리는 집단 안에서 살아가며 주로 우리가 속한 여러 집단의 관점에서 세상을 바라본다.

앞서 설명한 바와 같이 우리는 자연스럽게 특정 내집단의 구성원이 되는데, 내가 속한 내집단 밖에 있는 사람에게는 덜 공감할 가능성이 크다. 같은 피부색이나 문화, 국적, 종교를 가진 사람 혹은 출신 학교나 팀, 그 외 집단에 속한 같은 사람에게는 익숙한 유대감을 느낀다. 오랜 기간에 걸쳐 이러한 유대감이 안전하며 편안하다는 인식이 우리 뇌 속에 자리 잡았기 때문에 우리는 자연스레 비슷한 사람과의 유대 관계를 선호한다.

예컨대 사람들에게 연애 경험에 대해 이야기하는 사람의 속마음을 설명하라고 했더니 자신과 같은 민족 출신인 사람의 연애 경험을 가장 정확하게 맞췄다. 중국계 미국인은 다른 중국계 미국인과 심리적으로 가장 긴밀하게 연결되어 있었다. 멕시코계 미국인, 아프리카계 미국인, 유럽계 미국인도 모두 마찬가지였다. 이러한 연구 결과를 바탕으로 경험이나 사상, 가치관이 비슷한 사람일수록 '마음을 읽은' 다음 생각과 감정에 공감하는 것이 더욱 수월하기 때문에 인지적 그리고 감정적 공감이 더욱 자연스럽게 일어난다는 것을 알 수 있다.

공동체 바탕의 인지와 선호도로 인해 자신이 실제 속하거나 혹은 속해 있다고 생각하는 파벌이나 무리에 있지 않은 사람을 대놓고 미워하지는 않지만, 나와는 다르다고 생각되는 사람의 고통에 덜 공감하게 되는 것은 사실이다. 또한 해당 집단이나 인물과의 개인적인 경험이 없다면 더더욱 공감할 가능성이 적다.

나와는 다른 사람과의 교류나 유대감 부족은 멀리 떨어진 나라에서 벌어지는 전쟁이나 갈등을 보고도 감정적 연결성을 크게 느끼지 못하는 이유이기도 하다. 중동 지역에서 일어나는 폭력 사태를 다루는 기사를 인터넷에서 접했다고 생각해 보자. 해당 지역 출신의 사람을 만난 적이 한 번도 없다면, 기사 내용에 크게 동요하지 않을 수 있다. 그러나 시리아, 팔레스타인 혹은 이스라엘에서 온 친구를 잘 알고 있다면 뉴스에 보도된 장면을 보면서 마음이 많이 아플 것이다.

이렇듯 내가 속한 집단과 그렇지 않은 집단을 끝도 없이 구분할 수 있다. 자가용처럼 아주 간단한 것도 집단을 나누는 기준이 된다. 사거리에서 비싼 차를 타는 운전자가 보다 경제적인 차를 타는 운전자보다 더 자주 끼어든다는 사실을 보여 준 연구 결과도 있다. 또한 고급 승용차의 차주가 비교적 저렴한 차종의 차주에 비해 횡단보도를 건너는 보행자를 위해 멈추지 않는 횟수도 훨씬 더 잦았다. 부자들은 왜 도로에서 더 부주의한 것일까? 그들이 가진 부와 힘, 타인에 비해 도로를 더 많이 사용해도 괜찮다는 내재화된 믿음 때문이라고 추측해 볼 수 있다.

돈과 지위를 손에 넣은 사람들은 상대적으로 덜 가진 사람들과는 달리 자신이 연약하다고 느끼지 않으며, 교통 법규 위반에 적발될 위험성 역시 덜 심각하게 받아들인다. 어떻게 보면 그들이 비싼 차를 타는 운전자로 구성된 내집단에 속해 있으므로 다른 사람을 위험에 노출시켜도 괜찮다고 생각하는 것이다.

극단적으로 생각하자면 외집단을 향한 무관심은 목숨을 좌우할 수 있다. 민족성 혹은 인종 배경이 장기 기증을 받을 수 있는 기회에 어떤 영향을 미치는지 생각해 본 적이 없을 테지만, 실제로 영향력이 어마어마하다. 우리 연구진은 장기 기증과 관련된 대화가 오가는 동안 감정적 의사소통이 얼마나 이루어졌는지 조사했다. 그 결과 아프리카계 미국인의 신장질환 말기 환자 비율이 다른 어떤 집단보다 현저하게 높았지만, 장기 기증을 받는 경우는 매우 드문 것으로 나타났다. 아프리카계 미국인 사이에서 장기 기증에 대한 필요성과 조직이 일치하는 장기를 찾는 것이 얼마나 중요한지에 대한 인식이 부족한 것도 어느 정도 작용했을 수 있다. 그러나 연구 결과를 살펴보면 장기 이식 코디네이터가 환자와 인종 배경이 다를 경우 장기 이식 요청이 진행되지 않을 가능성이 높았다. 낯선 사람과 교감하고 신뢰를 구축하는 데 동일성이 얼마나 크게 작용하는지를 다시 한 번 보여 준다.

반대로 타인과의 친밀한 유대감이 놀라운 영웅적 행동으로 이어지는 경우도 있다. 내 친구인 비키 쉔의 경우 일련의 사건으로 인해 알고 지냈던 사람과 뜻밖의 관계를 형성하게 되었고 그 결과 공감의 관대함을 실천할 수 있었다.

2013년 보스턴마라톤에서 경찰이 설치한 방호벽 때문에 경기를 중단해야 했던 비키는 정확히는 알지 못했지만 무언가 안 좋은 일이 일어났음을 직감했다. 나중에 집으로 돌아와 뉴스를 보고서야 테러범이 마라톤 결승선 주변에 두 개의 폭탄을 설치했으며 그로 인해 3명이 목숨을 잃었고 269명 이상이 부상당했다는 사실을 알게 되었다. 사망자 중에는 그녀가 아는 사람이 있었다.

"사진을 봤어요. 여덟 살짜리 작은 소년을 보고서 전 이렇게 소리쳤죠. '잠깐만, 저거 마틴이잖아!' 저는 바로 핸드폰을 집어 들었어요. 어린이 크로스컨트리팀 코치를 맡고 있었는데, 2012년 가을 시즌에 찍은 사진을 확인해 보니 정말 마틴이었어요."

안타깝게도 보스턴마라톤 폭탄 테러 사건의 최연소 희생자였던 여덟 살 마틴 리처드는 비키와 개인적으로 아는 사이였다. 이를 계기로 시작된 비키의 개인적인 여정을 통해 우리는 세상에 보다 좋은 영향을 미치는 공감의 힘을 배울 수 있다.

마틴과 아주 잘 아는 사이는 아니었지만, 비키는 마틴과의 관계에 대해 계속해서 생각했고 수많은 사상자를 낳은 끔찍한 폭탄 테러의 잘못을 바로 잡기 위해 무엇을 할 수 있을지 고민했다. 마틴의 누나 역시 테러로 인해 다리를 잃었다.

1월 무렵, 마틴의 부모님은 마틴 리처드 재단을 설립했다. 마틴이 생전에 집에서 만들었던 팻말을 들고 찍은 사진에서 영감을 받아, 재단의 임무를 '더 이상 아픈 사람이 없도록, 평화'라고 정했는데, 비키는 이 임무를 달성하는 데 필요한 후원금 모집을 돕기로 결심했다. 마틴이 만든 팻말 속 글자에는 따뜻하고 다정한 성격이 고스란히 담겨 있었다. 그의 짧은 삶을 예견이나 한 것 같은 선견지명이 느껴지기까지 했다.

열정 넘치는 마라톤 선수였던 비키는 발을 분주하게 움직인다면 그녀 역시 도움이 될 것이라고 생각했다. 마틴 리처드 재단을 대표해 다음 해 열린 2014년 보스턴마라톤에 참가했고 그 이후로도 멈추지 않고 달려 심신 장애를 앓고 있는 아이들을 위한 스포츠 프로그램 개설을 위해 6만 8,000달러를 모금했다.

마틴의 부모님은 그녀에게 재단 이사회에 함께해 달라고 부탁했다. 그녀는 이를 가리켜 그녀 인생에서 가장 큰 성과라고 설명한다. 재단에서는 이미 장애를 앓고 있는 아이 누구나 참여할 수 있는 스포츠 프로그램 등 포용성을 장려하기 위해 700만 달러가 넘는 금액을 모금한 상태였다.

비키의 이야기는 비극적인 참사가 개인과 관계되어 심금을 울릴 때 공감이 어떠한 힘을 발휘하는지를 잘 보여 준다. 비키는 마틴과 그의 가족, 자선 재단을 소중한 내집단으로 여기게 되었다. 개인적인 공감이 가로막으면 큰 그림을 볼 수 없다고 주장하는 이들도 있다. 하지만 비키의 사례는 정반대를 입증한다.

그녀는 개인적인 연결 고리를 바탕으로 대의에 한 발짝 다가갈 수 있었다. 또한 마틴 리처드 재단을 보며 깊은 감동을 받았기에 재단을 위해 투자할 수 있었다. 그녀의 마라톤 인생에 새로운 의미를 선사했으며 비슷한 폭력 사태 앞에서 아무 것도 할 수 없다는 절망감에 빠진 수천 명의 사람들에게 영감을 주는 역할로 거듭났다. 마틴 리처드 재단은 보스턴어린이박물관 옆에 모든 아이가 장애 여부와 관계없이 뛰어놀 수 있는 단 하나밖에 없는 진정으로 포용적인 놀이터를 짓기 위해 후원금을 모금했다.

중심에서 밖으로, 공감의 파급 효과

연못에 돌멩이 하나를 던지면 잔물결이 원을 그리며 밖으로 번져 나간다. 동그란 원은 중심에서 멀어질수록 크기가 커진다. 이 간단한 비유를 통해 공감의 영향력이 내집단의 중심에서부터 어떻게 바깥으로 퍼지는지를 알 수 있다. 가장 멀리 떨어진 집단일수록 해당 집단이나 구성원에 대한 공감이 줄어든다. 가뭄 때문에 고생하는 지구 반대편의 부족보다는 우물이 말라 버린 고향 주민들에게 더 적극적으로 공감하는 이유다. 거리와 분리라는 개념이 꼭 지리적일 필요는 없다. 바깥 원까지 무엇이 파급되느냐는 세상에 대한 시각과 타인의 삶에 대한 관점에 따라 달라질 수 있다.

대상이 같은 사람이나 집단이더라도 상황에 따라 공감의 정도가 달라지기도 한다. 특히 인지된 도덕성을 기반으로 결정을 내릴 때 더욱 그러하다. 예컨대 당신과 생김새도 비슷하고 생활 방식도 비슷한 두 명의 이웃이 있다고 생각해 보자. 당신은 두 이웃이 당신의 내집단에 속한다고 여길 것이다. 그런데 이웃 X가 체포된 적이 있으며 전과 기록까지 있다는 사실을 알게 된다면 당신은 그를 더 이상 신뢰할 수 없는 '외집단'으로 구분할 것이다. 만약 당신에게도 전과 기록이 있었다면 이웃 X를 보다 빠르게 받아들일 것이다. 교도소에서 출소한 이후 삶을 다시 꾸리는 것이 얼마나 어려운지 당신 역시 잘 알기 때문이다. 어쩌면 당신과 그의 관계가 더욱 가까워질지도 모른다.

다음 장에서 도덕적 공감에 대해 더욱 자세하게 다루겠지만, 도덕성을 내집단과 외집단의 개념 안에서 살펴보면 공감의 한계를 설명하는 데 도움이 된다. 내집단 구성원으로부터 도덕적으로 거리를 둔다면 존중과 수용이 부족한 상태가 영구적으로 지속된다. 도덕적 판단으로 인해 공감이 침식되는 것이다. 이상적인 세계의 경우 하나의 조직에서 파급된 공감은 다른 공감과 만나 공감과 존중으로 이루어진 연결망을 구성한다. 이는 증오, 차별, 편견을 반복해 온 조직이 만든 파괴적인 연결망에 강력하게 대항할 것이다.

자신의 감정적 상태 역시 타인을 향한 공감에 영향을 미친다. 이를 가리켜 '투사적 공감'이라고 부르는데, 현재 어떤 감정을 느끼느냐 혹은 타인의 이야기가 자신과 어떻게 연결되느냐에 따라 자신의 감정을 타인에게 투영하기 때문이다.

최근 오스트리아와 스위스에서 진행한 연구에서 연구진은 실험 대상을 특정 시각 자극과 촉각 자극에 노출했을 때 활성화되는 뇌의 영역을 살펴보았다. 한 집단에게는 끈적이거나 불쾌한 물체를 만지면서 구더기와 같은 혐오스러운 사진을 보여 주었고, 다른 집단에게는 부드러운 양털 담요를 쓰다듬으면서 강아지처럼 긍정적인 사진을 보게 했다. 그 결과 부정적인 사진을 본 집단은 자신의 부정적인 감정을 다른 사람에게 투영하여 긍정적 자극에 노출된 집단을 실제보다 덜 행복하다고 생각했다. 반면 긍정적인 사진에 노출된 집단은 다른 집단이 실제보다 훨씬 더 행복하다고 느꼈다. 자기공명영상(fMRI) 기법으로 뇌를 촬영한 연구진은 '자기중심적 편향'을 바로 잡는 뇌의 특정 부분(전전두엽피질)의 신경 활동에 생기는 균열을 발견했다. 긍정적 자극이든 부정적 자극이든 모두 이러한 뇌 영역에 균열을 초래했다.

여러 가지 실험 결과에 따르면 모든 사람은 공감 능력을 조절할 수 있으며, 감정 상태에 따라 공감이 강화되거나 약화된다는 점이 핵심이다. 더 공감하거나 혹은 덜 공감할 수 있는 영향이 계속해서 생겨나며, 공감적 결정을 내리도록 신경 구조가 독특하게 설계되어 있다. 이를 이해하면 적어도 뇌에서 일어나는 균열을 보상할 수 있는 방법에 한 걸음 더 가까이 다가갈 수 있다.

별 생각 없이 '밖으로' 밀려나다

엘리엇의 눈동자 색깔 실험이 효과적으로 보여 주었듯, 별 생각 없이 마음대로 사람들을 외집단으로 분류하고 부정적인 특성을 부여하기 쉽다. 특히 자신에게 권한이 주어졌다면 더욱 그렇다. 어떻게 눈동자 실험을 고안했느냐는 질문에 엘리엇은 이렇게 대답했다. "글쎄요, 제가 생각해 낸 훈련은 아니에요. 아돌프 히틀러에게서 배웠죠. 우리가 통제할 수 없는 신체적 조건을 골라 그 신체적 조건을 바탕으로 부정적인 특성을 부여했어요."

사람들은 역사를 교훈 삼는 대신 끊임없이 외집단을 만드는 데 열중한다. 때로는 내집단 안에서조차 외집단을 만들기도 한다. 이런 행동은 공감을 쌓는 것이 아니라 오히려 파괴한다. 모든 사람이 존중과 공감을 받아야 한다고 여기고, 나와 다른 사람을 외집단으로 분류하고자 하는 타고난 성향을 극복해야만 인간은 평화로운 공존을 이룰 수 있다. 위급한 상황이나 자연 재해시 이러한 긍정적인 신호가 여러 영역에 걸쳐 나타나고 있다고 생각한다.

방송을 통해 쓰나미로 초토화된 일본의 소식을 접한 사람들은 엄청난 고통을 겪고 있던 이들의 고통에 공감했다. 아이티를 덮친 지진으로 인해 파괴된 건물과 다치거나 목숨을 잃은 사람들의 모습이 TV 화면을 가득 채웠을 때도 마찬가지였다. 유명 가수는 후원금을 모으기 위해 콘서트를 열었고 정부와 시민 개개인은 수백만 달러를 기부했다. 엄청난 위력의 허리케인 카트리나와 하비가 미국 연안을 강타했을 때도 지원의 손길이 끊이지 않았다.

방송, 인터넷, SNS는 대개 사람들을 분리하는 칸막이 역할을 한다. 의사소통을 통해 주고받는 공감적 열쇠를 아예 차단하기 때문이다. 디즈니리조트의 해변에서 턱이 단단한 악어에게 낚아 채인 안타까운 어린 소년을 예로 들어 보자. 사건 이후 트위터와 페이스북, 스냅챗에 부모를 향한 도덕적 비난이 쏟아졌다. 사람들은 원하는 진실만 골라 글을 올리고 부모에게 자질이 없다며 매도했다. 사고 당시 아이의 아버지가 바로 옆에 앉아 있었고 악어에게 물린 아이를 구해 내려고 안간힘을 썼다는 내용의 보도에도 끔찍한 사고로 아이를 잃은 부모의 심정과 기분을 헤아리는 대신 조금도 망설이지 않고 무책임한 부모라는 낙인을 찍었다. 잔인한 말과 충분한 지식 없이 내린 결론이 초래하는 결과는 외면한 채 너무나도 쉽게 댓글 창에서 판사와 배심원 역할을 자처했다.

그럼에도 나는 사람 간의 교류를 단절하는 TV, 핸드폰, 태블릿의 화면이 때로는 변화의 동인이 될 수 있다고 믿는다. 거실에 앉아 뉴스를 통해 도심 빈민가의 주민들 혹은 시리아나 소말리아, 르완다처럼 멀리 떨어진 곳에 살고 있는 사람들의 고통과 어려움을 접할 때, 그들의 아픔이 생생하게 느껴지기도 한다. 적어도 우리 중 몇몇은 같은 인간으로서 안타까움을 느낄 것이다. 사실상 공감적 열쇠가 작용한 결과라고 볼 수 있다. 비극을 좀 더 가까이에서 개인적으로 목격하면 더욱 강력한 감정이 느껴질 수도 있다. 더는 희생자가 이름도 얼굴도 모르는 낯선 사람이 아니기 때문이다(디지털 세상 안에서 공감의 기회와 한계에 대해서는 8장에서 보다 자세히 다룰 것이다).

자신의 공감 능력을 파악하는 것이 중요한 이유 중 하나는 인간성을 깨닫게 하고, 특정 하위집단이나 민족성, 인종, 사회 계층에만 매달리지 않게 하기 때문이다. 자신을 하위집단으로 분류할 때, 우리는 모두가 소중하고 모두가 연결되어 있다는 사실을 놓치기 쉽다. 우리는 보편적인 케어를 기반으로 하는 도덕성과 특정 내집단을 선호하도록 동기화된 우리 뇌의 작동 구조를 아울러야 한다. 이것은 왜 공감이 도덕성과 직결되지 않고 때로는 부도덕한 행동의 원천이 될 수 있는지를 설명한다.

인류의 조상은 끝도 없이 펼쳐진 숲과 사막, 바다로 분리되어 소규모 종족을 이루고 살았지만, 오늘날 우리는 다르다. 과잉 연결된 세계를 살아가고 있다. 도덕적 진보는 '우리 종족'으로 구분하는 범위를 넓히는 데 도움이 된다. 가족에서 집단으로, 국내 및 국제 사회로, 나아가 인류 전체로 공동체의 범위를 넓혀 나가는 것은 오늘날 우리가 마주한 전 세계적인 문제다. 이제는 손쉽게 지구 반대편에 있는 사람과 교류할 수 있다. 그러나 우리의 의사소통 방식은 점점 더 E.M.P.A.T.H.Y. 테크닉을 사용할 수 없는 방향으로 변해 가고 있다.

인간적 공감의 함정만으로 책 한 권을 쓴 작가들도 있다. 이들은 전 세계적인 고통을 외면하고 내집단에게만 공감적 관심을 보이는 성향만 지나치게 강조하면서 인간의 본성을 공격한다. 나는 이러한 주장이 지나치게 근시안적인 관점이라고 생각한다. 유전학과 후성유전학에서 볼 때 인간의 뇌를 바꾸려면 아주 오랜 시간이 걸린다. 인지적 그리고 감정적 요소의 상호 작용을 통해, 종족 개념을 기반으로 하는 해결책은 상호 의존적인 오늘날 세계에는 더 이상 효과적이지 않다는 것을 깨닫는 사람이 많아지고 있다.

뇌를 바꾸는 데는 오랜 시간이 필요하고, 종족 개념을 기반으로한 해결책은 전쟁과 파괴, 파멸을 부른다. 그렇기 때문에 세계 지도자들은 전 세계에 미치는 영향은 배제한 채 자국의 이익만 생각하는 편협한 사고가 더 이상 가능한 옵션이 아니라는 점을 이해해야 한다.

공감이 인간의 그릇된 능력이라고 말하는 대신 우리가 정하는 공동체 안에 누가 속할 수 있는지 그 정의를 확대하는 방법을 가르치는 것이 훨씬 더 생산적이다.

공감은 종종 인간관계에 있어 중요한 양자 요소로 간주된다. 한

가지 명확하게 밝혀진 점이 있다면 바로 공감이 세대 간, 인종 간, 국가 간에 필수적인 관점을 제공한다는 것이며 이러한 관점은 보다 광범위한 규모로 존중하고 보존하며 함양해야 한다는 것이다. 공감을 내집단의 경계 너머로 확장시키지 못한다면 우리가 알고 있는 문명은 살아남지 못한다.

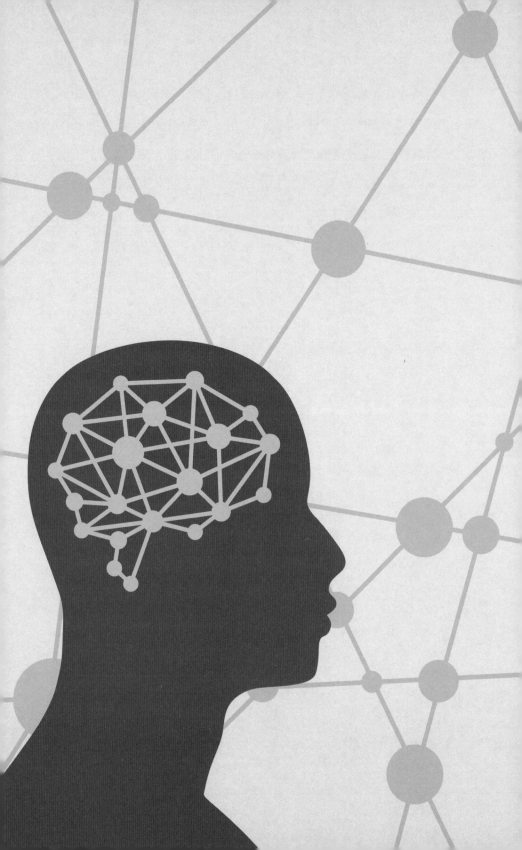

PART 2

'공감 능력'은
어떻게
나와 세상을
바꾸는가?

CHAPTER 6

성장하며 배우는 공감이
삶을 좌우한다

갓난아이는 대개 부모의 품 안에 안기면서 처음으로 공감을
경험한다. 아기와 아기를 안은 사람이 애정 가득한 눈빛을 교환하는
순간, 두 사람의 뇌에는 '포옹' 호르몬인 옥시토신이 분비되고 부모
와 자식 간의 유대감을 형성하는 신경내분비 반응이 시작된다. 마치
공감으로 이어지도록 씨를 뿌리는 것과 같다. 아기와 지그시 눈을
맞춤으로써 타인의 존재를 알릴 수 있고 나아가 자신의 존재도 인식
시킬 수 있다. 연구 결과에 따르면 아빠 또는 엄마가 아기를 안았을
때 어른과 아이의 눈 사이 거리는 약 12센티미터 정도다. 갓난아이
가 이토록 뚜렷하게 초점을 맞출 수 있다니, 정말 놀라운 사실이다!
　부모가 된다는 것은 궁극적으로 공감 집중 훈련이라고 할 수 있다.

뇌와 몸에서 일어나는 생물학적 변화와 호르몬 및 신경전달물질의 활동이 문제없이 잘 이루어진다면 부모와 자녀 사이에 강력한 유대감이 형성되고 이를 바탕으로 공감이 가능해진다. 그렇기 때문에 아기가 태어나면 엄마뿐만 아니라 아빠의 옥시토신 수치가 올라간다. 공감은 엄마와 아빠 모두의 감정의 소통 창구인 공유 신경 회로와 공유된 시선을 통해 아기에게 온전히 집중할 수 있도록 한다.

공감은 어떻게 자라는가

앞서 살펴봤듯이 우리는 처음 세상에 나오는 순간부터 공감에 대해 배운다. 아기들은 이를 잘 이해하는 듯하다. 다른 아기가 우는 소리를 들은 신생아 역시 대개 울음을 터뜨린다. 물론 아기에게 왜 우는지 물어볼 수 없으므로 정확한 이유는 모른다. 어쩌면 주변의 시끄러운 소리에 짜증이 나서 우는 것일 수도 있다. 갓난아이는 타인에게도 고유의 생각, 믿음, 의도, 욕구가 있다는 것을 이해하는 능력인 마음 이론을 아직 갖추지 못했다고 보는 것이 일반적이다. 적어도 두 돌은 지나야 마음 이론이 형성된다. 그러나 신생아실에 있는 아기가 다른 아기의 울음소리에 반응하는 이유는 고통 매트릭스 안에 있는 공유 신경 회로를 통해 고통 제어 영역이 활성화되어서일수도 있다고 학자들은 추정한다. 이렇듯 자신과 타인 사이의 공통점이 곧 공감의 본질이다.

뇌가 발달함에 따라 공감 역시 발달한다. 20세기 중후반에 활동했던 스위스의 저명한 아동발달 전문가 장 피아제는 아이들의 경우 조망 수용 능력이 발달되지 않아 8~9세가 될 때까지 진정한 공감을 표현하지 못한다고 보았다. 하지만 최근 연구에서는 훨씬 더 이른 나이에 공감 능력을 꽃피운다는 것이 밝혀졌다. 현재의 일반적인 견해는 생후 1년 정도가 지나면 타인도 자신처럼 감정을 느낀다는 점을 인식한다고 보는데, 타인의 감정에 적절히 대응하기에는 아직 덜 자란 상태다. 이 시기의 아기는 누군가 아파하거나 화를 내는 것을 알기는 하지만 어떻게 도와야 하는지는 모른다. 모의실험에서 어린아이에게 손을 다친 듯한 자세를 취하는 여성의 사진을 보여 주면 아이는 자신의 손을 어루만진다. 어린아이들은 몸짓 언어, 감정, 어조와 같은 공감의 열쇠를 정확하게 파악하고 그에 따른 의미를 구분할 수 있지만, 반드시 남을 동정하거나 돕는 반응이 나오지는 않는다.

생후 2년에서 2년 6개월이 되면 유아는 다른 사람의 고통이 자신의 감정과 별개인 것으로 구분할 수 있다. 2세가 될 무렵부터 공감의 패턴이 보이기 시작한다. 따라서 아기가 공감의 범위 내 어디쯤에 속하는지 짐작해 볼 수 있다. 감정을 제대로 표현하는 능력이 아직 덜 발달된 아이의 경우 공감 행동의 정도가 다소 격하거나 공격적인 방향으로 치우칠 수 있다. 물론 일부 아이들은 듣고 반응하는 능력이 뛰어나 타인에게 위로를 건네기도 한다.

딸이 두 살 정도 되었을 때 나는 발 수술을 받았고 몇 주 동안 나무 의자 위에 발을 올려놓고 지내야 했다. 그런데 내가 의자 위에 발을 그냥 올린 것을 딸아이가 보고는 한 손에 베개를 쥐고 아장아장 걸어왔다. 어린 나이에도 무언가 잘못되었다는 것을 인지하고 도와주려고 한 것이다.

유치원에 다니는 아이는 울고 있는 친구를 진정시키기 위해 장난감을 가져다 준다. 자신의 기분이 좋지 않을 때 장난감을 갖고 놀면 기분이 풀린다는 것을 알고 있기 때문에 슬퍼하는 친구 역시 장난감을 가지고 놀면 기분이 나아질 것이라고 생각해서다. 공감 능력은 연령대에 따라 다르게 발달한다. 같은 또래의 아이들이 모두 비슷한 공감 능력을 보일 것이라고 기대해서는 안 된다. 아직 감정을 다루는 것이 서툰 아이들은 타인의 스트레스를 감지하면 도와주는 대신 좌절감을 느끼거나, 자신에게 화를 내기도 한다.

이 무렵의 아이가 일관되게 공감적인 행동을 보이지 않더라도 정상일 가능성이 크다. 어린이집이나 유치원에 들어갈 때 속상해서 우는 친구를 보고 덩달아 우는 아이들도 있다. 아마도 자신 역시 부모와 잠시 떨어져야 하는 비슷한 경험을 하고 있어서(혹은 예전에 한 적이 있어서) 친구의 감정에 공감은 하는데 적절한 반응이 무엇인지 모르기 때문일 것이다. 반면 아예 아무런 반응을 보이지 않는 아이들도 있다. 공감 능력이 없어서가 아니라 감정을 표현하는 도구를 아직 개발하지 못했기 때문이다. 말하고 걷는 것을 배울 때와 마찬가지로 아이마다 공감을 배우는 속도가 다르다.

8세 정도가 되면 공감과 관련한 주된 인지 발달 단계에 접어든다. 이때부터 조망 수용과 같은 인지 능력이 발달하며 아이는 타인이 처한 상황을 보다 완전하게 이해하기 시작한다. 예컨대 같은 반 친구 엄마가 아프다면, 아이가 친구의 관점에서 상황을 받아들이기도 한다. 학교에서 웃고 떠들며 즐거운 시간을 보내는 친구를 보더라도 친구가 엄마의 건강 상태 때문에 전반적으로 슬프고 불행해한다는 점을 잊지 않는다.

아이가 10대 초반부터 청소년기를 거치면서 평생 유지될 공감의 패턴이 점점 더 자리를 잡는데, 얼마나 인정 많은 사람으로 자랄지가 눈에 보이기 시작한다. 그동안 아이는 부모를 포함한 초기 롤 모델로부터 공감의 기초적인 구성 요소를 배웠다. 그러나 이제 10대 초반을 지나 청소년기로 접어들면서 또래, 교사, 책, TV, 인터넷 등 다양한 요소를 통해서 어떻게, 왜, 언제 공감을 느끼고 표현하는지에 영향을 받는다. 청소년기에 다다르고 나면 보통의 아이들 대부분은 공감의 일곱 가지 열쇠를 모두 이해하고 활용하며 적절하게 반응한다.

발달의 모든 단계마다 부모는 공감을 주고받는 아이의 능력에 결정적 영향을 미친다. 여기서 '근접 공감'과 '말단 공감'이라는 개념을 살펴봐야 하는데, 이는 양육에 있어 매우 중요한 부분이다. 근접 공감은 곧바로 반응하는 것이고, 말단 공감은 시간이 지난 후에 반응하는 것이다. 아이가 넘어져서 다쳤을 때에는 근접 공감이 필요하다. 그러나 때로는 근접 공감이 아이를 향한 그릇된 공감이 되기도 하는데, 장기적으로 보면 아이에게 가장 도움이 될 경험을 제대로 하지 못하도록 방해하기 때문이다.

예를 들어 전날 숙제를 하지 못한 아들이 제시간에 등교하지 않고 집에 남아 숙제를 마무리할 테니 선생님께 대신 연락해 달라고 간곡하게 애원한다고 해 보자. 여기서 근접 공감은 숙제를 끝내지 못해 벌을 받게 될 아들의 괴로움을 공유하는 것이다. 근접 공감을 느낀 당신은 "알았어. 아파서 학교에 못 간다고 전화해 줄게"라고 말하고 싶어진다. 반면 말단 공감은 한 발짝 물러서서 이러한 선택이 장기적으로 아이에게 도움이 될 것인지 점검하게 만든다. 당장 눈앞의 어려운 상황에서 아이를 구해 주는 것이 나을까? 아니면 대책 없는 행동에 대한 대가를 치르도록 두는 것이 나을까? 적절한 순간에 말단 공감을 활용한다면 잠깐의 유혹을 잘 넘기고 아이에게 꼭 필요한 인생의 교훈을 가르칠 수 있다.

이를 유독 어려워하는 부모가 있다. 그러나 때로는 시야를 넓혀 미래를 보아야 한다. 분명 술에 손을 댈 수 있는 파티에 보내 달라는 13세짜리 자녀의 애원을 단호하게 거절함으로써, 스무 살이 되었을 때 엉망진창의 상태가 되어 위험한 선택을 내리는 것을 막을 수 있다. 중요한 점은 좋은 부모라도 얼마든지 그로 인한 스트레스에 시달리다가 안 된다고 말하는 것이 왜 더 건전한 접근 방법인지 잊어버리기 쉽다는 것이다.

아이에게 가르치는 공감의 교훈은 아이의 삶 전반에 걸쳐 지속적으로 영향을 미친다. 다행히 중간 중간 하는 실수들로 아이의 인생이 결정되지는 않는다. 최근 연구 결과에 의하면 인지적·감정적 범위 내에서 공감을 인식하고 표현하는 방법의 10~35퍼센트가 유전자에 의해 결정된다. 또 공감의 교훈을 받아들이는 방식 또한 나이, 성별, 환경적 요소와 경험 등이 뒤섞인 복합 요인에 따라 다르다. 공감의 가치, 즉 공감이 자신에게 얼마나 중요한가는 살다 보면 바뀌기도 한다. 공감을 얼마나 중요하게 여기는지는 대개 아이를 낳는 경험이 전환점으로 작용한다. 아이에게 좋은 모범을 보이고 싶어 하기 때문이다.

그럼에도 아이에게는 공감을 주고받는 방법을 빨리 배우게 할수록 좋다. 중간에 방향을 수정할 수 없다는 말이 아니다. 아이가 타인의 감정을 이해하도록 가르치는 데 있어 늦은 타이밍이란 없다. 건전한 공감 성향과 탄탄한 조망 수용 능력을 가진 아이는 또래와 더 잘 어울리고 단체 생활도 잘하며 문제 행동을 보일 가능성이 적다. 또한 사람을 대하는 역량이 잘 발달되어 있기 때문에 미래에 성공할 확률이 높다. 건강한 관계를 맺으며 살아가는 데 훌륭한 밑거름이 된다. 반면 공감 능력이 부족한 아이는 공격적인 행동을 자주 보이며 분노나 우울과 같은 부정적인 감정을 표출하는 경우가 잦다. 또한 전반적으로 타인과 어울리는 것을 힘들어한다.

아이가 어렸을 때부터 공감을 자주 경험하도록 하면 보다 공감 능력이 뛰어난 성인으로 성장한다. 하지만 공감 조절 방법을 배워야 할 정도로 타인의 감정에 매우 격하고 예민하게 반응하는 아이들도 있다. 공감을 지나치게 해서 다른 사람의 괴로움을 감당하지 못하는 아이의 경우 자기 조절 역량을 훈련하고 비슷한 상황에 대한 노출을 줄이는 것이 도움이 된다.

아이에게 공감을 가르치는 거울 반응

아이에게 공감을 가르치는 방법 중 하나로 거울 반응을 활용할 수 있다. 아이의 얼굴 표정, 말투, 태도를 자동으로 따라하는 것이다. 아이가 어릴 때는 이가 하나도 나지 않은 입으로 활짝 웃고 깔깔거리는 모습에 자신도 모르게 저절로 미소와 웃음을 짓게 된다. 아이의 행동에 즉흥적으로 즐거운 반응을 보인다. 대부분의 부모는 세상과 자유롭게 소통하려는 아이의 첫 시도를 매우 반긴다. 그렇기 때문에 눈 맞춤, 몸짓 언어, 어조 등을 활용해 이러한 행동을 똑같이 따라한다. 아이가 웃을 때뿐만 아니라 새로운 것을 발견하거나 그림을 그릴 때, 무언가를 만들고 배울 때도 마찬가지로 반응한다. 부모의 감탄과 기쁨을 보면서 아이는 자신이 특별한 존재라는 인식을 갖게 된다.

심리학 이론의 한 분야인 자기심리학의 아버지로 불리는 정신분석학자 하인즈 코헛은, 부모의 거울 반응이 아이를 건강하게 키우는 데 얼마나 중요한지를 최초로 밝힌 바 있다. 그는 태어난 이후 자라면서 부모의 눈에 비친 자신을 인지하면서 아이의 자아 개념이 더욱 확고하게 자리 잡는다는 점을 잘 이해했다. 흥미롭게도 몇 십 년 후 신경과학자들이 뇌의 거울 반응 매커니즘을 발견하기 훨씬 전에 그는 이미 이를 가리켜 '거울' 전이라고 불렀다. 놀라운 선견지명이 아닐 수 없다. 간단하게 설명하자면 아이가 자신을 돌보는 사람의 눈에 미친 자신의 강점, 가치, 특별함을 본다는 뜻이다. 개인적으로 나는 거울 반응의 지속적인 실패로 인해 고통스러운 결과가 초래되는 것을 종종 목격한다. 그러면 아이의 자의식과 자신감 사이에 격차가 발생한다. 부모의 눈에서 자신의 성공이 비치는 경험을 거의 못한 아이들은 종종 자라면서 불안감을 느끼고 본인의 의도를 부끄러워한다. 존중이나 관심을 받지 못한 아이는 자신의 감정을 불신하게 되고 점점 더 낙심하며 새로운 것에 도전할 동기를 잃어버린다.

거울 반응의 효과를 이해하기 위해 거울 반응이 아예 일어나지 않을 때의 결과를 살펴보자. 1학년 아이가 문을 박차고 들어오며 "아빠, 제가 오늘 그린 그림이에요!"라고 신나서 소리친다. 컴퓨터 또는 휴대폰에 몰두하고 있던 아빠는 아이를 쳐다보지도 않는다. 아이의 그림을 살펴보지도, "이야, 개를 정말 멋지게 그렸구나!"라고 칭찬하지도 않는다. 뛰어난 그림을 그린 아이가 무척 자랑스럽다는 반응이 전혀 없다. 아이와 눈을 맞추지 않은 채 단조로운 목소리로 "그렇구나"라고 말할 뿐이다. 아이는 스스로 그림을 잘 그렸다고 생각하지만 엄마와 아빠는 자신의 그림에 대꾸조차 하지 않을 때, 자신의 열정과 노력이 반사되지 않아 실망과 수치심을 느낀다.

이렇듯 어렸을 때 애정 어린 거울 반응을 경험하지 못한 채 자란 아이들은 안정 애착을 쉽게 형성하지 못한다. 앞서 설명했듯이 눈 맞춤은 타인과 긴밀히 연결된 삶을 위한 일곱 가지 열쇠 중 하나로, 태어난 순간부터 우리의 공감 능력에 영향을 미친다. 거울 반응은 눈 맞춤보다 훨씬 더 광범위하다. 아이는 부모가 자신의 표정, 자세, 감정, 어조까지 따라 하기를 바란다. 부모가 자신의 말에 귀 기울이고 있음을 느끼고 싶어 하며 부모의 올바른 반응을 필요로 한다. 따뜻하고 든든한 거울 반응이 없으면 아이는 자라면서 자신의 가치를 폄하하고 불안해한다. 또한 신뢰를 기반으로 한 친밀한 관계를 형성하는 데 어려움을 느낀다.

부모가 애정을 보여 줄 수 있는 여러 중요한 방법이 있지만, 반짝반짝 빛나는 부모의 눈빛은 아이의 마음속에 공감의 씨앗을 뿌리는 데 핵심적인 역할을 한다. 코헛은 이 반짝이는 눈빛을 가리켜 '심리적 산소'라고 불렀다. 아이는 부모의 거울 반응을 통해 자신의 가치를 인정받는다. 이러한 확인을 충분히, 자주 받지 못하면 마치 속이 텅 빈 인형이 된 듯한 기분을 느끼며 자랄 수 있다. 부모의 인정을 통한 자기 확신감이 내면에 세워지지 않은 채 자란 아이는 외부 세계로부터 자신이 괜찮은 사람이라는 것을 끊임없이 확인받고 싶어 한다. 거울 반응 없이 자란 아이는 목표 달성을 포기하거나 반대로 우등생이 되기 위해 노력하지만 자신의 성과에 쉽게 만족하지 못한다.

다행스럽게도 대부분의 부모는 거울 반응을 굳이 신경 쓰지 않아도 된다. 우리가 숨 쉬는 법을 특별히 배우지 않는 것처럼, 거울 반응은 대부분 자연스럽게 일어난다. 아이에게 집중하는 부모는 기쁘고 자랑스러운 마음으로 아이의 존재 자체와 발달 과정에 반응한다. 하지만 직장에서 받는 스트레스나 돈과 관련된 걱정 등 아이를 향한 반응을 방해하는 외부 요소들이 여전히 존재한다. 그래서 아이 한 명 한 명에 주목하고 귀 기울이며 아이가 특별한 존재임을 인정해 주어야 한다는 사실을 잊어버리기도 한다. 특히 형제자매 중 한 아이가 아프거나 장애를 가진 가정의 경우, 다른 건강한 아이가 거울 반응에 충분히 노출되지 못하기도 한다. 그 결과 자신감이 부족한 채 성장할 가능성이 크며, 어려서 공감과 인정을 제대로 받지 못해 이를 기반으로 하는 감정 제어 능력이 결여된다. 따라서 건강한 아이에게 추가적인 지원을 제공해야 한다. 지금은 괜찮아 보여도 나중에 괴로워하거나 힘들어할 수 있다.

반면 '과도한 거울 반응' 또한 그릇된 행동과 공감 결핍을 유발할 수 있다. 예컨대 "재채기를 정말 잘하는구나!"(실제로 부모가 아이에게 이런 말을 하는 것을 들은 적이 있다)와 같이 일상에서 자연스럽게 일어나는 일까지 과도하게 칭찬한다면 아이는 아주 사소한 성과까지 모두 칭찬받기를 기대한다. 비교적 평범한 성공을 거둘 때마다 칭찬해 주는 것은 바람직하지 않다. 그렇다고 아이가 인정받기 위해 마치 검투사처럼 싸워야 한다는 말은 아니다. 다만 모두가 행복하게 알맞은 중간 지점을 찾아야 한다는 것이다.

거울 반응은 또한 아이의 나이를 고려해야 한다. 아이는 성장하는 과정 내내 인정과 관심을 필요로 하지만, 성장 속도에 맞춰 그 방식과 정도를 조절해야 한다. 어렸을 때 충분히 인정받고 자란 아이는 마음에 자신감이 잘 자리잡는다. 코헛은 이를 가리켜 '변형적 내면화'라고 불렀다. 아이들은 자라면서 성과를 낼 때마다 세상으로부터 무조건적인 칭찬을 받을 수 없다는 사실을 깨닫고 자신감 있는 자의식에 의지하게 된다. 어른이 된 후에도 아주 사소한 성공까지 축

하받고 포상받으려 한다면 감당하기 힘들 것이다. 그 어떤 칭찬에도 만족할 수 없기 때문에 궁극적으로 자신이 부족하다는 인식을 갖게 된다.

요즘 같은 디지털 시대에 거울 반응이 덜 중요하게 여겨지는 것 같아 우려스럽다. 반짝거리는 부모의 눈빛은 이제 화면의 불빛으로 대체되고 있다. 부모와 아이 모두 서로 얼굴을 마주하는 것보다 훨씬 더 많은 시간을 휴대폰이나 태블릿, TV를 들여다보는 데 할애하느라 눈 맞춤과 유대감이 제대로 이루어지지 않는다. 부모와 아이가 눈을 맞추고 서로를 향한 사랑과 고마움을 주고받을 때 옥시토신이 분비된다. 이제는 이 옥시토신을 접할 기회가 줄어들고 있기 때문에 외부로부터 인정받고 싶은 욕구가 점차 강해지는 것이다.

이제 친구 사이에서도 서로 얼굴을 마주보고 보내는 시간이 점점 줄어들고 있으며 그 결과 괴롭힘과 사이버 폭력, 화를 유도하는 트롤링이 점차 늘고 있다(8장에 자세히 다룰 것이다). 화면은 공감을 가로막는 장벽이다. 타인의 반응과 감정을 인지할 수 있는 기회를 앗아간다. 다른 사람에 공감하려면 먼저 눈을 맞춘 다음 자세, 얼굴 표정, 어조와 같은 공감의 열쇠에 주목해야 한다. 이러한 입력 정보가 없다면 끝까지 집중해서 상대방의 말에 귀 기울이고 적절하게 반응하는 것이 매우 어렵다.

롤 모델을 통해 배우는 공감

아이들이 공감의 교훈을 배우거나 혹은 배우지 않는 또 다른 방법으로 롤 모델을 들 수 있다. 아이들은 마음에 이상적인 누군가를 두려 한다. 처음에는 대개 엄마와 아빠가 그 대상이 된다. 적절한 반응과 세심한 돌봄으로 항상 관심을 쏟는 부모를 자신의 롤 모델로 삼은 아이들은 자라면서 친구나 배우자로서 그러한 자질을 갖추는 경우가 많고, 그러한 방식으로 자신을 대할 사람을 찾는다. 또한 타인에게도 부모에게서 배운 행동 그대로 대한다.

롤 모델은 아이의 발달 과정의 모든 단계에서 매우 중요한데, 아이는 계속해서 삶의 기준이 될 유형을 찾기 때문이다. 만약 집에서 누군가 항상 자신에게 관심을 기울이고 기분을 세심하게 살폈다면 아이는 이러한 공감적 의사소통을 당연하게 받아들인다. 공감의 열쇠 중 경청과 반응이 점차 강화되고, 아이는 자신의 행동과 말이 가치 있다고 여기게 된다. 이러한 과정이 누락되면 아이는 자신의 가치를 확신하지 못하고 불안함을 느낀다.

또한 아이들은 부모를 긍정적으로 바라보려는 마음을 타고난다. 부모가 자신을 잘 돌보지 않을 때도 마찬가지다. 왜일까? 자신이 아주 작고 힘이 없다는 사실을 알고 있기 때문이다. 60센티미터밖에 안 되는 아이의 눈앞에 울창한 숲의 키 큰 나무들처럼 어른들의 다리가 지나다닌다면 아이가 거리를 걷는 것이 두려울 수도 있겠다는 생각을 해야 한다. 아이들은 본능적으로 부모와 유대감을 형성하고 싶어 한다. 또한 본능적으로 부모에게 애정을 표현하려고 한다. 이를 통해 안전하며 보호받고 있다고 느낄 수 있기 때문이다. 따라서 아이들은 좋든 싫든 어렸을 때부터 부모의 행동을 본보기로 삼는다.

부모 외에도 여러 롤 모델이 있다. 아이들은 교사나 이모, 삼촌, 나이가 많은 사촌, 우주 비행사, 수의사, 예술가, 요리사 등등을 우러러 보기도 한다. 나는 허드슨이라는 소년을 알고 지냈는데, 소방서 건너편에 살고 있었다. 허드슨은 다섯 살 즈음 길 건너에서 근무하던 소방관을 동경한 나머지 하루도 빠짐없이 소방서에 가자고 졸랐다. 그의 부모는 기꺼이 원하는 대로 해 주었고, 소년의 영웅들 역시 친절하게도 소방차에 타거나 모자를 쓰게 해 주었다. 그런가 하면 경찰관에 마음이 뺏긴 데이비드라는 친구는 어디를 가든 경찰관 제복을 입었고, 의사에 푹 빠진 바네사라는 친구는 학교에 플라스틱 청진기를 들고 갔다. 아이들이 긍정적인 롤 모델을 가졌다는 것은 매우 좋은 일이다. 좋아하는 영웅이 있거나 누군가를 존경하는 것은 아이에게 특별한 기분을 선사한다. 또한 자신이 중요하다고 생각하는 것을 하기 위해 노력하도록 용기를 불어 넣는다. 건전한 노력과 자신감을 위한 근력을 키우게 된다.

나쁜 롤 모델 또한 중요한데, 아이들에게 하지 말아야 행동을 가르치기 때문이다. 이미 좋은 롤 모델을 충분히 경험했고 따라서 옳고 그름을 명확하게 구분할 수 있다는 전제 하의 이야기다. 물론 나쁜 경험이 좋은 경험보다 더 많다면 문제가 된다. 아이를 존중하지 않거나 진지하게 대하지 않는 사람에게 지속적으로 시달리면 아이는 자신의 생각과 감정이 그다지 중요하지 않다고 생각하며 자랄 수 있다.

어른의 부정적인 공감 습관을 아이가 배우게 될 위험 역시 존재한다. 내가 아는 고등학교 역사 교사는 비상식적인 양의 숙제와 쪽지 시험으로 학생들을 괴롭혔다. 결국 학생들은 책상 위로 머리를 숙이며 항의했다. 그는 학생들의 이름을 부르고 대답이 없을 때마다 점수를 1점씩 깎겠다고 협박했다. 그리고 점수에 가장 신경 쓰는 학생부터 이름을 부르기 시작했다. 선생님의 행동이 불공평하고 잘못되었다는 것을 이해하는 학생들이 있는 반면 공감의 열쇠보다 괴롭힘, 심술궂음, 속임수를 쓰는 것이 원하는 것을 얻는 데 더 효과적인 방법이라고 배운 학생들도 있었을 것이다.

아이들은 무의식적으로 이상적인 롤 모델로 삼아 온 부모나 다른 누군가의 긍정적인 자질들을 내면화하게 된다. 아이들은 편안하고 친숙한 것들을 받아들이기 때문이다. 공감하는 모습을 본보기로 보여 주는 것이 중요한 이유다. 아이가 부모나 다른 롤 모델을 이상화하는 과정에서 아이는 자신을 이상적인 모습으로 만들어 가는 방법을 배운다. 이렇게 건강한 자의식이 자리 잡은 아이는 자라면서 부모의 약점이나 실수를 보게 되더라도 크게 흔들리지 않는다. 좋은 본보기를 보여 주고, 약속을 지키며, 정직하고 공감하는 태도로 아이를 대하는 것은 아이가 앞으로 어떤 유형의 사람들과 어울리게 될지에 영향을 미친다.

반대로 믿을 만하다고 생각한 어른이 불친절하거나 경솔하게 행동하는 것을 보면, 큰 영향력을 행사할 수 있는 사람이 나쁜 사람일

수도 있다는 것을 받아들이기가 힘들 수 있다. 그러면 아이는 다른 사람들도 불친절하고 경솔한 대접을 받아도 된다는 식으로 자신을 설득하고, 그런 행동을 따라하는 심리적 방어기제의 행동을 보이기도 한다. 이를 심리학 용어로 '공격자와의 동일시'라고 부른다. 어느 쪽이든 아이를 어떤 사람으로 자라게 할 것인지는 우리의 선택에 달려 있다.

공유를 통해 공감을 배우는 트윈십 관계

아이가 공감을 발달시키는 또 다른 중요 과정은 트윈십, 즉 밀접한 관계를 맺는 것이다. 아이가 자라면 집 밖에서 형성되는 관계가 더욱 중요해진다. 심지어 협동하고 협조하는 놀이를 배우기도 전에 다른 사람과 함께하는 것을 즐기기 시작한다. 이러한 관계는 아이의 자의식을 강화하고 소속감을 심어 준다.

밀접한 관계를 맺고자 하는 욕구는 지극히 일반적이다. 아이는 다양한 이유로 또래에게 마음이 끌린다. 아이와 또래 간에 공통점이 분명한 때도 있다. 둘 다 〈스타워즈〉나 말, 책, 레고 등등을 좋아하는 경우다. 어렸을 때 생긴 동질감은 아이가 부모라는 울타리 밖으로 나와 타인도 자신과 비슷하다는 점을 느끼고 자신의 인생 경험이 타당하다고 생각하는 데 도움이 된다. 이런 상대는 아이에게 쌍둥이처럼 자신의 관점을 이해하고 공통된 가치와 경험을 통해 새로운 시각을 추구할 수 있는 존재다. 예를 들어 아이가 다섯 살 때 같이 댄스 수업을 들으며 친해진 친구가 있는데, 아이의 관심사가 축구로 바뀌고 친구는 연극에 흥미를 느끼면서 자연스럽게 사이가 멀어지게 되었다. 그러나 둘 사이에는 여전히 트윈십을 경험하고 싶은 열망이 남아 있다.

트윈십은 다른 사람도 자신과 비슷하다는 것을 깨닫게 하면서 공감을 형성하게 만든다. 아이는 자신의 경험이 다른 사람에게도 이해받을 수 있고 공유할 수 있는 것임을 깨닫게 된다. 트윈십 사이에서는 아이가 가질 수 있는 수치심의 장벽이 줄어들어, 솔직하게 자신의 약점을 스스럼없이 드러내는 관계를 갖게 된다. 이는 공유 신경 회로를 활성화해 안정감과 소속감을 만들어 내는 매우 심오한 경험이다. 비슷한 점을 공유함으로 머릿속에 충분히 많은 회로가 연결되면, 아이는 자신의 약점을 드러내는 것을 보다 편안하게 느낀다. 어려서부터 자신의 약점을 남에게 내보이는 시도와 경험은 아이가 자라면서 맺게 될 관계에서 매우 중요한 요소인 신뢰감과 유대감을 형성하는 데 큰 영향을 미친다.

친구를 사귀고 어울리는 데 집착하는 아이도 있다. 무리에 적응하지 못하고 소외되고 싶어 하는 사람은 없다. 아이라면 누구나 팀원으로 뽑히기를 원하고 어울릴 수 있는 사회 집단을 찾고자 한다. 트윈십 경험에 대한 욕구는 10대를 지나 성인기에 접어들 때까지 지속된다. 시간이 지남에 따라 아이는 공통점이 있는 친구들과 함께하는 것을 선호하게 된다. 바로 이 공통적 역량, 재능, 열정이 아이의 관심사와 자아를 한층 더 강화하는 밑거름이 된다. 또한 이를 통해 아이가 더욱 잘 성장하고 공감 능력을 향상할 수 있는 환경이 조성된다. 그렇기 때문에 운동에 관심이 많은 아이는 같은 스포츠 팀원들과 친하게 지내고 연극에 열정적인 아이는 연극을 좋아하는 친구들과 시간을 보낸다.

그러나 트윈십이 수용과 이해라는 정서적 생명선을 제공하는 대신 방어적이거나 방해가 되는 방향으로 간다면 오히려 잘못된 결과를 가져올 수 있다. '쌍둥이'가 서로 의지할 수 있는 존재 혹은 감정에 상처를 입었을 때 이해하고 위로해 주는 존재가 되는 대신, 마약이나 술과 같은 감각을 마비시키는 행동을 하도록 부추길 수도 있다. 또는 친밀한 존재가 없는 아이의 경우 외로움, 소외감, 왕따라는 기분을 감추고 공허함을 채우려고 반사회적 행동을 보이기도 한다. 따라서 아이에게 트윈십 관계를 형성할 수 있는 긍정적인 기회를 제공하는 것이 좋은 롤 모델을 만들어 주는 것만큼이나 중요하다.

아이가 어떤 친구를 선택하고 동일시하느냐에 따라 아이의 인생이 바뀔 수 있다. 문제는 강인하고 단단한 친구 대신 마약이나 술로 감정을 숨기거나, 상대방을 보살피고 아끼는 관계 대신 성적 흥분을 위해 음란물을 찾거나, 또는 다치거나 목숨을 잃을 수도 있는 위험한 행동을 하라고 부추기는 또래를 선택할 수도 있다는 점이다. 따라서 어린아이를 키우는 부모라면, 특히 아이가 10대에 접어들면서 형성하는 트윈십 관계에 주목해야 한다.

즉시 반응하는 공감, 좌절을 가르치는 공감

부모라면 거의 예외 없이 옥시토신이 분비되고 본능적으로 아이와 공감한다. 그러나 정서적으로 밝은 아이로 키우고 싶은 단기적인 욕심과, 공감을 훈련시키고 가르쳐서 장기적으로 아이의 심리에 도움을 주어야 한다는 실질적인 과제 사이에서 스트레스를 받다 보면 아이에게 진정한 공감을 가르치는 것이 힘겨울 수 있다. 분명 섬세하게 균형을 맞춰야 하는 어려운 일이다.

아이를 돌보는 방법은 시간이 지남에 따라 자연스럽게 바뀌어야 한다. 아이가 어릴 때는 신체적 요구와 감정적 요구가 뒤섞이는 경우가 많다. 아기가 울음을 터뜨리면 엄마나 아빠가 우유를 먹이거나 기저귀를 갈아 준다. 졸려하거나 짜증을 내면 부모는 아기를 안고 토닥여 재운다. 대개 생후 몇 주 동안은 아기를 돌보는 역할을 거의 부모가 도맡는다. 실제로 어린 시절 부모 역할을 맡은 사람으로부터 받은 지도와 도움이 공감 및 조망 수용 능력을 짐작하게 하는 주요 예측 변수로 작용한다.

아기에게 힘이 되고자 하는 부모는 당연히 아기의 필요에 관심을 기울인다. 아기가 왜 우는지를 파악하려고 아기의 입장에서 먼저 고려한 다음 그에 맞게 상황을 해결한다. 많은 부모가 아이의 울음소리만 듣고도 배가 고픈지, 기저귀를 갈아야 하는지, 혹은 관심을 끌고 싶은지 등등을 구분할 수 있다고 말한다.

침대에서 울고 있는 아이를 달래기 위해 달려가기 전에 잠시 내버려 두어야 한다는 내용의 기사나 책을 읽어 본 적이 있을 것이다. 갓난아기의 울음소리는 그 어떤 경고음보다도 강력하게 부모의 의식 속으로 침투한다. 온몸의 세포가 이에 반응한다. 그러나 이제 막 태어난 아기를 향한 돌봄의 정도를 조절하지 않고 계속해서 아기가 필요로 하고 요구하는 모든 욕구를 즉각적으로 충족시키려 하는 것은 오히려 아기에게 좋지 않다. 발달 과정을 거치는 아기에게 과도한 관심을 보이면 오히려 안정감과 공감 능력에 장기적으로 부정적인 영향을 미칠 수 있다. 결국 아기를 무시하는 것이나 다름없는 셈이다.

아이는 울음을 터뜨리자마자 원하는 것을 즉시 얻는 대신 조금 기다리면서 자기 위로 능력을 기르는데, 이 과정을 가리켜 '최적의 좌절'이라고 부른다. 지나칠 정도로 관심을 쏟는 부모 밑에서 자란 아이는 공감 능력이 충분히 발달되지 않을 수 있는데, 신뢰 구축에 필요한 기다림을 제대로 경험하지 못해서다. 잠깐 기다리면 아이는 자신을 돌보는 사람이 곧 와서 도움을 줄 것이라는 믿음을 갖게 된다. 물론 아이를 너무 오랫동안 기다리게 해서는 안 된다. 아이가 울면서 소리 지르면 급한 마음에 이성적인 판단 능력이 흐려지기 쉽다. 씻거나 화장실에 갈 수도 있고 더 시급하게 볼일이 있는 경우도 있기 때문에 사실상 아이가 울 때마다 당장 달려가기란 그야말로 불가능한 일이다. 원하는 것을 즉시 얻지 못하고 몇 분 정도 기다리게 한다고 해서 아기가 잘못될 가능성은 거의 없다.

나는 아이에게 최적의 좌절을 가르치지 못하는 것은 곧 그릇된 공감 행동 중 하나라고 생각한다. 이는 아이가 단 1초라도 불행하게 두지 못하는 부모의 과민함이다. 아이의 무릎이 까지거나 친구와 다퉜을 때는 공감적 관심을 보여야 하고 아이가 느끼는 고통을 진정시켜야 한다. 부모로서 우리의 공감은 바로 이러한 상황에 발휘되도록 설계되어 있다. 반면 종이 타월의 색깔이 마음에 들지 않는다며 떼를 쓰는 아이에게 부모가 미안하다고 사과한다면 부모로서의 공감을 잘못된 방식으로 표현하는 것이다. 내가 상담했던 한 아이 엄마는 감자칩이 부서지면 얼굴이 빨개질 정도로 화를 내는 아이 때문에 부서진 칩을 테이프로 다시 붙이곤 했다. 화가 난 아이를 진정시키기 위해 간식을 테이프로 붙여야 한다면, 단언컨대 건강한 공감과는 정반대로 아이를 가르치는 것이다. 전적으로 정서적이고 감정적인 공감이지만, 인지적이고 사고적인 공감이 결여되어 있다. 이는 아이에게 인생을 살면서 조금의 실망도 용납해서는 안 된다는 메시지를 전달한다.

아이의 요구를 늘 들어주는 것이 왜 잘못되었는지 이해할 수 없다면 이는 부모로서 그릇된 방식으로 공감하는 것이다. 부모의 목표는 아이가 계속해서 행복을 경험하게 해 주는 것이 아니라, 아이에게 행복한 순간은 즐기고 어려움은 잘 대처하는 방법을 교육시키는 것이다. 결혼이 장밋빛 로맨스로만 채워진 '길게 하는 데이트'라는 순진한 생각을 하는 사람이 있는 것처럼, 아이를 계속해서 즐겁게 하는 것이 부모의 역할이라고 오해하는 사람들도 있다. 인생의 수없는 굴곡은 아이에게 투지와 인내심, 회복력을 길러 준다.

많은 부모가 최적의 좌절이 아이의 회복력과 신뢰 발달에 도움이 된다는 점을 이해하지 못한다. 최적의 좌절은 아이에게 '당장 또는 오늘 내가 원하는 것을 얻지 못해도, 믿음을 가지고 인내하며 노력한다면 언젠가는 가질 수 있을 거야'라는 생각을 심어 준다. 마음속에 이러한 개념이 자리 잡고 나면 아기는 서서히 스스로 잠드는 방법을 찾고 몇 분 정도 젖은 기저귀를 차고 있어도 심하게 울지 않는다. 유아기에 접어 든 이후에는 장난감을 사 주지 않는다고 마트 한가운데에서 드러눕지 않는다. 그리고 성인이 되고 나면 승진하기 위해서는 시간과 노력을 들여야 한다는 점을 이해한다.

종종 아이의 불행을 조금도 견디지 못하는 부모와 상담할 때가 있다. 이러한 경우 부모는 자기 조절을 필요로 하는 공감을 들여다봐야 한다. 공감의 함정 중 하나는 바로 부모와 아이 사이에 형성되는 공유 신경 회로가 너무나도 강력해서, 아이가 겪는 실망감 하나하나가 부모의 감정적 고통으로 이어진다는 것이다. 아기가 울기 시작할 때 이성적인 사고를 하게 하는 전전두엽피질이 제 기능을 하지 못해 불안정하고 감정적 반응이 늘 앞선다면 한 발짝 뒤로 물러나 상황을 재검토해야 한다.

아이의 변덕을 맞춰 주는 것이 바람직하지 않음을 알면서도 행동을 바로잡기 어렵다면, 일시 정지 버튼을 누르고 지금 나는 누구의 욕구를 충족시키려고 하는가를 잠시 돌아보아야 한다는 점을 이번 장에서 배우길 바란다. 이것이 아이를 위한 최선인지 아니면 아이가 떼를 쓰는 상황을 끝내고 싶은지를 생각하자. 부모는 자신뿐만 아니라 아이를 위해 아이의 불만을 견디는 방법을 찾아야 한다. 공감 능력을 갖춘 아이로 키우고 싶다면, 아이를 향한 그릇된 공감을 그만두어야 한다. 혼자서 잠들 수 있도록 가르치는 동시에 정말로 필요할 때면 언제나 부모가 곁에 있다는 점을 알도록 신뢰를 구축하는 연습을 어릴 때부터 시작하는 것이 좋다.

식습관 역시 마찬가지다. 내가 아는 부모 중에는(당신 역시 그럴 테지만) 아이가 먹을 식사를 따로 준비하는 경우가 있다. 아이가 균형 잡힌 식사를 할 수 있도록 지도하는 대신 원하는 음식만 준비한다면 과연 아이는 무엇을 배울까? 아이를 위해 따로 식사를 준비해야 하는 번거로움은 또 어떤가? 요리를 하는 부모는 지치고 분노가 쌓일 것이 분명하다. 또한 아이가 이대로 자란다면 원하는 바를 세상이 나서서 맞춰 줄 리 없으므로 결국 좌절감, 불행, 불안함을 느끼게 되는 문제도 있다. 그러기를 바라는 부모는 물론 없겠지만, 그릇된 공감이 결국 비슷한 결과를 초래할 수 있다.

작은 사업을 운영하는 지인에게서 회사의 젊은 직원인 데이비드에 대해 들은 적이 있다. 데이비드는 자신이 더 큰 책임을 맡을 준비가 되었다고 생각한 모양이었는지 승진하고 싶어 했다. 그러나 자신의 요구를 직접 말하는 대신 아버지에게 회사로 전화해 달라고 부탁했다. 내 지인은 한 번도 만나 본 적도 없고 수백 마일 떨어진 곳에 살던 데이비드의 아버지와 묘한 대화를 나눴다. 아버지는 전화를 걸어서는 고작 몇 미터 떨어진 곳에 앉아 있는 26세 청년이 얼마나 일을 잘하는지 설명했다고 한다.

아이를 돌보는 부모의 역할을 놓지 못한 극단적인 예다. 동시에 그릇된 공감이 불러오는 최악의 상황이다. 이러한 관계는 아이가 제대로 된 어른 역할을 하지 못하도록 만들 수 있는 만큼 매우 위험하다. 데이비드가 어렸을 때 그의 아버지는 아마도 아이가 원하는 것이라면 무엇이든 가질 수 있다고 가르쳤을 것이다. 만약 이것이 불가능하다면 아버지가 나서서 즉각적으로 해결해 주겠다는 점도 함께 말이다. 최적의 좌절은 어디로 간 것일까? 부단히 노력해서 스스로의 힘으로 자신의 길을 열어 가며 느끼는 성취감은 어디로 갔을까? 아들을 대신해 직장 상사에게 승진 이야기를 꺼내는 아버지는 우리가 흔히 알고 있는 세상의 상식과는 많이 다르다.

나는 자녀가 성인이 되었는데도 어렸을 때처럼 지위와 영향력을 유지하고 싶어 하는 부모를 많이 만나 왔다. 이런 부모들은 아이를 위한 최선의 선택이 무엇인지 자신이 가장 잘 알고 있다고 믿으며 자녀가 어른이 되었다는 사실을 받아들이지 못한다. 부모로서 자녀를 적극적으로 지지해야 하지만, 동시에 자녀가 자신의 실수를 통해 배울 수 있도록 존중해야 한다. 마치 부모는 영원히 전문가이고 자녀는 언제나 아이인 것처럼 독재에 가까운 태도를 유지한다면, 성인으로 성장한 자녀와 어른 대 어른의 관계를 맺는 진정한 즐거움을 놓칠 수도 있다. 자녀 역시 스스로를 생산적인 어른이라고 인식하지 못할 것이다.

언젠가는 자녀에게 이렇게 말해야 할 때가 온다. "이런 상황이 생길 수도 있다고 말했잖아. 이제 우리는 뒤로 물러나 있을 테니까 인생을 스승 삼아 잘 배우렴." 자녀가 어릴 때부터 공감 훈련을 잘 받고 최적의 좌절을 경험하면서 만족감을 기다리는 방법을 알게 하는 등 빈 통을 잘 채울수록 자신을 보다 잘 보호하는 어른으로 자란다. 자녀에게 자신감을 심어 줄 뿐만 아니라 때로는 위험을 감수하고 목표 달성을 위해 노력하는 방법을 일깨워 줄 수 있다. 자녀가 가장 이상적으로 생각하는 모습대로 자신을 만들도록 최선을 다할 수 있는 환경을 조성한다면, 자녀는 어른이 되어서도 부모와의 유대감을 유지하려고 할 것이다. 나이가 들면 자녀와의 관계가 가장 소중해지기도 한다. 자녀는 부모 밑에서 자라면서 부모의 인생 전체를 가까이에서 직접 봤고 또 여러 우여곡절을 마주하고, 즐기고, 적응하면서 함께했기 때문이다.

과도한 감정적 공감의 정반대는 물론 과도한 방치다. 특히 학업 성취도에 미치는 영향이 엄청난데, 방치된 아이들의 경우 그렇지 않은 학생들에 비해 학업 성과가 저조하고 점수도 상대적으로 낮으며 정학 및 징계, 유급 횟수도 더욱 많다는 연구 결과도 있다. 때때로 적당한 방치는 오히려 훌륭한 성과를 유발하는 동기로 작용하기도 한다. 아이는 타인의 관심을 끌기 위해 놀라운 성과를 내거나 연달아 성공을 이룰 수도 있다. 그러나 눈부신 성과에도 자신에 대한 감정적 이해가 결여되면 대개 허전함을 느끼게 된다. 겉으로 보기에는 성취도가 매우 높지만 내면을 들여다보면 거울 반응이나 타인의 인정을 경험하지 못했기 때문에 고통받는 것이다. 어렸을 때 방치되었던 아이가 자라서 어른이 되면 인정과 공감을 강력하게 갈구하게 되고 이것이 인간관계에 고스란히 드러나는 경우가 매우 흔하다. 그러나 자기 가치를 거울 반응을 통해 반사받는 경험이 부족하기 때문에, 자신의 취약한 모습을 쉽게 드러내지는 못한다.

철저하고 심각한 수준의 방치는 완전히 다른 차원의 이야기다. 이러한 가정에서 자란 아이들은 자기 존재의 가치를 인정하는 자의식을 제대로 구축하는 데 어려움을 겪는다. 자기애가 강하거나 폭력적인 부모 밑에서 자란 아이는 성인이 된 이후에 부모와의 연을 끊고 싶어 한다. 나는 훈련에 참여하는 성인 자녀로부터 이런 이야기를 매번 듣는다. "부모님은 내가 필요할 때 아무런 도움을 주지 않았으니까, 이제 별로 만나고 싶지 않아요." 이들 중 대부분이 부모와 시간을 보내고 싶지 않다는 사실에 죄책감을 느낀다. 아이가 자라는 동안 공감하고 지지하며 이해한다면 아이는 틀림없이 어른이 된 이후에도 부모와의 끈끈한 관계를 유지해 나갈 것이다.

몇몇 부모들은 선물이나 멋진 휴가 등 물질적인 보상으로 충분히 효과가 있다고 믿는데, 이는 아이를 있는 그대로 받아들이는 과정을 대체할 수 없다. 아이의 본 모습을 인정하는 것은 앞으로 아이가 성장한 이후 어른 대 어른 관계를 맺기 위한 초석이나 다름없다. 아이를 향한 공감은 반드시 나중에 상호 간의 공감으로 이어진다.

희소식은 부모의 극단적인 방치에도 회복력이 매우 뛰어난 아이들은 주어진 역할을 다할 수 있도록 이끌어 줄 롤 모델을 찾는다는 것이다. 공감을 주고받는 어른을 따라 하다가 나아가 존중하게 된다. 가족 중에 이렇다 할 지지자가 없는 아이가 강인하고 진솔한 지도자로 성장할 수 있는 이유를 알 수 있게 하는 굉장히 중요한 포인트다. 누군가가 나서서 아이의 가능성에 주목했기에 가능했다.

부모의 공감이 시험에 드는 시기

단순히 공감을 가르치는 데서 부모의 역할이 끝나는 것은 아니다. 자신의 공감 능력이 어느 정도인지 시험하는 과정도 거쳐야 한다. 아이는 분명 부모의 공감 능력의 한계를 시험할 것이다. 이럴 때는 결국 사랑과 이해받고 싶어 하는 한 사람이 있다는 것을 기억하면 도움이 된다. 공감을 표현하는 가장 좋은 방법은 가장 덜 쓰이는 공감의 열쇠를 활용하는 것이다. 바로 경청이다. 아이의 말에 진심으로 귀 기울여 보자. 아이가 쏟아 내는 모든 말에 동의하지 않을 수도 있다. 어쩌면 아이의 입에서 나오는 소리가 모두 허튼소리일지도 모른다. 하지만 아이가 속마음을 시원하게 다 말할 수 있는 기회를 주는 것이 중요하다. 아무 반박도 하지 않고 오직 경청한다면 아이의 일상을 들여다 볼 수 있는 창문이 열릴 것이다. 이를 통해 더욱 솔직한 대화를 나눌 수 있다.

아이가 버릇없고 반항적이며 과묵한 시기를 지날 때쯤이면 부모의 공감 능력은 시험대에 오른다. 하지만 이때는 아이가 부모의 공감 능력을 가장 필요로 하는 시기이기도 하다. 예컨대 10대가 되면 대부분의 아이는 더 많은 독립성을 원한다. 뒤죽박죽 뒤섞인 호르몬과 사회적 압력, 학업 스트레스 등으로 인해 혼란스러웠던 자신의 10대 시절이 떠오르는 사람도 있을 것이다. 이 시기에 아이는 부모의 거울 반응을 거부하기도 한다. 이때 자녀의 거부 반응을 감지한 많은 부모가 거울을 내려놓는다. 하지만 이는 실수다.

필요하다면 언제든지 모든 연령대의 자녀에게 '반짝거리는 눈빛'을 보내도 좋다. 인간이 이러한 욕구를 마다할 날은 오지 않을 것이다. 자녀의 역량이 발달하고 자신감과 숙련도가 향상되는 동안에도 아이는 여전히 부모의 관심, 격려, 거울 반응을 통해 반사된 기쁨을 갈구한다.

특히 공감은 시험대에 오를 때가 가장 중요하다. 딸이나 아들이 이기적이고 퉁명스러우며 버릇없는 생명체로 변했다면(적어도 때로는), 아이가 여전히 당신을 필요로 한다는 점을 기억하자. 나이를 고려하면 지극히 정상 행동이지만, 시큰둥하고 형편없는 태도로 부모의 한계를 시험하는 자녀를 다루는 데 필수적인 자비를 부모가 제대로 발휘하지 못해 혼란에 빠지는 가정을 많이 봐 왔다. 부모가 아이의 상담자가 아닌 관리자 역할만 계속 자처할 때 이런 문제가 더 많이 발생한다. 아이가 위험하고 큰 대가를 치러야 하는 행동을 한다면 당연히 부모가 나서야 한다. 그러나 아이의 말과 행동 하나하나를 바로잡을 필요는 없다. 어린 시절, 특히 이제 막 어른이 되는 시점에 있는 아이는 수많은 변화와 감정적 혼란을 겪는다. 따라서 부모로서의 존재감을 그대로 유지하되 아이가 가장 필요로 할 때에만 조언하는 것이 가장 바람직하다.

부모가 되고 자녀를 기르는 일은 매우 어렵다. 역사상 그 누구도 완벽한 부모는 없다. 당신 역시 마찬가지일 것이다. 하지만 괜찮다. 그저 최선을 다할 뿐이다. 완벽함을 목표로 삼기보다는 부정적인 교류보다 긍정적인 교류가 훨씬 많은 '충분히 좋은' 부모라는 점을 위안삼을 수 있다.

심리학자 바바라 프레드릭슨의 통찰력 있는 연구에 의하면 긍정적인 말과 부정적인 말의 비율이 3:1이면 부모와 자식이 끈끈한 관계라고 예측할 수 있다. 이 비율이 5:1인 경우에는 매우 돈독한 관계일 가능성이 높다. 현실적 기준인 3:1을 목표로 한다면 질풍노도의 시기를 보다 평화롭게 보낼 수 있고, 아이가 성장한 이후에도 성숙하고 애정 넘치는 어른 대 어른의 관계를 형성할 수 있을 것이다. 나아가 목표를 달성한다면, 함께하면 즐겁고 또 앞으로 남은 인생의 각 단계를 전부 공유할 수 있는 소중한 사람을 얻게 될 것이다.

교육을 살리는
ABC 공감 테크닉

미국 워싱턴주 왈라 왈라에 있는 링컨고등학교는 성적이 엉망이고 폭력적인 성향의 문제아들이 전국에서 모여 드는 '마지막 종착지'와도 같은 곳이었다. 그러나 단 1년 만에 짐 스포레더 교장은 학교의 가능성을 완전히 뒤바꿨다.

스포레더 교장은 교사와 교직원에게 되도록 처벌을 줄이고 학생들을 친절하게 대하고 최대한 그들을 이해하라고 지시했다. 이후 학생들은 그릇된 선택과 부적절한 행동에 대한 책임은 져야 했지만, 학교는 처음부터 정학이나 방과 후 의무 자습 등의 벌을 내리는 대신 학생에게 도움의 손길을 내밀었다. 학생들은 시험에서 낙제하거나 수업을 빠지는 등 문제 행동을 하면 자습이나 상담, 그 외 지원 서비스라는 '벌'을 받았다.

결과는 놀라웠다. 첫 해의 경우 퇴학율이 거의 65퍼센트나 감소했고, 서면 징계 역시 절반가량 줄었다. 정학율은 대략 85퍼센트까지 뚝 떨어졌다. 4년차에 접어들자 정학은 단 한 건도 없었으며 퇴학율 역시 더욱 줄어들었다. 학습 태도, 성적, 졸업률 모두 믿을 수 없을 정도로 나아지기 시작했다.

스포레더 교장은 링컨고등학교의 대다수 학생에게 안정적이고 지원을 아끼지 않는 가정환경을 기대하기란 사치라는 점을 잘 알고 있었다. 학생 중 80퍼센트 이상이 경제적으로 어려웠고, 4분의 1이 넘는 학생들은 아예 집이 없었다. 대부분의 아이가 매일같이 폭력, 약물 사용, 장애, 분열된 사회 집단으로 인해 고통받고 있었다. 직접 진행한 연구 조사를 통해 스포레더 교장은 이와 같은 고질적이고 심각한 스트레스가 뇌 발달에 나쁜 영향을 끼치며 특히 추론, 계획, 우선순위 결정과 같은 실행 기능을 담당하는 뇌 부분에 큰 타격을 받는다는 사실을 알고 있었다. 잘못된 행동에 대한 벌은 이미 한계점에 다다른 학생들에게 또 다른 트라우마를 남겨 상황을 더 악화시킬 뿐이었다.

감정이 학습 능력에 영향을 미친다

링컨고등학교는 교육 및 학습 분야에서 공감이 엄청난 차이를 만들 수 있다는 것을 보여 주는 좋은 예다. 누군가의 머릿속에 억지로 내용과 숫자를 집어넣을 수는 있다. 하지만 지식이 진정으로 뿌리 내리려면 전 스펙트럼에 걸친 공감이 필요하다. 인지적 공감 측면에서 보자면 교사는 학생의 관점에서 고려할 수 있어야 하고 학생의 생각과 의도를 읽기 위해 마음 이론을 키워야 한다. 감정적 공감 측면에서 보자면 교사는 학생이 매일 아침 학교로 들어오기 전까지 아이가 겪는 일들에 대해 어떻게 느끼는지를 이해해야 한다. 교사로서 학생들을 향한 공감적 관심이 없다면 결국 자신을 비롯한 모두의 시간을 낭비하는 셈이다.

교육 분야에서 일하는 내 지인들은 다른 아이들 앞에서 창피를 주려고 답을 모르거나 숙제를 하지 않은 아이에게 일부러 질문을 던지는 일이 아직도 공공연하게 일어난다고 말한다. 교실 내에서 학생을 조롱하고 차별하거나 대답할 시간도 없을 만큼 빠른 속도로 연속해서 질문을 퍼붓는다. 교육 분야에서 잘 알려진 이른바 '질문 공세'는 굴욕, 창피, 불안과 관련 있다. 이러한 방법을 사용하는 교육자라고 해서 차갑거나 정이 없는 것은 아니다. 수치심이 가장 좋은 동기라고 진심으로 믿고 있을 수도 있다. 하지만 나는 이러한 의견에 동의하지 않는데, 몇몇 연구 조사를 그 근거로 들 수 있다.

여러 실증 연구를 살펴보면 감정은 학습 능력에 영향을 미친다. 긍정적 기분의 학생(행복하고 편안한 상태)은 전체 상황을 더욱 잘 인식하고 기억력이 요구되는 작업을 잘 처리한다. 반면 기분이 좋지 않은 학생(불안하고 스트레스를 받은 상태)은 세세한 부분에 주목하고 습득한 지식을 새로운 방식으로 활용하는 데 어려움을 겪을 가능성이 크다. 연구 결과에 따르면 쾌활한 기분은 문제 해결과 창의적 사고 능력을 더 탁월하게 하지만 우울한 기분은 마음의 문을 닫고 유연하게 사고하지 못하도록 부추긴다. 어떠한 지식을 아이가 모를 때 같은 반 친구들 앞에서 망신을 주는 방식으로 가르친다면 그 지식은 오랫동안 아이의 머릿속에 남을 것이다. 하지만 그 외 수업 내용은 모두 잊어버리고 습득한 지식을 새로운 상황에 적용하지 못하며 당시 느꼈던 수치심만 기억할 가능성이 크다.

교사가 학생에게 윽박지르거나 교실에서 쫓아낸다면 학생이 화가 나는 것은 당연한 일이다. 아무리 학생이 자초한 일이더라도 말이다. 더욱 우려스러운 것은 부정적인 기억은 머릿속에 마치 벨크로처럼 달라붙는다는 점이다. 그래서 좋지 않은 학습 경험은 오랫동안 지워지지 않은 채 반복해서 회상된다. 신경과학 측면에서 보면 긍정적인 방식으로 학생의 행동을 교정하는 것이 훨씬 더 효과적이다. 존중과 격려로 뇌를 자극하면 도파민과 같은 행복이나 만족과 연관 있는 신경 화학 물질이 분비된다. 따라서 최적의 학습 과정을 이룰 수 있다.

물론 금색 별을 나눠 주고 머리를 쓰다듬는 것이 교육의 전부는 아니다. 교육뿐만 아니라 양육과 사회 전반에서 다양한 교정 방법이 사용된다. 하지만 학생의 행동을 통제하기 위한 무관용 정책과 가혹한 징벌적 접근 방식은 오히려 억압되고 냉소적인 학습 환경을 조성한다. 단기적으로는 문제 행동을 바로 잡을 수 있으나 장기적으로는 교사와 학생 관계에 공포와 경멸을 불러일으킨다. 학생에게 건설적으로 행동을 실천할 기회를 주지 않음으로써 덜 바람직한 행동을 강화시키는 셈이다. 호주에서 진행된 한 연구에서는 정학을 여러 번 당한 학생의 경우 반사회 혹은 범죄 활동에 가담할 확률이 다섯 배나 높다는 사실을 밝혔다.

암기 영역 대신 사회적 영역의 뇌 활용하기

공감 교육이 효과적으로 이루어지려면 보상과 처벌 반응보다 훨씬 더 깊게 파고들어야 한다. 학생의 입장에서 생각하는 능력인 조망 수용이 학습에 필수적이다. 아이의 뇌는 그저 성인 뇌의 축소판이 아니다. 청소년기에도 뇌는 발달하며 25세 정도가 되어야 다 자란 상태가 된다는 것이 현재 신경과학 분야의 정설이다. 이것은 곧 정규 교육 과정 동안 아이의 뇌가 계속해서 새로운 자극을 받아들이면서 그에 따라 뇌의 모양과 틀이 잡히며 적응한다는 것을 의미한다. 단순히 뇌의 크기만 커지는 것이 아니라 학습 능력의 기저를 이루는 영역 사이의 연결이 더욱 강화된다. 감정이나 추리, 의사 결정, 자제력과 같은 집행 기능을 담당하는 뇌 영역은 비교적 천천히 발달된다.

사회성과 관계성을 관장하는 뇌 영역은 모든 연령대를 통틀어 활발한 상태를 유지하는데, 특히 어린 시절 한창 뇌가 발달하는 시기에 가장 바쁘게 움직인다. 중학교 진학 이후부터는 또래 집단이 그 어떤 관계보다 중요해지면서 어른은 지루하고 아무 것도 모르는 존재라고 인식한다. 연구 결과에 따르면 대부분의 아이는 쉬는 동안 사회적 관계에 대해 생각한다. 누가 누구와 친한지, 이런 저런 친구들에 대해 어떤 소문이 떠도는지, 친구들이 자신을 어떻게 생각하는지, 또래 집단에 들어가게 될지 혹은 소외당할지 등등의 극적인 일들에 자연스럽게 몰두한다.

감정이 풍부해지는 발달 시기에 대해서는 관련 연구도 많고 여러 사실을 뒷받침하는 증거도 충분하다. 부모와 연구자, 교사 역시 전반적으로 이 시기에 대해 잘 알고 있다. 예컨대 미국 UCLA의 연구진은 기계적 암기 테크닉과 사회적 동기 학습 테크닉을 비교 연구한 결과를 한데 모아 조사했다. 한 연구에서는 실험 참가자에게 새로운 TV 프로그램의 컨셉을 설명하는 단락 몇 개를 보여 준 다음 가상의 직장 상사에게 방금 본 내용을 바탕으로 파일럿 프로그램을 구상하고 발표하도록 했다. 그 모든 과정을 기능적 자기공명영상(fMRI)으로 촬영해 발표하기 전과 발표하는 도중에 뇌의 어느 부분이 활성화되는지를 관찰했는데, 사회적 행동을 담당하는 신경 영역에서 활발한 활동이 감지되었다. 연구진은 이를 가리켜 '정신화의 망(mentalizing network)'이라고 불렀다.

정신화는 타인의 생각, 감정, 의도, 욕구를 상상할 수 있는 능력인 마음 이론과 동의어라고 볼 수 있다. 해당 실험에서 TV 파일럿 프로그램에 대한 정보 그 자체는 실험 참가자에게 특별한 의미가 없는 것이었다. 그것은 단지 그들이 전달받은 정보였다. 하지만 이 연구 결과가 놀라운 것은, 다른 사람에게 설명해야 한다는 전제가 주어지자 해당 정보를 쉽고 정확하게 기억하고 또 빠르게 불러올 수 있는 뇌 영역이 활성화되었다는 것이다. 이 영역은 인지적 공감 능력을 사용할 때 쓰이는 영역과 동일했다. 단순히 어떤 정보를 기계적으로 암기하도록 했을 때 사용되는 뇌 영역과는 완전히 달랐다.

우리는 두뇌가 발달할 때 사회적 동기의 영향을 받는다는 것을 알고 있지만, 교실에서 진행되는 전통적인 교육 방식은 여전히 기억과 관련된 뇌의 영역을 주로 자극한다. 이는 새로운 정보를 보다 잘 흡수할 수 있게 만들어진 공감적 두뇌를 활용할 기회조차 놓치는 것이라고 생각한다. 미국의 국립교육통계센터에 따르면, 미국 학생들은 18세까지 거의 2만 시간을 교실에서 공부한다. 수치가 더 높은 나라도 있다. 전 세계 교육자들은 사실 기반의 기계적 학습을 중심으로 아이들을 가르치고 있지만, 앞에서 언급한 연구 결과를 보면 학생들은 교실에서 이러한 방식으로 학습한 내용의 아주 일부만 기억하게 된다. 교육 환경에 새로운 길을 모색해야 할 필요성이 여실히 드러난다.

두뇌의 사회적 우위를 활용하는 것 외에 참신한 교육 방식을 토대로 접근한 방법도 있다. 그 중 하나가 프로젝트 기반 학습(Project Based Learning, PBL)이다. 20세기 중반 이후부터 주목받기 시작했는데, 사실 '실습을 통한 학습'이라는 개념 자체는 아리스토텔레스와 소크라테스 시절까지 거슬러 올라간다. 초기 옹호자 중에는 이탈리아 교육자인 마리아 몬테소리, 저명한 발달심리학자 장 피아제, 20세기 교육 이론의 대표 주자이자, 도서관에서 책을 분류할 때 사용되는 듀이십진분류법의 창안자 존 듀이 등이 있다.

프로젝트 기반 학습은 사람, 특히 어린아이는 질문을 던지고 깊게 생각하며 나아가 타인과 교류하면서 학습한다는 개념을 바탕으로 한다. 문제 해결 훈련과 그룹 프로젝트를 통해 현실 세계의 난제를 풀 수 있다는 것이 이 학습의 핵심이다. 학생들은 함께 협력하고, 질문하고, 새로운 것을 만들어 내면서 배운다. 정보를 반복해서 암기한 다음 기억해 내는 방식을 넘어 비판적 사고와 의사소통 능력을 기르는데, 이는 학교를 비롯해 곳곳에서 부딪히는 지속적인 문제들을 해결하는 데 도움이 된다.

연구 결과를 살펴보면 이러한 교육 방식이 학습 내용에 대한 기억력을 향상시키고 배움에 대한 학생들의 태도를 개선시킨다. 또한 심층 학습과 높은 수준의 사고 능력, 자아 소통 및 대인 의사소통 능력을 갖출 수 있게 한다. 여기서도 마찬가지로 공감과 공유 지능이 핵심 역할을 한다.

성인 교육에서도 체험 기반의 학습 방법이 점점 더 널리 적용되고 있다. 나는 하버드 메이시연구소 소장인 엘리자베스 암스트롱이 디자인한, 학생을 가르치는 의사의 리더십과 선도적인 의학 혁신을 위한 경험 기반 학습에 대한 과정을 들은 적이 있다. 하버드 의과대학에서 존경받는 전 학장인 다니엘 토스테손 박사는, 수십 년 전 대학 교과 과정을 사례 기반 학습 방식으로 바꾸기 위해 암스트롱을 영입했다. 토스테손 박사와 암스트롱 연구소장은 일방적으로 지식을 전달하고 반복하는 전통적인 교육 방식으로는 학생들이 실제 환자를 마주했을 때 부딪힐 문제를 해결하는 데 필요한 정신적 능력을 키울 수 없다고 판단했다. 평생 학습 능력이 의술에 필수적이라는 이해를 바탕으로, 의학 교육의 기초를 문제 기반 학습과 자기주도 방식으로 바꾸고자 했다. 새로운 접근 방법은 다른 많은 의료 기관에 귀감이 되었고 오늘날 의학 교육의 중심에 자리 잡고 있다.

최근 암스트롱 연구소장과 대화할 기회가 있었다. 그녀는 기계적 암기를 위주로 하는 학습 방식은 공룡과 같은 수순을 밟아야 한다는 확고한 생각을 갖고 있다고 말했다. "전 분류와 암기에만 의존하기보다는 탐구를 통해서 배우는 것이 더욱 중요하다고 생각해요. 질문하고 또 답을 찾도록 동기를 부여해야 하죠. 방대한 양의 정보를 외운 다음 나중에 기억해 내는 방법은 공감 능력이 뛰어난 학생을 배출하지 않습니다. 앞으로는 의술 분야에서 인공 지능과 빅데이터를 훨씬 더 많이 활용하게 될 거예요. 따라서 의료진은 이러한 정보를 어떻게 뽑아내는지 알아야 합니다."

다른 강의처럼 프로토콜과 절차를 연달아 가르치는 대신, 암스트롱 연구소장은 학생들에게 실제 환자 사례에 주목하고 그룹 안에서 협업하며 지속적으로 지식을 넓히는 데 집중하라고 권유한다. 나는 사례 연구를 매우 좋아했다. 이미 알고 있는 것들을 미처 생각하지 못했던 방법으로 실제 상황에 적용할 수 있었기 때문이다. 학생들은 환자를 세포와 질병이 혼합된 존재가 아니라 사회적 그리고 감정적 문제를 안고 있는 한 명의 온전한 살아 있는 사람으로 생각해야 했다. 사례 연구를 통해 나는 학생들이 환자를 자신과 똑같은 사람으로 여긴다면 자연스럽게 더 깊은 공감과 이해가 가능하다는 점을 알게 되었다.

교실에서 활용하는 공감의 일곱 가지 열쇠

공감이 결여된 교육은 오로지 성과와 측정 가능한 수치만 중요하게 여기는 경향이 있다. 왜 교사가 이러한 결과를 얻게 되었는지에 대한 고민은 제대로 이루어지지 않는다. 학습에 많은 기여를 하는 감정적 요소를 고려하지 않고 지적 생산물에만 집중하다 보면 학생들에게 진정으로 영감을 불어넣거나 왜 몇몇 아이들이 뒤처지는지 이해할 수 있는 기회를 놓치고 만다. 나는 훈련에서 이를 가리켜 '주된 불만'과 '주된 걱정'의 차이라고 말한다. 아이의 낮은 성적이 주된 불만이 될 수 있다. 반면 아이의 성적이 낮은 이유가 주된 걱정이 된다. 이를 E.M.P.A.T.H.Y. 열쇠에 대입하면 'H', 즉 타인 전체에 귀 기울이기에 해당한다.

내 지인인 캐롤라인 애버네시와 그녀의 딸 프래니 애버네시 암스트롱이 일하고 있는 에피파니학교는 이러한 개념을 실천에 옮긴 가장 훌륭한 사례 중 하나다. 에피파니학교는 보스턴 외곽 가난한 동네에 있는 중학교다. 1997년에 설립된 이 학교의 목표는 경제적으로나 사회적으로 어려운 아이들이 잠재력을 충분히 발휘하게 만드는 것이다.

초기에 에피파니학교는 아이들이 제대로 배우려면 먼저 하루 세 끼를 먹어야 한다는 사실을 깨달았다. 학업 성과를 추구하는 교육 기관에서 흔히 내리는 결론이 아니라고 생각할 수 있겠지만, 캐롤라인과 프래니가 아이들의 집에 방문했을 때 많은 가정이 영양가 높고 건강한 음식은커녕 끼니를 챙기는 것조차 힘들 정도로 가난에 허덕였다. 관련 연구 결과가 없어도 배가 고픈 채로 교실에 앉아 있는 아이들에게 어떤 어려움이 있는지 알 수 있었다. 에피파니학교는 현재 아이들이 건강한 아침 식사를 할 수 있도록 일찍부터 학교 문을 연다. 또한 영·유아반에서부터 중학교에 다니는 아이들을 하루 종일 학교에서 돌보며 점심과 저녁까지 제공한다.

순수하게 학업 측면에서 보더라도, 이렇듯 아이의 전체를 고려한 접근 방법은 훌륭한 성공을 거두고 있다. 에피파니학교의 학생들은 대개 평균 대비 성적이 한 단계 낮은 상태에서 시작하지만, 8학년이 되면 평균 대비 두세 단계 높은 성적을 기록한다. 미국 전역을 기준으로 경제적으로 하위 25퍼센트에 속하는 학생들 중 겨우 8.3퍼센트만이 대학을 졸업한다. 그러나 에피파니의 졸업생 중 60퍼센트 이상이 대학 졸업장을 받는다. 가장 놀라운 점은 에피파니를 졸업하고 대학까지 마친 학생들이 다시 에피파니로 돌아와 후배들을 가르친다는 것이다. 따라서 교육에 대한 학교의 투자가 이미 배당금을 받기 시작한 셈이다.

프래니는 배고픈 아이들을 먹이는 것이 결국 공감 표현 및 학교의 성공과 직결되어 있다고 생각한다.

"우리는 숙제를 하지 않은 아이에게 '괜찮아'라고 말하는 것이 공감이라고 생각하지 않아요. 아이가 왜 숙제를 하지 않았는지를 파악하죠. 집에 먹을 것 없고 배가 고파서 숙제를 못한 것이라면 그 문제를 해결하려고 노력해요. 바로 이것이 아이의 교육에 대한 공감이에요."

나 역시 동의한다. 이는 교육 분야에서 학생 한 명 한 명을 그저 지식을 채워 넣어야 할 또 하나의 빈 그릇이라고 여기는 대신, '사람 전체에 귀 기울이는 것'이 왜 중요한지 그 이유와도 맞닿아 있다. 학교는 아이들에게 수학, 영어, 과학을 가르치는 것이 아니라 '아이들을' 가르친다. 에피파니학교는 아이의 가정환경을 고려한 다음 대부분의 사람이 당연하게 받아들이는 구조를 제공하는 접근 방법을 택했다. 그저 아침 식사를 먹이는 것과는 차원이 다르다. 아이가 두각을 나타내도록 영감을 불어 넣어 주는 부모라는 존재는 어쩌면 당연히 주어져야 할 혜택이지만 사실 많은 아이가 이를 누리지 못한다. 에피파니학교에서는 집에서 아이의 숙제를 봐 줄 사람이 없다는 전제 하에 숙제를 잘 마무리할 수 있는 환경을 제공하기 위해 숙제 시간을 시간표에 추가했다.

매사추세츠 도체스터에 자리한 에피파니학교의 길 건너에는 비영리 식품점 체인인 데일리테이블의 조리실이 있다. 건강한 식재료를 저렴한 가격에 판매하는 데일리테이블은 공감을 바탕으로 한 교육 방식의 또 다른 사례다. 데일리테이블의 설립자인 더그 라우는 이렇게 설명한다. "경제적인 어려움을 겪는 사람들에게 음식을 제공하는 여러 가지 접근 방법에서 빠져 있는 요소가 있습니다. 바로 건강한 음식을 준비하는 방법을 포함해, 가족을 부양하는 데 있어 품위 있는 선택을 제공받지 못한다는 것입니다."

미국인 6명 중 1명이 식량 불안정으로 인해 어려움을 겪고 있으며, 1,700만 명의 아이들이 필요한 양의 음식을 섭취하지 못하고 있다. 더그는 몸에 좋은 식습관이 건강에 미치는 중요한 혜택을 잘 알고 있었다. 이러한 인식은 '업스트림 의학'이라는 새로운 움직임의 일부로, 질병 치료 대신 예방에 초점을 맞춘다.

더그와 그의 팀은 빈곤층이 유독 취약한 당뇨, 비만, 고혈압 등의 발병 가능성을 줄이는 건강한 식습관을 촉진함으로써 고객이 식품점에서 무엇을 사는지 만큼이나 음식을 어떻게 요리하는지 가르치는 것을 중요하게 생각했다. 한 고객은 자랑스러워하며 이렇게 감탄했다. "여기서 장을 본 이후 몸무게가 75파운드나 줄었고 당뇨 약도 끊었어요!"

이제 교실에서의 경험으로 넘어가 보자. E.M.P.A.T.H.Y. 열쇠의 나머지 요소들도 의욕적인 학습 환경 조성에 중요한 역할을 한다. 물론 '타인 전체에 귀 기울이기'보다 더 간단한 방법이기는 하지만 말이다. 좋은 교사는 흥미롭고 신나는 학습 자료를 만드는 데 있어 열쇠의 각 요소를 활용한다. 가장 진보적인 교육 과정이라 해도 이러한 열쇠의 요소가 빠져 있다면 완전히 실패하고 만다. 학생에 공감하지 못하는 교사는 훨씬 더 자기중심적이다. 대부분의 시간을 지식을 늘어 놓는 데 할애한다. 반면 공감 능력이 뛰어난 교사는 배우는 사람의 입장을 고려해 지식을 전달하며 동시에 학습자의 기분과 감정에 주목한다.

무엇을 누구에게 가르치든 훌륭한 교사는 학생과 눈을 맞추며 얼굴 표정, 자세, 몸짓 언어를 유심히 관찰한다. 교실을 가득 채운 학생들이 미간을 찌푸린 채 눈을 가늘게 뜨고 있다면 이는 곧 수업을 따라오지 못한다는 의미란 것을 잘 알고 있다.

학생의 입장에서 보면 단조로운 말투로 웅얼거리는 교사는 점점 말라 가는 페인트를 지켜보는 것이나 다름없다. 교사의 목소리만 듣고 학생들이 단 15초 안에 좋은 교사인지 아닌지를 결정한다고 주장하는 연구 결과도 있다. 학생에게 주의를 기울이는 교사는 자신의 기분을 끌어 올리거나 학생들의 흥미를 유도하기 위해 수업 방향을 수정하는 방법을 파악할 것이다. 나를 가르쳤던 수학 선생님 중 한 명은 아이들이 수학 수업에 큰 관심이 없다는 것을 잘 알았기 때문에 일상 생활에서 흔히 볼 수 있는 예를 들어 관심을 이끌어 냈다. 예컨대 집 정원에 핀 꽃 개수의 제곱근을 구하거나 변수 대신 학생들의 이름을 사용하는 식이었다. 그 이후 한참이 지났지만 나는 아직도 방정식 푸는 방법을 기억하고 있다!

열정 넘치고 학생의 배움에 진심으로 관심이 많은 교사라면, 나는 이것이 공감적 관심의 표현이며 학생들에게는 진정한 축복이라고 생각한다. 교사가 적극적으로 참여할수록 학생 역시 자극을 받아 적극적으로 참여하게 된다. 나는 강의나 강연을 할 때면 학생들의 참여와 관심 유도를 개인적 도전 과제로 삼는다. 규모가 작고 한층 더 개인적인 분위기에서 진행되는 세미나의 경우 모든 학생의 눈동자 색깔을 파악하려고 하는 편이다. 그러다 보니 자연스레 학생과 눈을 마주하고 보내는 시간이 살짝 더 길어진다. 또 가급적이면 한 명 한 명 이름을 부르려고 노력한다. 학생들이 내게 주목하고 있는지 확인하기 위해 계속해서 방 안을 둘러보며 얼굴 표정과 몸짓 언어를 살피는 것도 잊지 않는다. 내 목소리만 울려 퍼지지 않도록 토론 시간도 따로 마련한다. 학생들에게 의견을 제시하고 질문할 수 있는 기회를 제공함으로써 다른 사람에게 귀 기울일 수 있는 기회를 기꺼이 활용한다.

디지털 학습이 성공하려면

교육자들이 경험 기반 교육 방식의 가치에 눈뜨는 동안 디지털 학습이라는 정반대의 움직임 또한 일어나고 있다. 온라인으로 진행되는 수업은 사람과 사람 사이의 관계를 배제하고 학생과 교사 간의 공감적 열쇠 또한 지운다는 점에서 모순적인 현상이라고 할 수 있다.

엄청난 수의 개방형 온라인 강좌를 가리켜 흔히 무크(MOOC, 온라인 대중 공개 수업)라고 줄여 부르는데, 코세라(Coursera), 에드엑스(edX) 혹은 캔버스 네트워크(Canvas Network)와 같은 기업에서 해당 서비스를 제공한다. 21세기에 들어선 직후부터 이러한 형태의 교육 방식이 주목받기 시작했는데, 현재 하버드대학교, 옥스퍼드대학교,

프린스턴대학교 등 저명한 교육 기관을 포함해 전 세계 700여 개가 넘는 대학에서 무료 혹은 약간의 등록비만 받고 온라인 강좌를 운영한다. 이미 6,000만 명의 학생들이 온라인 강좌를 들었으며 일부 강좌에는 수십만 명이 몰리기도 한다.

누구나 접근할 수 있는 개방형 강좌는 학습 과정을 민주화할 수 있는 가능성을 가진다. 해당 주제를 배울 길이 없던 수백만 명의 사람들에게 세계에서 손꼽히는 유명한 교수의 수업을 들을 수 있는 희망과 기회를 선사한다. 의지가 강하고 추진력도 뛰어난 사람의 경우 새로운 직업을 찾거나 인생을 바꾸는 데 온라인 강좌가 도움이 될 수 있다.

하지만 문제는 다음과 같다. 학생 대부분이 온라인 강좌를 수료하지 않는 경향이 있는 것이다. 수백만 명의 학생들이 코세라를 통해 강의를 신청했지만, 코세라와 파트너를 맺은 대학으로부터 수료증을 받아간 사람은 겨우 28만 명에 그쳤다. 무크의 이수율은 평균 15퍼센트 정도다. 하버드X와 MITx의 강좌 이수율은 고작 5.5퍼센트에 불과하다.

어떻게 된 것일까? 특히 온갖 분야의 전문가들이 디지털 학습이 머지않아 면 대 면 학습을 대체할 것이라고 추측하는데도 말이다.

놀랍지 않게도, 연구 결과를 살펴보면 사람들이 직접 얼굴을 마주하는 학습을 선호하는 것을 알 수 있다. 컴퓨터 사용 능력이 제한적이라 온라인 강좌를 어려워하는 학생도 있고, 기술적 문제가 발생했을 때 어떻게 대처해야 할지 모르는 학생도 있다. 그런가 하면 시간

관리를 못하거나 스스로 동기를 부여하는 데 애를 먹는 학생도 있다. 그렇다면 가장 심각한 불만은 무엇일까? 사람들은 교사와의 교류가 없음을 아쉬워했다. 질문하거나 격려의 말을 바로 들을 수도 있는 오프라인 수업이 훨씬 더 보람 있다고 생각했다. E.M.P.A.T.H.Y. 테크닉의 일곱 가지 열쇠가 모두 빠져 있는 온라인 강좌는 결국 아무런 대답 없는 화면을 멍하니 바라보는 것이나 마찬가지다.

그럼에도 나는 무크의 가능성에 대해 희망적으로 생각한다. 우선 스스로 진도를 조절할 수 있는 학습 방식을 제공함으로써 여러 장점을 기대할 수 있다. 학습자는 수치심이나 민망함을 느끼지 않고 수업 내용을 이해하는 데 필요한 시간을 충분히 할애한다. 둘째로 디지털 학습에 개인적 요소를 쉽게 더할 수 있는 방법들이 있다고 생각한다. 내가 운영하고 있는 회사인 엠퍼테틱스의 경우 교육 과정의 일부를 온라인 강좌 형태로 제공하고 있다. 물론 강좌 내용은 공감이다!

여러 온라인 교육 기업은 잠시 숨을 고르며 무크 경험에 인간적 요소를 추가하는 방법을 찾는다는 현명한 결정을 내렸다. 그리고 온라인 강좌와 실시간 오프라인 교류의 장점만을 모은 '혼합' 솔루션을 만들었다. 엠퍼테틱스에서는 온라인 강좌에 동영상 자료를 십분 활용하고 있다. 또한 학습 공동체 실시간 워크숍을 통해 자료의 질을 개선하고 특정 청중을 고려한 맞춤형 학습을 제공한다. 그런가 하면 전화 회의, 화상 채팅, 토론 게시판을 추가한 플랫폼도 있다. 교수와 바로 교류할 수 없을 때는 온라인 토론 게시판을 통해 학생들이 서로 의견을 공유할 수 있다.

나는 최근 온라인 작문 강좌를 들은 여성을 만난 적이 있는데, 강사가 채팅방을 통해 2만 명이 넘는 수강생들과 화상 회의를 진행했다는 이야기를 들었다. 한 화상 회의에서 강사는 그녀의 수필을 소개하며 몇 년 동안 본 것 중에 가장 좋은 글이라고 칭찬했다. 그녀는 자랑스러웠고 인정받았다는 기분이 들었다. 배움에 있어 이러한 인정이 큰 선물이었으며 현재의 다작 활동을 시작할 수 있는 자신감을 심어 주었다고 말했다. 강사는 하나의 글을 읽었을 뿐이지만, 이는 다른 수강생들에게도 영향을 미쳤다. 바로 그가 귀 기울이고 있으며 수강생들이 얼굴도 이름도 없는 하나의 집단이 아니라는 점을 보여 준 것이다. 입증할 방법은 없지만 나는 한 수강생의 성과를 칭찬함으로써 다른 몇몇에게 자신의 글도 인정받도록 더 노력하라는 동기를 부여하고자 했던 것이 아닐까 생각한다.

엠퍼테틱스의 강좌에서도 비슷한 접근 방법을 활용하고 있는데, 우리는 여기서 한 단계 더 들어간다. 우리는 병원이나 클리닉에서 일하는 학습자를 훈련시키기 위해 현장으로 가는 전문가 팀이 따로 있다. 우리가 제공하는 강좌의 이러닝 요소가 학습자의 필요에 따라 정확하게 맞춤화되고 개인화될 수 있도록 하기 위함이다. 학습 대상이 외과 의사든, 1차 의료 제공자이든, 응급실 간호사이든, 혹은 일선에 있는 현장 직원이든 상관없이 말이다. 수업 자료 일부는 보편적인 내용을 다루고 있으며 온라인으로도 제공되는 반면, 교사와 학생이 서로 눈을 마주보고 감정적으로 공유할 때만 가르칠 수 있는 자료도 있다. 이러한 혼합 접근 방식이 가장 이상적으로 판단되며 디지털 학습이 앞으로도 성공하려면 이러한 방향으로 나아가야 한다고 생각한다.

공감 능력을 갖춘 학생 만들기: ABC 테크닉

지금까지 공감적 학습 환경을 조성하는 방법을 살펴봤다. 그렇다면 공감 능력이 뛰어난 학생을 배출하려면 어떻게 해야 할까?

타인으로부터 공감을 많이 받은 학생일수록 자신 역시 자연스럽게 공감과 연민을 표현한다. 이러한 특성을 갖춘 교사로부터 배울 경우 사회 및 감정 지능이 발달될 가능성이 더욱 크다. 5세가 될 무렵부터 아이들은 하루 중 예닐곱 시간을 학교나 기관에서 보낸다는 점을 고려하면 교육적 경험은 공감 능력에 엄청난 영향을 미친다는 점을 알 수 있다. 인지적 그리고 감정적 공감을 가르치는 데 있어 학교는 부모와 또래만큼이나 중요하다. 1장에서 살펴본 ABC 공감 테크닉을 적용하자면 학생은 먼저 자신과 타인의 감정을 인정해야 한다(Acknowledge). 그런 다음 감정이 자극 받기 시작하면 깊게 숨을 들이마신다(Breaths). 마지막으로 다른 사람의 반응을 이해할 수 없을 때는 호기심을 가지고 살펴봄으로써 이해의 폭을 넓히고 차이를 좁힐 기회를 포착할 수 있다(Curiosity).

내가 만나는 사람들 중 자기 일에 만족하는 사람들에게는 자신에게 뛰어난 소질이나 숨겨진 잠재력이 있다는 것을 일깨워 준 스승이 있었다. 많은 사람이 자신의 꿈을 이루는 여정에 도움을 준 선생님을 떠올릴 수 있을 것이다. 당신은 어떠한가? 당신에게 공감을 보여 준 선생님이 떠오르는가? 그가 당신과 소통하고자 노력했는가? 우리가 이러한 스승을 기억하는 이유는 그들이 우리에게 관심을 가졌기 때문이다. 가르치는 과목의 성적에 관심을 기울였을 뿐만 아니라 정말 좋은 스승은 우리의 인생 전반에 주목했다. 우리의 잠재력을 파악할 수 있도록 도왔고 나아가 우리를 지지하는 사람이 있다는 사실을 일깨워 줬다. 잠시 인생을 돌아보는 시간을 갖고 지금까지의 길을 안내했거나 인생의 참된 목표를 발견하도록 도와준 선생님을 떠올려 보자. 바로 이것이 공감하는 교육의 힘이다. 우리의 삶에 목적의식과 의미를 선사하는 데 있어 이것보다 더 중요한 요소는 없다고 할 수 있다.

공감이라는 개념을 매우 명시적인 방법으로 가르쳤던 미국 뉴저지주 덴빌의 흥미로운 사례를 살펴보자. 이 사례의 경우 교사가 중학생들에게 디지털 시뮬레이션 게임을 소개했다. 게임 참가자들은 각각 캐릭터 이름과 함께 두 가지 배경 설명 중 하나를 부여받았다. 첫 번째는 미국 국경을 넘으려고 시도하는 이민자라는 설정이었고 두 번째는 불법 이민을 저지하려는 국경 순찰 요원이라는 설정이었다. 이민자는 물품을 비축한 뒤 위험천만한 애리조나 사막을 통과하는 동선을 계획했다. 종종 도둑질을 하거나 동료를 사막에 내버려 둔 채 도망가는 좀처럼 믿을 수 없는 가이드의 안내를 따라야 하는 경우가 많았다. 그룹 내 누군가가 아프거나 부상을 당하면 어떻게든 함께 갈 것인가 아니면 버리고 갈 것인가라는 어려운 결정을 내려야 했다. 반면 국경 순찰 요원을 맡은 참가자는 이민자들의 국경 통과를 막는 동시에 응급 구조와 시체 수습을 위해 밀입국 이민자를 추적했다.

이민자에 배정된 학생들은 시뮬레이션 게임을 하면서 새로운 시작을 간절히 원하는, 오랫동안 외집단이었던 이들의 일원이 되어 생각해야 했다. 실제 상황으로 미루어 볼 때 이민자들은 그저 생존과 더 나은 삶을 살기 위해 애썼을 뿐이었다. 반면 학생들은 국경 순찰 요원의 입장도 이해했다. 이들의 목적은 불법 이민자로부터 나라를 보호하는 것뿐만 아니라 돌려보내야 하는 사람들에게 응급 치료와 지원을 제공하는 것이었다. 이러한 주제는 수많은 성인의 공감과 이해 능력을 시험에 들게 한다.

학생들에게 더 나은 삶의 기회를 원하는 이민자의 심정을 공유하게 하는 동시에 수용할 수 있는 것보다 더 많은 인원의 입국을 허용할 수 없는 국경 순찰대의 딜레마를 생각하게 할 때, 위기를 극복할 수 있는 창의적인 해결 방안이 제시되었다. 양자택일과 같은 사고가 위험한 이유는 가장 쉽지만 가장 문제가 많은 해결책으로 이어질 수 있기 때문이다. 뉘앙스, 미묘한 부분, 인도주의적 부분을 다루는 동시에 국가의 부담이 너무 커지지 않도록 하는 점진적 해결책은 전혀 고려하지 않는다. 학생들에게 이렇듯 복잡한 딜레마를 해결하도록 함으로써 여러 관점을 통합해 보는 기회를 제공할 수 있다. 이러한 훈련을 통해 성인이 된 이후에 사려 깊고 공정한 결정을 내리도록 하는 것이 우리의 바람이다. 아동 교육 초기부터 공감의 씨앗을 심어야 인간의 감정과 기본적인 공정성 및 공평함을 이해하는 어른으로 성장하는 데 도움이 된다.

성인 교육 역시 공감을 다루는 것을 본 적이 있다. 아비아드 하라마티가 이끄는 미국 조지타운의과대학의 '교육 분야의 혁신 및 리더십 센터'(Center for Innovation and Leadership in Education, CENTILE)는 교수진 육성에 중점을 둔다. 아비아드 하라마티는 의대생의 교과 과정에 자기 관리를 위한 도구가 포함된 마음-몸 생리학을 추가했다. 이는 의학 교육 분야에서는 매우 혁신적인 발상이었다. 이 프로그램을 통해 의대생들에게 자신의 감정을 더욱 잘 알게 하고 자기 반성과 가상의 상황을 제시하여 편협한 해석, 인식, 행동을 바로잡는 방법을 지도할 수 있다. 교육을 받는 학생들의 행복과 감정은 임상 의사가 되었을 때 발휘할 수 있는 능력에도 상당한 영향을 미칠 수 있다. 해당 센터는 이에 대한 학회를 개최하고 해당 프로그램을 집중 조명함으로써 전 세계의 관심을 이끌어 냈다.

내가 하버드 메이시연구소에서 들은 과정들은 즉각적인 공동체로 만들어지기도 했다. 암스트롱 연구소장의 기가 막힌 행적 중 하나는 의료 교육자들이 소속감을 필요로 한다는 것을 깨달은 것이었다. 평생 지속될 동료 그룹을 통해 협력과 혁신을 촉진할 수 있다. 그것은 암스트롱 연구소장이 매일 가르쳐 왔던 이들의 일상생활과 전반적인 커리어에서는 찾아볼 수 없었던 지지와 소속감을 제공한다. 교수진의 삶이 개선되면 결국 그들이 가르치는 학생들의 삶이 개선되고, 나아가 환자들의 삶에도 영향을 미친다. 암스트롱은 교육자들이 가르치는 법을 배움과 동시에, 자신도 인정을 받음으로써 성취감을 가져야 한다고 설명했다. 또한 훌륭한 가르침을 기리는 상과 감사장이 필요하며, 교육자들이 질 좋은 교육을 제공하는 것을 자신이 선택한 직업의 가장 우선순위로 정하도록 고취시킬 수 있는 힘을 제공해야 한다고 보았다.

나아가 눈에 띄지 않는 방법으로 교과 과정에 공감을 접목시킬 수 있다. 가장 좋아하는 이야기에서 세세한 부분까지는 아니더라도 중요한 주제는 기억할 수 있는데, 등장인물과 그들의 경험이 감동을 주었기 때문이다. 어쩌면 잃어버린 가족을 그리워하는 해리 포터의 슬픔에 감동받은 사람이 있을 것이다. 로미오와 줄리엣의 운명적인 사랑이 마음 속 큰 울림을 남겼을 수도 있다.

이야기를 읽다 보면 모든 상황의 모든 순간에 등장인물의 모든 생각을 이해할 수 있는 것은 아니다. 그렇기 때문에 등장인물의 의도와 동기를 파악하기 위해 상상력을 바탕으로 틈을 채운다. 등장인물에 진심으로 공감하는 순간 심리적 의식이 생겨나고 이는 무의식적으로 우리의 삶에 영향을 미친다. 예상을 뒤엎고 편견과 고정 관념에 맞서도록 강요함으로써 타인에 대한 이해의 폭을 넓힌다. 등장인물의 사고방식이 나와는 다르지만 결국 생각과 감정을 이해할 수 있게 된다. 이제 현실을 살아가다가 잘 모르거나 복잡한 누군가를 만나게 되면 더 쉽게 공감할 수 있다. 이야기의 등장인물을 통해 공감 능력을 연습한 덕분이다. 문학 장르에 관한 놀라운 연구 결과 등 이를 뒷받침하는 연구를 9장에서 더욱 자세히 알아볼 것이다. 공감과 예술 및 문학 사이의 관계도 살펴볼 것이다.

나는 의대생의 공감 능력을 향상하기 위한 노력을 기울이면서 이러한 말들을 종종 들어왔다. "이런 건 유치원 때 배우는 기술이잖아요. 왜 지금 가르쳐야 하는 거죠?" 나는 많은 학생이 유치원에서 공감을 배우지 않았다고 대답했다. 그래도 다행인 것은 상황이 점점 더 나아지고 있다는 점이다.

초기 교육에서 봉사 활동을 통해 어려움을 겪고 있는 타인을 돕는 경험은 아이의 공감 능력을 자극한다. 집이 없거나 소득이 낮은 가정의 아이들에게 옷과 물품을 제공하는 크레이들 투 크레용(Cradles to Crayons)이라는 비영리 단체의 설립자 린 마르게리오는 아이가 봉사 활동을 경험하면서 도움을 필요로 하는 비슷한 또래의 아이들에 대해 생각해 보는 기회를 가질 수 있다고 말한다. 부유한 동네의 아이들은 대개 가난에 허덕이는 아이들을 만날 기회가 없다. 마르게리오는 다음의 예를 들었다.

"평소 너무나 말이 없던 열 살 남자아이가 신발을 빨고 정리하는 봉사 활동에 자원했어요. 그런데 소년이 집으로 돌아가면서 엄마에게 '정말 강렬한 경험이었어요'라고 말했어요. 소년의 엄마는 깜짝 놀랐어요. 아이가 '강렬하다'라는 단어를 이해하는지 몰랐으니까요. 하지만 아이는 분명히 알고 있었어요. 집에 도착하자 소년은 갖고 있던 신발을 기부하기 위해 모두 정리했어요. 신발더미에는 한 번도 신지 않은 나이키 신발도 있었어요. 사달라고 애원하던 신발이었죠. 엄마가 정말로 기부해도 괜찮겠냐고 묻자 소년은 다른 아이에게 신발을 양보해야 한다고 고집했어요. 크레이들 투 크레용에서는 매일 아이들이 공감을 실천하는 것을 볼 수 있어요. 부모가 공감 근육을 풀 수 있는 기회를 제공하기 때문이죠."

디지털 소통 시대에
'공감'은 어디로 가는가?

<u>몇 해 전, 아프리카계 미국인 코미디언인</u> 레슬리 존스가 〈고스트 버스터즈〉의 리메이크 버전 영화에 출연한다고 발표되자, 그녀의 SNS에는 잔인하리만큼 인종차별적인 혐오 댓글이 넘쳐나기 시작했다. 심지어 그녀의 사이트가 해킹을 당해 여권과 누드사진이 유출되었고, 그녀를 고릴라에 비교하는 사진이 올라오기도 했다.

이러한 공격과 해킹을 설계한 이들과 몇몇 웹사이트 운영진들은, 이것이 모두 그녀가 자초한 일이라고 주장했다. SNS에서 활발히 활동하고 유명인이므로 언제든 공격의 대상이 될 수 있다는 것을 생각했어야 한다는 것이었다. 또한 그들은 언론의 자유를 내세웠다. 며칠 동안 트위터 전쟁은 이어졌고, 결국 해당 디지털 해커 부대의 트

위터 사용이 영구 금지되면서 사건은 일단락되었다.

공감 결핍으로 몰고 가는 디지털 화면

비난이나 억측 등으로 남의 화를 부추기려 메시지를 보내는 트롤링은 디지털 화면에서 공감 결핍이라는 나락으로 어떻게 떨어지는지를 보여 주는 가장 극명한 예시다. 그러나 SNS 아바타와 핸들 뒤에 있는 진짜 사람을 보지 못하는 것은 인터넷 트롤만이 아니다. '평범한' 사람 역시 페이스북에 부주의하고, 비열하고, 남을 헐뜯는 댓글을 쉽게 달고는 한다. 오늘날 빨리 돌아가는 문화 덕분에 의도치 않은 영향을 생각할 겨를도 없이 비난을 쏟아붓는 것이 너무나도 쉬워졌다.

에미상을 수상한 경력이 있는 언론인 프랭크 세스노는 이렇게 말했다. "디지털 의사소통, 특히 SNS는 모든 것을 지나치게 단순화하고 익명화하죠. 물음표보다는 느낌표를 강조해요. 복잡함을 쥐어 짜내 서로 욕설을 퍼부을 수 있는 완벽한 플랫폼을 만들어 내요."

CNN 앵커였다가 현재는 조지워싱턴대학교의 언론홍보학부를 지휘하고 있는 세스노는 의사소통의 대부분이 SNS를 통해 이루어지면서 사람들을 한데 모으는 대신 분리하는 예상치 못한 효과가 나타나고 있다고 지적한다. 페이스북 그룹, 트위터 리스트의 등장으로 이제 정보 풍선과 폐쇄된 공동체를 만드는 것이 훨씬 쉬워졌다. "역사상 처음으로, 누구든 수천 명의 사람에게 단번에 닿을 수 있어요. 대화를 가속화하지만 동시에 듣고 싶지 않은 말들을 체로 걸러서 들려주죠."

공감적 의사소통이 망가지는 또 다른 이유는 사람들이 예전과는 다른 방식으로 정보를 소비하기 때문이다. 지식을 긴 호흡으로 흡수하기보다는 짤막하게 이루어진 데이터를 자주 제공받는 것을 선호한다. 예컨대 대학생의 독서량이 예전보다 떨어졌다는 사실을 우리는 알고 있다. SNS 플랫폼, 문자 메시지, 댓글을 빛의 속도로 들락날락거리는 동안 우리의 두뇌는 짧고 빠른 상호 작용에 익숙해진다. 정보 수집 과정이 순식간에 일어나기 때문에 주제에 대한 이해가 예전에 비해 훨씬 단순하고 얄팍해졌다. 방대한 양의 자료를 점점 더 빠른 속도로 처리하려다 보니 서둘러 판단하고 결론 내린다.

4장에서 살펴본 E.M.P.A.T.H.Y. 도구로 다시 돌아가 보자. 기기를 통해 대화할 때는 눈 맞춤, 얼굴 표정, 몸짓 언어, 어조, 타인의 감정에 대한 인식과 같은 중요한 단서가 모두 사라진다. 우리를 안내하는 공감 열쇠가 없다면 상호 작용에서 감정적 맥락을 처리할 기회를 박탈당한다. 당신도 모르는 사이에 당신은 덜 공감하는 의사전달자가 되었을 것이다. 페이스북 친구 리스트에서 누군가를 삭제하거나 계속되는 상대방의 연락을 무시함으로써 대인 관계에서 '잠수'를 타 본 적이 있다면, 상호 작용의 반대편에 있는 사람의 감정적 반응으로부터 자신을 차단한 것이다.

잠시 멈추고 대기업 간의 계약이 왜 항상 문자 메시지 혹은 이메일 대신 면 대 면으로 이루어지는지를 생각해 보자. 이론적으로 계약 과정 전체를 이메일로 마무리하는 것도 가능하다. 하지만 앞서 언급한 것처럼, 수백만 그리고 수십억 달러가 달려 있는 경우 기업 파트너는 예외 없이 서로의 눈을 보고 싶어 한다. 계약서에 사인하기 전에 상대방의 얼굴 표정, 어조, 몸짓 언어를 살펴보고 진심, 진정성, 참됨을 가늠해 볼 수 있다. 공감의 단서는 비즈니스 파트너의 바람과 의도를 파악하는 데 매우 중요하다. 협상 테이블 건너편에 있는 사람이 눈길을 피하거나 팔을 꼬는 행동을 한다면 이는 곧 그녀의 감정 상태를 알 수 있는 단서가 된다. 그녀가 무언가에 동의하지 않는다는 뜻일 수도 있고 중요한 정보를 일부러 감추고 있거나 어쩌면 솔직하지 못하다는 의미일 수도 있다.

그렇다면 왜 많은 사람이 문자 메시지로만 하는 연애가 불편하지 않다고 생각하는 것일까? 돈보다 마음이 덜 중요한 걸까? 여기서 강력한 단절을 찾아볼 수 있다. 나는 문자 메시지로만 연애하는 사람들을 여럿 본 적이 있다. 문자 메시지가 뜸해지면 두 사람의 연인 관계도 끝난다. 감정과 의도가 자판 위 문자로 축소되면서 사람 간에 주고받는 정보가 너무나도 많이 사라져 버린다.

디지털 미디어는 훨씬 더 애매모호한 대화 방법이다. 상대방의 기분이 어떤지 감이 오기는 하지만, 문자 메시지 혹은 트윗을 통해서 읽어 낸 감정이 정확한지 확신할 수 없다. 표정, 어조, 몸짓이 없는 상황에서 우리는 답장 속도와 같은 세세한 부분에 집중할 수밖에 없다. 전화 통화를 할 때는 적어도 언어적 단서가 주어진다. 상대방이 잠깐 말을 멈추거나 잊지 못하는 경우인데, 질문을 통해 상대방의 의도를 파악할 수 있다. 하지만 상대방이 문자 메시지를 무시하거나 페이스북 포스팅의 '좋아요' 숫자가 부족할 때 우리는 서둘러 결론으로 넘어간다. 두꺼운 장막을 걷고 타인의 생각을 들여다볼 수 없을 때 우리는 혼란을 느낀다. 그녀가 바빠서일까? 그가 핸드폰을 웅덩이에 빠뜨린 것일까? 내가 보낸 마지막 문자 메시지에 기분이 나쁜 것은 아닐까? 그녀가 다시 연락을 할까?

문자 메시지나 포스팅에 상대방이 바로 반응하지 않았다는 이유만으로도 이러한 불확실성이 마음속을 마구 휘젓고 다닌다. 그 결과 불안감에 시달린다. 그러는 동안 의사소통의 반대편에 있는 사람은 자신의 늦은 답장이 이토록 큰 감정적 고통을 초래한다는 것을 알지 못한다. 답장을 기다리는 상대방의 기분을 헤아리지 못하는 것이다. 감정적 반응이 필요하다고 인식하지 못하기 때문에 표현할 기회를 놓쳐 버린다. 이는 타인의 감정에 대한 엄청난 불확실성을 야기하고 인간관계를 사정없이 망가뜨릴 수 있다.

흠 잡을 데 없이 완벽하게 꾸민 상태로 해변, 스키장, 파티, 휴가지에서 즐거운 시간을 보내는 친구들의 사진으로 도배되는 SNS 피드 역시 불안감을 심화시킨다. 수월하고 평탄한 타인의 삶을 보면서 상대적으로 내 (진짜)현실은 초라해 보인다. 내 친구들 중 한 명은 최근 이렇게 말했다. "사람들은 비행기를 놓치고 투어 때 비가 내리고 언쟁이 벌어지기도 하는 실제 여행이 아니라 '갔으면' 하고 바라는 여행의 사진을 올리는 것 같아." 이렇게 적당히 수정을 거치거나 포토

샵으로 손 보고 인스타그램의 필터를 적용한 타인의 삶을 보면서 내 일상은 어딘지 모르게 부족하며 나 역시 완벽함을 과시하기 위해 노력해야겠다고 생각하기 쉽다.

표정에서 감정을 읽어 내지 못하는 디지털 네이티브

정보의 고속도로가 우리의 두뇌와 타인과 교류하는 방식을 변화시키고 있다. 대화가 초고속으로 이루어지는 요즘, 상대방이 어떻게 받아들일지 생각할 겨를도 없이 답장 보내기 바쁘다. 이러한 얄팍한 의사소통은 우리의 공감 능력을 조금씩 갉아먹는다. 기술의 수많은 혜택을 폄하할 생각은 조금도 없다. 기술 덕분에 지구 반대편에 있는 친구들과 화상 통화를 할 수 있고 순식간에 회의 일정을 잡을 수도 있다. 하지만 우리가 화면을 들여다보는 데 엄청나게 많은 시간을 보낸다는 점은 명백한 사실이다. 카이저가족재단이 발표한 보고서를 보면 8~18세 아이들은 하루 중 평균 11.5시간을 디지털 기기를 사용하면서 보낸다고 한다. 미국 성인의 경우 하루 5시간 정도 디지털 기기를 사용하고 4.5시간 정도 TV를 시청한다. 핸드폰 사용자는 평균적으로 6.5분마다 핸드폰을 확인한다. 하루에 150번 이상 핸드폰 화면을 곁눈질하는 셈이다.

이렇듯 화면 위에서 수많은 시간을 보내면서 두뇌의 작동 방식도 변화하고 있다. 뇌의 보상 체계에서 가장 먼저 변화가 나타나고 있다. 휴대폰과 다른 디지털 기기로 인해 우리는 도파민에 집단 중독되는데, 이는 문자 메시지를 주고받거나 SNS의 '좋아요', '댓글', '공유하기'를 클릭할 때마다 뇌를 자극하는 가상의 사회적 유대감이 생성된다. 신경 화학 물질이 뇌로 흘러 들어오면서 이러한 관심을 갈구하게 되고, 그 결과 다음 '하트'를 놓치지 않기 위해 끊임없이 휴대폰을 확인하게 된다. 여러 연구 결과를 살펴보면 메시지 내용을 읽을 때보다 알림음을 들을 때 더 많은 도파민이 배출된다는 것을 알 수 있다. 인간의 두뇌가 빠르고 짧게 전달되는 정보에 익숙해짐에 따라 집중이 더욱 어려워지고 집중하는 시간이 짧아질 것이라는 예측도 있다.

문자와 메시지 알림으로 일상이 끊임없이 방해받는다면 결국 타인에게 온전히 집중할 수 없다. 화면 대 화면 대화가 새로운 규범으로 자리 잡으면서 면 대 면 의사소통은 설 자리를 잃어버린다. 최근 〈타임〉에서 인터넷 시대에 태어난 '디지털 네이티브'를 대상으로 설문 조사를 실시했다. 그 결과 응답자의 54퍼센트가 '나는 다른 사람과 대화하는 것보다 문자 메시지를 주고받는 것을 선호한다'고 대답했다. 인터넷이 세상을 접수하기 전에 태어난 사람들의 응답률은 28퍼센트였다. 실제로 디지털 기기의 존재만으로도 의사소통의 문제가 발생한다. 영국 에식스대학교의 심리학자들은 일련의 실험을 통해 테이블 위에 놓인 휴대폰이 두 사람의 대화 흐름을 크게 방해하며 결국 대화가 끊긴다는 점을 밝혔다. 휴대폰과 달리 책이나 공책과 같은 사물은 실험 참가자의 친밀함이나 유대감을 약화시키지 않았다.

10대 혹은 20대의 청년들이 이미 타인의 감정을 이해하는 데 어려움을 겪고 있다고 주장하는 연구 결과도 있다. 사람의 얼굴 표정을 보고 각기 다른 감정을 읽어 내지 못하는 것이다. 젊은 세대는 공감 능력과 타인의 감정을 이해하는 능력이 계속 발달하고 있는 시기다. 10대는 대개 자기중심적인 시기이기 때문에 공감 능력이 떨어진다. 만일 이 시기에 대부분의 시간을 화면을 들여다보는 데 사용하고, 진짜 얼굴을 바라보는 시간은 충분하지 않다면 대화를 하면서 시선을 유지하거나, 분노에서부터 경멸에 이르는 다양한 얼굴 표정의 미세한 변화를 감지하는 등의 기본적인 공감 능력 발달에 영향을 받을 수 있다.

중년 혹은 나이가 상대적으로 많은 디지털 '이민자' 역시 디지털로 인한 공감 능력 저하에서 자유롭지 않다. 공감은 학습 가능하지만 마찬가지로 잊어버릴 수도 있다. 매일 화면을 바라보느라 과도한 시간을 보내면서 우리는 공감의 비언어적 신호에 둔감해진다. 그 결과 우리 스스로 공감 결핍을 초래하는 것이다. 우리 두뇌가 인간적 경험에 공감하지 못하도록 재설계된다면 인간성을 잃어버릴 뿐만 아니라 삶 속에서 타인과 진정으로 교류하는 능력이 약화된다. 이러한 상황에서 손해 보지 않는 사람은 아무도 없다.

화면을 응시하다 보면 타인의 시선, 자세, 감정, 어조, 반영적 경청 등 거의 모든 비언어적 의사소통 수단을 감지할 수 없기 때문에 중요한 감정적 단서를 모두 놓칠 수밖에 없다. 결국 우리에게 남는 것은 화면 위의 글자들과 감정의 세부 요소를 분석하는 능력의 결핍뿐이다. 공감하며 경청하는 것이 어렵게 느껴지고 대화 상대방의 반응을 못 보고 지나친다. 이는 거리감, 무감각함, 감정적 무관심을 부추기므로 상대방을 오해하거나 소외감, 외로움, 무기력함을 느끼게 할 가능성이 커진다.

자신의 내면을 돌아보려는 움직임이 전자 통신의 증가와 비슷한 시기에 등장했다는 것은 결코 우연은 아니라고 생각한다. 이는 적어도 어느 정도는 공감적 이해를 받아 본 경험의 부족에서 오는 감정 조절 장애에 대한 대응책으로 보인다. 자기만의 조용한 시간을 갖거나 산책을 함으로써 기기를 통해 이루어지는 한층 생기 없는 의사소통에서 비롯되는 혼란스러운 감정과 불안을 다스릴 수 있다.

사람들이 지속적으로 감정적 고통을 느낀다면 서로 공감할 수 없다. 자신의 스트레스 호르몬 지수와 투쟁-도피 반응을 조절하기 위해 온갖 노력을 기울이고 있을 때는 당연히 타인의 경험을 받아들일 여유가 없다. 따라서 감정에 휩쓸리는 순간 나중에 후회할 것이 뻔한 반사적 행동 대신 정확하게 감정을 파악하고 대응 방법을 결정하기 위해 심호흡과 마음 다스리기 같은 테크닉이 필요하다.

상대를 사람으로 생각하지 않는 온라인 트롤

앞서 살펴본 레슬리 존스의 사례처럼 잘 알려진 트롤링 사건은 대개 대서특필된다. 하지만 우리가 이미 알고 있듯이, 온라인에서는 누구나 괴롭힘의 대상이 될 수 있다. 사이버 폭력은 이미 걷잡을 수 없을 만큼 퍼져 있다. 패션 매거진 〈리파이너리29〉의 최근 설문조사에 따르면 인터넷 사용자의 절반가량이 온라인에서 일종의 학대를 경험했다고 한다. 사용자의 연령대를 18~29세로 좁히면 수치는 거의 70퍼센트까지 올라간다. 웹사이트 두섬싱(Dosomething.org)은 18세 이하의 청소년 중 대략 43퍼센트가 온라인에서 괴롭힘을 당한 적이 있으며 4명 중 1명이 한 번 이상 경험한 적이 있다고 발표했다.

공감 능력이 부족한 가해자는 태초부터 존재해 왔다. 인터넷은 그저 간편함과 익명성이 보장되는 활동 무대를 제공했을 뿐이다. SNS는 불친절을 무기로 삼는 것을 가능하게 했다. 악플러들은 자신들의 끔찍한 의견이 마치 총알이라도 되는듯 트위터, 페이스북, 인스타그램, 스냅챗, 유튜브 등 여러 SNS 플랫폼을 겨냥한다. 악플러들은 접속할 수 있는 인터넷 공간이면 어디든 찾아가 미움과 증오를 퍼뜨린다.

악플러의 대부분은 남성이다. 그리고 이들 중 대다수가 30세 이하다. 사이버 폭력을 일삼는 젊은 남성은 자신의 행동이 어떤 결과로 이어지는지 정확하게 이해하는 능력이 부족한 경우가 많다. 그들의 행동을 용서하자고 말하는 것이 아니다. 다만 신경과학 분야에서 특히 남성의 두뇌가 20대 중반까지 완전히 발달하지 않는다는 점이 입증되긴 했다. 10대 청소년 역시 일반적으로 또래의 압박과 감정 전이에 취약하다. 또한 타인을 향한 폭력성의 원인이 무엇인지 이해하는 능력이 부족한 경우가 많다. 물론 자의로 다른 사람을 잔인하게 대할 생각이 전혀 없는 10대도 있다. 하지만 용인되거나 부추김에 넘어가 감정이 전이되면 불량 조직에 가담하기도 한다. 이러한 집단이 새로운 규범이 되기 때문이다. 안타깝게도 이러한 특성은 10대가 지나 나이를 먹은 후에도 오랫동안 지속된다.

악플러들의 인터뷰를 살펴보면 이러한 온라인 선동가들이 피해자를 진짜 사람으로 인식하지 않는다는 점이 매우 충격적이다. 자신의 괴롭힘으로 인해 누군가의 삶이 망가질 수 있을 뿐더러 심한 경우 공격 대상이 자살해도 가해자는 신경 쓰지 않는다. 괴롭힘은 그들에게 무력함이 아니라 권한과 힘을 실어 준다. 대개 반사회적인 성향으로 온라인과 오프라인에서 대인 갈등을 해결하기 위한 현실적인 사회적 · 감정적 기술이 부족하다.

최근 관련 연구에서 캐나다 연구진은 온라인 성격 검사와 트롤링 행동을 상호 참조했다. 그 결과 이들은 '어둠의 네 가지 요소'에서 높은 점수를 기록한다는 점을 밝혀냈다. 이는 흔히 볼 수 있는 네 가지 성격 유형을 가리키는 용어로 자아도취, 사이코패스, 사디즘, 권모술수를 뜻한다.

악플러들은 행동을 억제하는 데 도움이 되는 상대방의 두려운 표정, 눈물, 방어적 자세를 읽지 못한다. 피해자가 공격으로 인한 고통과 괴로움을 호소하더라도 트롤은 손쉽게 이러한 피드백을 차단할 수 있다. 피해자로부터 멀어질수록 피해자가 사람이라는 사실을 무시할 수 있고 더욱 수월하게 자신의 괴롭힘을 정당화할 수 있다. 분노의 표출 대상이 친절이나 존중을 베풀 가치가 없는 사람이라고 믿기도 하며 극단적인 경우 피해자를 학대하거나 심지어 파괴하는 것이 올바른 행동이라고 스스로를 설득한다.

온라인 괴롭힘의 피해자는 대개 학대 경험으로 인해 우울함, 불안감, 좌절감에 시달린다. 악플러 역시 정신적 대가를 치른다고 볼 수 있다. 이를 사이버 폭력자의 내면 감정이 밖으로 표출된 것이라고 생각해 보자. 나약하고 불안하며 우울한 사람, 나아가 타인으로부터 이러한 감정을 유도하는 것 외의 다른 배출 수단은 모르는 사람의 윤곽이 희미하게나마 드러난다. 트롤링은 일시적으로 힘 있는 사람이 된 듯한 기분이 들게 하지만, 억눌린 불만의 해소 방법으로서의 역할을 다하지 못한다. 오히려 자멸적인 행동으로 인한 우울함, 외로움, 고립을 심화시킬 뿐이다.

인터넷 폭력자의 심리에는 대개 수치심이 깔려 있다(잘못된 행동을 할 때 죄책감을 느끼는 반면 스스로가 잘못되었다고 느낄 때 수치심을 느낀다). 수치심은 타인으로부터 방치당하듯 혹사당하거나 버림받고, 지속적으로 조롱받거나 신체적, 감정적, 성적 학대에 노출됨으로 인해 비롯되는 감정이다. 사회의 가장자리에서 살아가며 평생 내집단에 속하지 못할 것이라고 생각하는 사람들일수록 수치심에 취약하며 가해자가 될 가능성이 크다. 현실 세계 속 자신의 위태로운 사회적 입지와 잠재적 배제 가능성을 감정적으로 용납하지 못하며, 인지된 내집단과의 교류를 지속하기 위해 인터넷에서 위험한 행동을 일삼는 사람들도 있다. 이들의 고통을 무시하는 것은 결국 우리 자신을 위험에 빠뜨릴 것이다. 그냥 내버려 둔다면 타인을 겨냥한 공격으로 번질 수 있고 그로 인해 심각한 피해가 발생할 수도 있다.

　유명 코미디언이자 작가인 린디 웨스트는 용기 있고 남다른 접근 방법을 통해 보다 절망적이고 외로운 악플러들의 심리 상태에 자신도 모르게 한 방을 날렸다. 그녀는 특히 치명적이었던 온라인 공격을 당하고 나서 어떤 아픔을 겪었는지에 대한 글을 쓰기로 마음먹었다. 〈가디언〉의 웹사이트에 그녀의 긴 글이 실렸다. 해당 글에서 웨스트는 사이버 공격을 당한 경험이 얼마나 고통스러웠는지 묘사했다. 트롤은 그녀의 글에서부터 외모까지 그녀에 관한 모든 것을 헐뜯었다.

　놀랍게도 그녀는 그동안 괴롭혔던 악플러로부터 사과 편지를 받았다. 그 악플러는 그녀의 기사를 읽기 전까지 자신이 공격해 온 대상이 진짜 사람이라는 점을 깨닫지 못했다고 설명했다. 나중에 두 사람은 전화로 이야기를 나눴는데, 그는 스스로 무능하다는 생각과 자신감 부족 때문에 그녀를 공격한 것이라고 고백했다. 웨스트는 남자가 안쓰러웠다. 두 사람은 결국 직접 만났고 인터넷 아바타 너머에 있는 서로가 같은 인간이라는 이해를 공유했다.

　그녀는 "그를 용서할 생각은 없었지만, 결국 용서했다"라고 썼다.

　이는 가해자와 피해자 사이의 보기 드문 공감의 빛을 보여 준다. 웨스트를 괴롭힌 트롤에게 있어 가시 돋친 댓글을 퍼붓는 것은 다트판에 다트를 던지는 연습이나 다름 없었다. 다트판의 고통은 조금도 고려하지 않았다. 그저 중심에 명중시키기 위해 최선을 다할 뿐이었다. 어쩌면 외로움과 억압된 분노를 표출하는 방법이었는지도 모른다. 하지만 웨스트가 자기 공감을 통해 그녀의 영혼을 드러내자 그는 디지털 세계의 다트가 진짜 사람에게 날아가 꽂힌다는 사실을 깨달았다.

악플러들은 심리적으로 반사회적인 성향이 매우 강하기 때문에 웨스트의 경험이 일반화할 수 있는 전형적인 사례라고 확신할 수는 없다. 나는 잘 알려진 말처럼 악플러에게는 빌미를 주지 않는 편이 낫다고 생각한다. 악플러는 자신의 발자취를 감추고 실제 신원을 추적하기 어렵도록 수를 쓰지만, 여러 국가에서 이미 사이버 폭력 근절에 관한 법을 시행 중이다. 악플러의 행동이 지나치게 위협적이거나 위험해지면 관련 당국에 신고하면 된다. 어쩌면 경찰차 이모티콘을 보내는 것만으로도 이들의 전전두엽피질을 자극해 자신의 행동에 대한 대가를 이성적으로 따져 보도록 유도할 수 있을 것이다.

또 다른 접근 방법으로 연구를 통해 가해자가 용납하지 못하는 것으로 밝혀진 특성을 활용할 수 있다. 바로 지루함이다. 사이버 폭력자는 상대방의 반응을 바라는 욕구가 좌절되면 자연스럽게 흥미를 잃을 것이다. 모든 가해자가 웨스트를 괴롭혔던 가해자처럼 행동할 것이라고 기대하기는 어렵다. 그렇기 때문에 오히려 문제 행동을 무시하는 것이 더 용기 있는 선택일 수도 있다.

하나의 이모티콘에 담긴 천 가지 감정

시간과 장소에 관계없이 원하는 사람과 언제든지 의사소통을 할 수 있는 환경에서 성장한 세대에게 필요한 것은 감정을 해석하는 새로운 방식이다. 웃는 얼굴의 이모티콘이나 능글맞은 미소, 잔뜩 찡그린 표정의 이모티콘에서 의미를 찾아내야 한다.

디지털 의사소통에 있어 감정적 공감을 표현하는 수단으로 쓰이는 이모티콘은 문자 메시지가 쓰이기 시작한 후 놀라울 정도로 빠르게 퍼져 나갔다. 문자 메시지의 혁명이 시작될 무렵에 사람들은 기본적인 감정과 의도를 나타내기 위해 이모티콘을 썼다. 쌍점을 입력한 다음 닫는 괄호를 넣어 웃는 얼굴을 표시하던 시절을 떠올리면 된다. 그러다가 1999년이 되자 일본 경제학자인 시케타카 구리타가 일본의 의사소통 방식에 혁명을 일으키고자 팀원들과 함께 최초의 이모티콘을 만들었다. 일본에서는 얼굴을 보고 직접 이야기를 하거나 손편지를 주고받을 때 칭송과 존경, 호의를 최대한 가득 담아 표현하는 것이 전통적인 관행이었다. 구리타는 자판을 쳐서 보내는 문자 메시지는 일본인이 그동안 익숙해져 온 의사 표현 방식을 박탈하며 이로 인해 오해가 발생하고 의사소통 실패가 유행처럼 번져 나간다는 점을 깨달았다.

사람은 공감의 일곱 가지 열쇠에 의존하기 때문에 눈 맞춤과 얼굴 표정, 자세, 어조, 혼잣말 등의 증거가 없으면 머지않아 길을 잃고 만다. 감정적 문맥을 제공하는 이모티콘마저 없다면 공감이 결여된 의사소통 방식을 하게 될지도 모른다. 이모티콘은 어조나 몸짓 언어와 비슷한 역할을 한다. 연구 결과에 따르면 현재 정기적으로 인터넷에 접속할 수 있는 전 세계 총 32억 명의 사람들 중에 92퍼센트가 규칙적으로 이모티콘을 사용한다. 모국어와 관계없이 이모티콘은 감정과 의도를 파악할 수 있는 보편적인 단서를 제공하는 듯하다.

디지털 의사소통이 만들어 낸 잠재적 감정 지뢰밭을 헤쳐 나가는 데 있어 이모티콘의 도움을 받을 수 있다는 사실이 참 다행이다. 만약 이모티콘이 없었다면 우리는 길을 잃었을지도 모른다. 이제 이모티콘 없이는 대화를 할 수 없다. 그런데 이모티콘이 뜻을 충분히 전달할까? 누군가 우리의 공감을 필요로 하는데도 이모티콘이 애매모호하게만 쓰이는 것은 아닐까? 사람들의 문자 메시지, 이메일, SNS 포스팅을 살펴보면 대부분 스마일 표시와 놀란 표정으로 가득 차 있다. 얼굴 표정에서 치켜세운 엄지손가락, 하트 모양, 그리고 감정과 생각의 뉘앙스를 더욱 강하게 전달하는 '좋아요' 버튼까지 자주 쓰이는 이모티콘 목록이 빠르게 변화하고 있다. 이제 우리에게는 해시태그, 짧은 동영상, 움짤에 이르기까지 디지털 메시지에 의도를 담은 이모티콘을 대체할 수 있는 다양한 도구가 있다.

현재로서는 확실하게 증명할 수 있는 데이터가 충분하지 않지만, 커다랗고 샛노란 바탕에 웃는 얼굴을 한 이모티콘을 보면 행복과 관련된 신경 회로가 활성화되며 실제 행복한 얼굴을 봤을 때와 같은 방법으로 뇌가 자극을 받는다고 추측할 수 있다. 그렇지만 이모티콘이 진짜 공감을 대체할 수는 없다. 헤어지자는 연인의 문자에 슬픈 표정의 이모티콘이 과연 바람직한 답장일까? 생을 마감한 친척의 소식에는 어떨까? 물론 이모티콘에 어느 정도의 감정적 의도가 담겨 있고 의미도 명확하게 전달하지만, 감정과 완전히 똑같은 역할을 한다고 보기 어렵다.

예컨대 나는 SNS 포스팅에 대한 의아한 반응을 자주 본다. 유튜브에 올라온 고양이 동영상 밑으로 다섯 명은 하트 모양 버튼을 클릭했는데 한 명만 화난 얼굴을 누른 이유는 무엇일까? 다른 사람은 전부 하트 이모티콘을 남긴 페이스북 포스팅에 치켜 올린 엄지손가락 이모티콘을 남기는 것이 무례한 일일까? 또한 트윗에 '좋아요' 버튼을 누르는 것이 직장의 SNS 규정에 어긋날 수도 있다면 스스로 화를 자초하는 셈일까?

이모티콘은 우리의 뜻을 완벽하게 전달하지 못한다. 어쩌면 진정한 공감을 촉발하기 위해 새로운 차원의 감정 이모티콘이 필요할지도 모르겠다. 예를 들어서 "할 말이 있어" 혹은 "지금 대화 가능해?"라는 뜻이 담긴 이모티콘처럼 말이다. 현재 우리가 이모티콘을 사용하는 방법의 문제점은 이모티콘이 감정을 전달하기는 하지만 감정의 의미를 정확하게 담아 내지 못할 뿐만 아니라 상대방이 감정적으로 필요로 하는 부분까지 짚어 내지 못한다는 데 있다. 나는 사람들이 이 작은 이미지를 보면서 여전히 감정적 반응을 기대한다는 점이 우려스럽다. 불만스러워하는 표정의 이모티콘을 보냈을 때 상대방이 당신의 실망감을 이해할 수는 있어도 너무나도 낙심해 울기 직전이라는 사실은 읽지 못할 수 있다. 당신이 어떤 반응을 기대하는지 정확하게 구분할 방법이 없다는 말이다. 나는 또한 오늘날 디지털 세계에서 감정뿐만 아니라 감정적 필요를 표현하는 것이 상대방에게 큰 부담을 주는 것처럼 느껴질까 봐 걱정스럽다.

얼굴 표정을 이용한 사람 간 의사소통은 개인 맞춤형 아바타 이모티콘이 개발되면서 장애물에 부딪혔다. 이제 디지털 메시지로 옮겨 가면서 타인에게 보여 주고 싶은 모습대로 자신을 묘사할 수 있는 비트모지나 AR이모지와 같은 신기술이 등장하고 있다. 표정을 통해 감정을 표현할 수 있어 한층 더 정교한 의사소통이 가능하다. 당신과 당신의 디지털 자아 사이에 존재하는 경계선이 빠르게 사라지고 있다.

이미 일부 신기술은 얼굴 생김새를 파악해 맞춤형 이모티콘을 생성할 수 있도록 안면 인식 소프트웨어를 실험 중이다. 실제 사람의 목소리와 얼굴 표정을 실시간으로 반영해 개인화된 움직이는 메시지를 지원하는 능력을 갖춘 기술도 있다. 이러한 기술 진보는 문자 메시지와 이메일을 주고받는 사람들이 감정을 정확하게 표현하고 반응하는 방법을 지속적으로 원한다는 사실을 보여 준다. 공감과 연민은 공감의 일곱 가지 열쇠에 크게 의존하기 때문에 공감을 정확하게 짚어 낼 수 있을 때까지 정교한 소프트웨어가 계속해서 개발될 것이다.

우리에게는 자연스러운 인간의 독특한 행동, 즉 서로의 감정적 필요를 인지하고 적절하게 대응하는 행동을 기술이 따라오기까지 얼마나 많은 시간과 노력, 돈이 필요할지 생각해 볼 필요가 있다. 우리를 인간답게 만드는 이러한 특성들이 언젠가 기계에도 완벽하게 적용된다면 정말 슬픈 날이 될 것이다. 앞으로도 기술은 계속해서 발전할 것이다. 하지만 의사나 간호사, 교사, 변호사가 로봇으로 대체

되는 모습이 우리가 정말로 바라는 것일까? 기계가 늘 우리의 의사소통을 돕기 위해 존재하되 인간을 인간답게 만드는 마음과 영혼을 대체하는 일은 없기를 바란다. 계속해서 신기술에 목말라하는 우리 사회 속에서 사람의 손길이 주는 안정과 포용의 따뜻함, 그리고 친구가 내 입장을 이해하고 있음을 알려주는 배려 깊은 시선을 잃지 않았으면 좋겠다. 이 세상에 혼자 남겨진 것이 아니며 마땅히 사랑받아야 할 존재라는 점을 우리 모두 인식해야 한다. 이것만큼은 당분간 기계로 대체할 수 없을 것이다.

공감 근육을 강화시키는 '예술의 힘'

한국전쟁 당시 최전선에 배치된 의무 부대의 이야기로 미국 역사상 가장 장기간 방영된 TV 시트콤인 〈매시(M*A*S*H)〉의 촬영 전날 밤, 영화배우 앨런 알다는 프로그램 제작자와 대면 회의를 가졌다. 알다는 이렇게 회상했다.

"저는 제작자 측에서 우스꽝스러운 코미디 프로그램처럼 이 드라마를 취급하지 않을 것이라는 확신을 얻길 바랐어요. 실제로 전쟁이 벌어지고 있었고 극중 부대에서 일어나는 소동을 다루면서, 저는 바랐죠. 사실 그냥 바란 것이 아니라 제작자 측의 동의를 얻고자 했어요. 전쟁을 있는 그대로 보여 주기를요. 사람들이 다치고 부상을 입는 그런 곳이라는 것을요. 의사가 등장하니까, 의사가 하는 일을 제대로 보여 주지 않는다면 실제 인물들이 살았던 삶에 충실하지 못한 것이라고 생각했어요."

알다에게 왜 이 점이 중요했냐고 묻자, 그는 전쟁을 하찮게 보여 준다면 그 다음 전쟁이 그만큼 쉽게 일어나기 때문이라고 대답했다. "전쟁터가 영예를 얻고 용맹을 보여 줄 수 있는 곳이자 즐거운 장소처럼 보인다면, 전쟁에 참여하기 전에 심사숙고해야 한다는 생각이 아예 사라져 버리죠."

여러 번 에미상을 수상한 훌륭한 배우인 그의 말을 감히 해석하자면, 알다는 공감을 불러일으키고 또 공감이 마음을 움직이는 데 필수적인 역할을 한다는 점을 보여 주고 싶었을 것이다. 〈매시〉는 한국 전쟁에 참전했던 실제 의사와 간호사, 군인의 이야기를 바탕으로 한 프로그램이었다. 그는 이들의 삶을 가볍게 다룬다면 등장인물에 대한 영감뿐만 아니라 시청자들을 저버리는 것과 마찬가지라는 점을 알고 있었다. 재치 넘치는 대본과 훌륭한 연기 외에도 전쟁을 소재로 한 이 시트콤이 많은 인기와 주목을 끈 가장 큰 이유 중 하나는 시청자가 화면을 통해 보이는 장면에 공감할 수 있었고 용맹스러운 등장인물들의 입장을 이해할 수 있었기 때문이다. 알다는 이렇게 덧붙였다.

"예술 작품이나 감동적인 공연을 보는 것은 세상을 바라보는 시각의 새로 고침 버튼을 누르는 것과 같습니다. 등장인물의 순수한 감정선이 풍부한 무대 예술이나 소설은 남은 하루 동안의 감정을 새롭게 만들어 주죠. 다음 날까지도 기분이 좋아요. 강렬한 감정을 감당하는 사람들 사이에 둘러싸여 있었기 때문이에요. 우리는 서로에 의해 인간적인 면모를 되찾아요. 극장에서 사람들이 함께 울고 또 웃는 것이 정말로 특별한 경험인 것처럼 말이죠."

이제 예술과 더불어 예술이 공감을 이해하고 느끼고 표현하는 데 어떤 도움을 주는지, 나아가 세상을 바라보는 관점을 어떻게 재설정하는지 이야기해 보자. 내가 말하는 예술이란 이탈리아 영화, 독일 오페라, 그리고 미술관에 걸려 있는 프랑스 그림을 가리키는 것이 아니다. 예술가와 예술을 감상하는 소비자는 다양한 부류와 계층의 사람들로 이루어져 있다. 오늘날 기준으로 보면 셰익스피어가 고상해 보일 수 있다. 하지만 그는 원래 일반 대중을 위한 글을 썼다는 점을 기억하자. 과연 예술이 무엇이고 어떤 의미인지는 누가 접하느냐에 따라 달라진다. 조각품과 공연 예술, 재즈를 좋아하는 사람도 있고 현대 무용이나 그래피티 예술 또는 만화책을 좋아하는 사람도 있다. 어디서 왔는지 혹은 관객이 누구인지와 상관없이 진정한 예술은 사회 전체를 공감에 한 발짝 더 가까이 이끌 만큼 강력하다.

예술은 분리된 세상을 잇는 연결고리

공감과 예술은 오랜 세월 역사를 함께해 왔다. 실제로 19세기 후반 독일 철학자 로베르트 피셔는 예술 작품을 감상하는 사람이 자신의 감정을 예술가의 창작품에 투영하여 이를 통해 미적 경험이 유발하는 아름다움과 감정을 느끼고 경험한다는 뜻의 독일어 'Einfühlung(감정이입)'를 처음 사용하였다. 독일의 심리학자이자 철학자인 테오도어 립스는 이 개념을 사람 간의 이해로 한 단계 더 확장시켰으며, 이전의 동정이라는 개념과 비슷한 의미로 사용했다. 독일의 철학자 빌헬름 딜타이는 다시 한 번 용어의 쓰임새를 넓혀 한 사람이 다른 사람의 생각과 감정을 알게 되는 과정 전체를 설명하는 데 사용했다. 우리는 이를 가리켜 '마음 이론'이라고 부른다. 최종적으로 미국의 심리학자 에드워드 티치너가 독일어를 영어인 'empathy'라는 단어로 표현하기 시작했다. 그는 이 단어를 통해 인간의 자기 성찰 역량과 연민을 넘어 타인의 감정 상태에 들어가는 능력을 전달하고자 했다. 오늘날 이는 다른 누군가의 고통으로 인해 불편한 마음을 느끼는 것을 뜻한다. 접두사 'em'은 타인의 생각과 고통을 '마치 관찰자의 생각과 고통처럼' 이해하고 느낌으로써 타인과 '함께' 느끼고 타인의 괴로움 '안으로' 들어간다는 의미다.

예술과 공감을 고려하려면 먼저 공감(empathy)의 뿌리인 감정이입(Einfühlung)으로 돌아갈 필요가 있다. 관람자가 예술 작품으로부터 정서적으로 영향을 받고 감동을 받는 것과 연관 있기 때문이다. 우리는 종종 얼마나 감정을 잘 불러일으키는지를 기준으로 예술의 가치를 평가한다. 예술가가 작품 활동을 하면서 느끼는 감정이 아니라 작품에 깃든 뛰어난 솜씨나 여러 조건으로 인해 보는 이가 강렬하게 느끼는 감정이다. 우리가 일상에서 마주하는 공감과는 달리(우리는 누군가 다치는 것을 보고 상대의 고통을 느낀다) 예술가는 일련의 과정을 통해 감정을 만들어 낸다. 허물어진 집 밖으로 실려 나오는 시리아의 어린아이나 홈런을 치는 칼 야스트렘스키의 유명한 사진처럼 순간을 담은 사진이 아닌 이상, 예술가는 작품을 통해 관람자에게 전달하고 싶은 감정을 전하고자 한다. 때때로 우리는 예술가가 의도한 감정을 느끼기도 하고 때로는 상당히 다른 감정을 느끼기도 한다.

대개 예술가가 던지는 메시지에 복잡성을 더하는 또 다른 층이 존재한다. 극장 예술의 경우 극작가, 감독, 배우들, 관중, 심지어 비평가까지 다수의 사람이 힘을 합친다. 따라서 각기 다른 관점이 작품에 영향을 미치므로 메시지가 달라질 수 있다. 이미지의 경우 문간에 드리운 그림자나 가만히 있는 인물의 자세 등이 감정을 불러일으키는 예술적 기교가 될 수 있다. 노래의 경우 특정 소절이나 풍부한 감정을 전달하는 가수 목소리가 이에 해당한다. 연극에서는 쓰기와 고쳐 쓰기를 반복하는 연습을 통해 익숙하게 나오는 구절이 곧 감정을 유발하는 예술적 요소다. 그러나 예술은 관람자의 인지적 그리고 감정적 참여가 없다면 완성될 수 없다. 20세기 초반에 빈대학교에서 미술사를 가르친 알로이스 리글이 언급한 바와 같이, 관람자는 캔버스에 보이는 것을 개인적으로 해석하고 나아가 그림에 의미를 더함으로써 그림을 그린 예술가와 협력한다. 그는 이러한 현상을 가리켜 '관람자의 몫'이라고 설명했다.

예술은 우리의 공감 능력과 밀접하게 연결되어 있는데, 사람과 사람 사이의 의사소통처럼 인지와 반응 연습이라고 볼 수 있기 때문이다. 예술의 형태를 막론하고 관람자는 예술가와 소통하면서 눈에 보이고 귀에 들리는 것을 개인적인 경험과 함께 합친다. 예컨대 그림과 같은 시각적 이미지를 감상하려면 예술 작품과 시선을 맞추어야 하는데, 이러한 행동은 그 자체로도 공감적 행동을 유발할 수 있다. 관람자는 캔버스를 찬찬히 살피면서 작품 소재와 예술가 두 가지 모두의 내면을 들여다볼 수 있는 창문을 발견하고자 한다. 신경학적으로 이는 우리의 뇌가 눈 맞춤을 통해서 상대방의 얼굴을 처리하는 방법과 매우 비슷하다.

예술은 공적인 영역과 사적인 영역에서 사람들을 한데 모아 살아가는 이야기와 경험을 나누게 만든다. 나는 피카소의 〈게르니카〉를 처음 봤을 때 크게 동요되는 경험을 했다. 스페인 내전 당시 바스크 시의 게르니카라는 마을에 폭탄을 떨어뜨렸던 나치를 비난하는 정치색이 짙은 작품이다. 붓질, 형태, 무채색의 음영을 통해 피카소는 전쟁의 참상과 고통을 묘사했다. 나는 작품을 보고 매우 동요했고 연민을 느꼈다. 내가 의사가 된 이유 중 하나가 바로 이 작품 때문이었다.

비슷한 경험을 한 적이 있는가? 만약 그렇다면 예술 작품에 매우 인간적인 반응을 보인 것이다. 신경학적으로 보자면 이러한 현상은 인류의 시작과 동굴 벽화까지 거슬러 올라간다. 인간이기 때문에 우리는 어떤 형태로든 예술을 표현하고 또 예술에 반응하고자 하는 욕구를 가진다. 예술을 마음껏 표현하지 못한다면 교도소에 수감된 재소자들처럼 결핍되고 소외된 삶이나 다름없다. 예술은 사람들을 단합하게 하는 데 매우 효과적이다. 자기중심적인 관점에서 벗어나 이 세상을 경험하고 인지하는 보다 폭넓은 방법이 있다는 것을 이해하도록 돕는다.

기쁘게도 미국 컬럼비아대학교의 신경과학자 에릭 캔들과 이야기를 나눌 기회가 있었다. 그는 신경계의 신호 전달과 관련한 발견으로 2000년 노벨 생리의학상을 공동 수상했다. 그는 《통찰의 시대 *The Age of Insight*》라는 책을 통해 본능적으로 예술과 교감하는 현상을 아름답게 풀이했다.

"예술에 대한 우리의 반응은 창의적인 과정, 즉 예술가가 작품을 만들어 낸 인지적, 감정적, 공감적 과정을 뇌에서 재현하고자 하는 억누를 수 없는 충동에서 비롯된다. ······ 예술가와 보는 이의 창의적 충동은 아마도 예술이 생존과 직결된 물리적 필연성이 아닌데도 사람으로 구성된 거의 모든 집단이 나이와 장소에 관계없이 전 세계에 걸쳐 이미지를 만들어 왔는지에 대한 이유가 될 것이다. 예술이란 본질적으로 모든 사람의 두뇌를 특징짓는 창의적인 과정, 즉 '아하!' 하는 깨달음의 순간이다. 서로의 마음을 들여다봤다는 갑작스러운 인식을 가져올 뿐만 아니라, 예술가가 묘사한 아름다움과 추악함, 그 이면에 있는 진실을 보여 주는 과정을 예술가와 관람자가 교류하고 공유하려는 즐겁고 유익한 시도다."

최근 캔들과의 대화에서 예술과 관람자 사이의 교류에 대한 매우 흥미로운 그의 의견을 들을 수 있었다.

"과학자로서 저는 학습을 환원론적으로 접근하는 방법을 택했어요. 신경 전달 물질의 방출이 조절되는 뇌 기능을 보면서 학습이 이루어지고 있다는 것을 발견하는 것이죠. 저는 우리가 환원론적 관점에서 배우는 것들에 깊은 감명을 받습니다. 추상표현주의 예술가인 마크 로스코가 그린 선명하고 강렬한 색의 줄무늬 작품은 매우 인상적이죠. 처음에는 한 가지 색처럼 보이지만 일련의 색 위에 각 줄무늬가 아주 여러 번 덧칠되어 있는 것이 눈에 들어오기 때문이에요. 하나의 줄무늬는 여러 개의 다른 줄무늬로 구성되어 있고 당신의 감각은 다양하게 반응합니다. 더 자세히 볼수록 더 많이 보이죠."

예술의 애매모호함 앞에 보는 이는 자신의 반응을 경험에 더한다. 예술을 보면서 우리 뇌가 변하고, 우리 뇌가 변하면서 우리는 세상이 보다 많은 층과 뉘앙스로 이루어져 있으며 긴밀히 연결되어 있다고 생각하게 된다. 실제로 예술은 분리된 세상을 잇는 가장 중요한 연결 고리일지도 모른다. 예술이 바로 공감의 본질이다.

예술은 어떻게 공감으로 이어지는가

예술 작품을 만든다는 것은 곧 공유하는 행위다. 정의상 나머지 다른 사람들이 예술가의 경험에 참여하고 각자 결론을 내릴 수 있도록 전달하는 초대장이라고 할 수 있다. 이와 같은 공유된 경험으로 인해 휴식 상태이자, 멍하거나 몽상에 빠졌을 때 활발해지는 뇌의 영역인 디폴트 모드 네트워크가 보다 호기심이 강한 상태로 바뀌게 된다. 작업을 수행할 때는 상대적으로 덜 개입하지만, 상상과 창의력의 산실인 뇌의 우반구가 열리면서 예술가가 전달하고자 하는 메시지를 읽거나 예술 작품에 이미지를 투영할 수 있게 해 준다.

창작가와 관람자 사이를 연결함으로써 기쁨, 슬픔, 고통 등 우리가 보편적으로 공유하는 모든 감정을 잇는 연결 고리가 만들어진다. 정서적으로 감동을 주는 예술 작품은 무언가를 '생각하기 전에' 감정을 '먼저 느끼도록' 만든다. 몸짓이나 얼굴 표정, 움직임, 색깔 또는 단어로 시선을 사로잡는다. 반 고흐의 〈별이 빛나는 밤〉을 떠올려 보자. 비평가들은 소용돌이치는 듯한 물감과 질감, 색이 정신 질환을 이겨 내려는 작가의 역경을 연상시킨다고 설명한다. 어두운 색으로 칠한 마을과는 달리 불빛이 환하게 비추는 창문은 안정감을 준다. 미술사에 관련된 책을 한 번도 읽지 않았는데도 이러한 감정을 느낄 수 있다.

공감을 형성하는 첫 단계는 바로 상상력이다. 상대방의 입장을 상상하지 않고 어떻게 공감이 이루어지겠는가? 예술은 상상력이 뿌리 내리고 무럭무럭 자랄 수 있는 공간을 제공한다. 예술은 인지적(사고), 감정적(정서) 공감을 둘 다 자극하는 힘이 있다. 예술 작품을 볼 때 우리는 저마다의 기억, 관점, 경험을 작품에 투영한다. 예술가의 예술적 재능과 관람자의 개인적인 경험 사이의 상호 작용을 통해 두 뇌의 감정 영역이 활성화된다. 감동을 받는 정도는 예술가가 우리의 감각을 얼마나 확장시킬 수 있느냐에 달려 있다. 자아 밖으로 우리를 이끌어 내며 새로운 관점을 제시한다. 기분이나 감정 상태를 좋은 방향으로 바꾸는 경우도 있다. 그런가 하면 다른 사람의 고통, 슬품, 기쁨, 놀라움, 분노를 일시적으로 인지하게끔 도와준다.

미국 미시건주의 인터로컨 뮤직 캠프에서 캠프 상담자로 일할 때 다이안 폴러스를 처음 만났다. 당시 열 살이었던 그녀는 주변에 있는 모두에게 개방성과 창의성을 일깨워 주는 밝고 적극적인 성격으로 내게 잊지 못할 인상을 남겼다. 이제 그녀는 토니상 수상 경력을 자랑하는 하버드대학교 아메리칸레퍼토리극장의 예술 감독이다. 그녀는 진정으로 사람을 변화시키는 예술 작품은 어떻게 청중의 관점을 고려하는지, 나아가 어떻게 감정적 공감으로 이어지는지를 매우 훌륭하게 설명한다.

"우리가 전달하고, 유발하고, 바꾸려고 하는 것이 무엇일까요? 저는 관람자들이 심오한 학습 경험을 원한다고 굳게 믿어요. 제가 예술가로서 활동하는 원동력이죠. 아메리칸레퍼토리극장의 목표는 극장의 경계를 넓히는 것이에요. 우리는 다 같이 시간과 공간 사이를 함께 이동하고 일상에서 벗어나 여행을 하고, 더 큰 무언가를 통해 자신을 들여다보길 원하죠."

이어서 폴러스는 마음에서 이성으로 옮겨 가는 것이 핵심이라고 설명한다.

"관람자를 위해 우리는 공감의 가능성을 더욱 깊게 파고들어요. 관람자는 '저건 나랑 맞지 않아', '저건 마음에 들지 않아', '저건 잘 모르겠으니까 지나쳐야지'라고 빠르게 판단하는 능력이 부족해요. 중요한 것은 정보가 아니에요. 우리는 필요한 것보다 훨씬 많은 정보를 갖고 있고, 일정 시간이 지나면 무감각해지죠. 그 사람의 이야기에 연민을 느끼도록 동기를 부여하는 것이 중요해요. 저는 이것이 강력한 공감 그리고 역사를 통한 공감의 일종이라고 생각해요."

예술이 사회 안에서 담당하는 바로 이 핵심적 역할 때문에 미국 국립예술기금을 지원하는 것이 굉장히 중요하다. 예술은 각자의 경험을 형제자매와 나눌 수 있도록 도와준다.

앨런 알다 역시 예술이 일종의 인간성을 공유하는 것이라고 생각한다고 말한다.

"고통을 공유하는 것은 그 어떤 것보다 더 많은 공감을 불러 일으켜요. 저 같은 경우에는 배우와 관객 사이에 일어나는 소통이 본질이라고 생각해요. 두 사람이 소통하려고 할 때 어떤 일이 벌어지는지 굳게 믿게 되었죠."

하버드 의과대학을 비롯해 미국 내 여러 의과대학에서 예술과 의학 교육의 통합을 우선순위로 정하고 있다. 2011년 하버드 의과대학의 여러 교수들은 문화 행사를 후원하고자 '예술과 인문학 이니셔티브'를 결성했다. 이미 수많은 의대생과 의사들이 작문이나 음악 연주 등 여러 예술 활동에 참여해 왔다. 하지만 교수들은 이러한 예술 활동이 주는 혜택이 의사라는 직업에 있어서 가장 중요한 위치에 자리 잡고 있다고 믿었다. '예술과 인문학 이니셔티브'의 설립 회원이자 매사추세츠종합병원의 의사인 수잔 코벤은 〈보스턴 글로브〉에 칼럼을 연재하며 정기적으로 에세이와 리뷰를 쓰고 책도 출간한 저자다. 그녀는 예술과 공감에 대해 이렇게 설명한다. "그림을 주의 깊게 살펴보거나 시를 찬찬히 읽음으로써 관찰하고 해석하고 소통하는 능력을 개선할 수 있고, 나아가 공감 능력을 향상시킬 수 있어요. 이러한 모든 점이 더 나은 의사를 만들죠. 개인적으로 학부 때 영문학을 전공하면서 읽었던 책이 생화학이나 물리학을 공부한 것보다 의사로서 훨씬 더 큰 도움이 되고 있어요." 예술과의 통합은 어쩌면 거의 모든 산업을 인간답게 만드는 방법이며 공감을 넓히는 관문이 될 수 있다.

결국 핵심은 다음과 같다. 예술은 공감이라는 개념을 감정적 영역에서 인지적 영역으로 이동시킬 수 있다. 예술을 통해 강렬한 인상을 받으면 우리는 이러한 경험을 공유하고자 하며 이는 대개 말이나 행동으로 이어진다. 정말 흥미로운 점은 예술은 공통의 경험이라는 것이다. 미술관, 극장, 콘서트장은 주로 여러 명이 무리 지어 가며, 보고 듣고 느낀 것에 대해 서로 나눈다. 가끔은 아무 말 없이 가만히 서서 작품에서 어떤 감정이 마치 전기처럼 번쩍하고 오기를 기다릴 때도 있다. 혼자서 출근할 때 듣는 음악이나 인터넷을 하면서 보게 되는 사진 한 장은 문화적으로 공유되는 경험의 일종으로 이와 관련해 지역적, 국가적, 심지어 국제적 대화가 시작되기도 한다.

뇌과학으로 입증한 예술과 공감의 연결 고리

과학적 연구를 통해 예술과 공감의 연결 고리가 입증되기 시작했다. 예를 들어 2013년 뉴욕에 있는 뉴스쿨의 연구진은 문학 소설을 읽으면 타인의 생각과 감정을 이해하는 능력이 향상되는지 조사했다. 다섯 번에 걸쳐 이 연구를 진행하면서 연구진은 여러 집단을 대상으로 독서를 삼가도록 하거나 혹은 인기 소설에서부터 논픽션, 문학 소설까지 다양한 장르의 글을 발췌해 읽도록 했다. 독서를 마친 실험 대상자들은 타인의 감정과 생각을 추측하는 능력을 평가받았다. 참가자는 눈을 보고 마음을 읽는 테스트를 받았고, 네 가지 보기 중에서 사진에 보이는 얼굴과 가장 흡사한 감정을 선택했다. 문학 소설을 심층적으로 읽은 사람일수록 타인의 감정을 추론하는 시험에서 높은 점수를 받았다. 앞서 설명한 바와 같이 이러한 능력을 가리켜 마음 이론이라고 부른다.

연구진은 실험을 통해 통속 소설보다 문학 소설을 읽는 것이 마음 이론 능력을 더 키울 수 있다는 점을 밝혀 냈다. 이를 바탕으로 문학 작품에 등장하는 심오하고 다양한 캐릭터의 인물들이 독자에게 동기와 정신 상태를 예측하고 해석하는 방법을 가르쳤기 때문이라는 결론에 도달했다. 액션이나 모험 장르는 그 정도가 현저히 낮았다. 통속 소설을 보거나 혹은 아예 책을 읽지 않은 집단의 공감 능력 점수는 기준치에서 올라가지 않았다. 문학 작품이 다른 장르보다 우월하다는 말이 아니다. 다만 이야기의 전달 방식이나 등장인물 간의 사회적 상호 작용을 독자가 어떻게 인지하는지에 장르가 영향을 미친다는 점을 지적하는 것이다. 미묘한 방법으로 문학 작품은 모든 사람이 나와 같은 사고방식을 갖고 있는 것은 아니라는 점을 일깨워 준다.

이 연구 결과는 내가 학생들을 가르치면서 관찰한 것과 일맥상통한다. 연구 결과가 보여 주듯 통속 소설은 복잡한 감정선보다는 재미에 중점을 두는 경향이 있다. 통속 소설 속 등장인물의 감정은 대개 단순하게 묘사되며 행동도 매우 예측 가능하다. 이는 사람들이 특정 상황에서 어떻게 행동하리라는 독자의 확증 편향을 강화한다. 반대로 문학 소설은 등장인물의 심리와 인물 사이의 복잡한 관계를 보다 깊게 파고든다. 소설이나 시를 의대생을 위한 강의에서 사용한다면 등장인물의 내적 대화에 공감하게 되고 어쩔 수 없이 그들의 의도와 동기를 생각하게 된다. 이를 통해 학생들을 편견과 고정관념에 맞서게 만들어 종종 자신의 내집단 밖에 있는 누군가에 대한 관점을 바꾸기도 한다.

뉴스쿨에서 진행한 실험은 이와 같은 심리적 깨우침이 현실 세계 속 사고방식에도 적용된다는 점을 보여 준다. 미국 뉴욕주립대학교 버펄로캠퍼스에서 진행된 관련 연구는 《해리 포터》 시리즈를 읽은 사람일수록 자신을 마법사라고 생각하며 《트와일라잇》 시리즈를 읽은 사람은 스스로 뱀파이어라고 생각하는 경우가 많다는 것을 보여 주며 이 개념을 한 단계 더 확장했다.

연구 결과를 살펴보면, 이러한 주제의 책을 읽은 독자들은 상당히 오랜 기간 이러한 비현실적인 내용을 사실로 받아들이려 한다. 따라서 책을 읽은 이들은 이러한 생각을 공유하면서 내집단을 형성하고, 책을 읽지 않아 이러한 생각을 이해하지 못하는 이들을 외집단에 두면서 감정적 유대감을 형성하고 소속감을 느낀다. 실제로 뇌 영상을 보면 줄거리를 이해하기 위해 사용하는 뇌 영역과 인지적 공감의 토대가 되는 마음 이론을 실행할 때 활성화되는 영역이 겹치기도 했다.

앞서 언급한 바와 같이 예술이 공감을 어떻게 불러일으키고 형성하는가에 대한 실증 연구는 아직도 걸음마 단계다. 컬럼비아대학교 신경과학자 에릭 캔들은 예술과 공감에 관한 독자적인 실증 연구를 진행 중에 있는데, 그와 연구진은 구상미술, 과도기 미술, 추상미술에 대한 각각의 반응을 살펴보고 있다. 구상미술의 경우 사람과 장소, 사물을 있는 그대로 해석한다. 예컨대 얼굴은 얼굴처럼 보인다. 반면 추상미술은 모양, 색, 질감을 바탕으로 마음속에 얼굴이 연상되는 이미지를 떠올리게 만든다. 여기에는 피카소 혹은 브라크의 입체파 초상화처럼 상상력이 필요하다. 과도기 미술은 중간 정도라고 생각할 수 있다. 예를 들어 인상주의 회화에서는 옅고 부드러운 모양으로 표현한다. 실제와 뚜렷한 유사점은 없지만 여전히 작품을 보면 특정 이미지가 떠오른다. 캔들은 우리의 뇌가 다른 사물에 비해 얼굴의 세세한 부분을 읽을 때 더 많은 신경세포를 할애한다고 설명한다.

심리학자 폴 에크만은 매사추세츠종합병원에서 내가 진행한 공감 훈련 연구의 참가 집단에게 보여 줄 다양한 감정을 나타내는 얼굴 표정 이미지를 제공했다. 우리는 얼굴 표정을 정확하게 인식하는 것이 공감 능력에 매우 핵심적이기 때문에 공감 훈련 교육 과정에 표정 읽기 훈련도 포함해야 한다는 가설을 세웠다. 연구 결과, 표정 읽기 훈련을(교육 과정에 포함된 다른 전략과 함께) 받은 의사가 공감 훈련에 참여하지 않은 의사에 비해 더 높은 공감 능력 점수를 받았다. 우리의 연구는 정확한 얼굴 표정 인식이 의료 서비스 제공자의 공감을 유발하는 데 미치는 중요한 영향력을 입증했다.

캔들은 1990년 전후로 오스트리아 빈에서 탄생한 예술 작품에 등장하는 얼굴 표정이 간접적이고 미묘해 대상의 심리와 감정 상태를 감춘다는 사실에 큰 흥미를 느꼈다. 그는 세 가지 다른 종류의 그림에 대한 각기 다른 심리적 반응을 연구 중에 있다. 컬럼비아대학교 연구진은 뇌 영상 촬영을 통해 예술 작품을 보고 감동받을 때 뇌에서 어떤 일이 일어나는지 파악하고 나아가 이것이 일상 속 감정적 반응과 어떤 연관이 있는지를 살펴보고자 한다. 새로운 연구 분야지만 놀라운 결과를 발견할 것이며 개인과 공동체를 위한 공감 훈련에 여러 예술적 시도를 어떻게 적용하면 좋을지 보다 명확한 로드맵을 제공할 것이라고 확신한다.

예술이 공감을 불러일으키는 또 다른 흥미로운 방법은 바로 가상현실(virtual reality, VR)이다. 나는 프랑스에서 열린 칸 크리에이티브 축제에서 영화배우이자 작가인 제인 건틀렛을 만났다. 우리는 예술과 공감의 과학이라는 주제로 함께 발표했다. 이전에 제인은 자전거를 타고 가다가 사고를 당해 심각한 뇌 손상을 입은 적이 있다. 기적적으로 회복했지만 발작은 계속되었고 이는 심신을 약하게 만들었다. 시간이 흐르면서 발작은 거의 줄어들었지만 발작을 방지하는 약 때문에 여전히 창의적인 생각을 하지 못했다. 신경과 전문의는 '좋은 결과'라고 말했지만 제인은 의사의 말과 자신의 기분이 단절되어 있다는 점을 깨달았다. 제인은 의사에게 자신의 경험을 전하기 위해 VR 고글을 쓴 채 발작을 체험할 수 있는 프로그램을 직접 제작했다. 이것이 인마이슈즈 프로젝트다. 인마이슈즈 프로젝트는 시청각 경험을 모아서 만든 결과물이다. 나 역시 직접 고글을 써 봤는데 체험이 너무나도 생생해서 전체 프로그램의 4분의 1 정도를 남겨 놓고 결국 고글을 벗어야 했다. 속이 메스껍고 어지러웠다. 제인은 전 세계를 돌아다니며 자신의 경험을 의대생과 공유하고 있다. 바로 이것이 공감을 형성하는 방법이다.

예술과 공감, '닭이 먼저일까, 달걀이 먼저일까?'

심리 전문가들은 대개 문학과 예술에 노출되면 공감 능력이 더욱 개선되는지 혹은 그 반대인지에 대해 질문한다. 예술을 찾는 사람들은 그저 남들보다 예민한 영혼의 소유자라서 공감을 경험하기 위해 예술을 찾는 것일까? 예컨대 뉴스쿨의 문학에 대한 반응 연구는 표면적으로 흥미롭지만 다른 연구진이 같은 실험을 수행했을 때 동일한 결과를 얻지는 못했다. 이는 곧 문학 작품을 읽는다고 모두가 공감 능력이 향상되는 건 아니라는 의미기도 하다. 그러나 문학 작품을 읽을 때 조망 수용 및 마음 이론과 관련된 뇌의 신경망이 강하게 활성화된다는 결과는 뉴스쿨 연구진의 문학 연구 결과를 뒷받침한다. 연구가 진행되는 동안에만 인지적 공감이 향상되었을 수도 있으나, 마찬가지로 문학 소설이 공감을 유발하는 신경망을 자극해 지속적으로는 도움이 된다고 볼 수도 있다.

예술이 조망 수용 능력을 향상한다고 보는 것도 가능하다. 동시에 선천적으로 공감 능력이 뛰어난 사람들은 타고난 역량을 보다 정교하게 다듬는 데 도움이 되는 예술 분야를 찾으라고 조언하고 싶다. 공유 신경 회로 외에도 행동 표현에 관여하는 작은 신경 반사체인 신경세포가 있다는 점은 곧 우리가 공감 능력을 갖고 태어난다는 점을 의미한다. 나는 이러한 신경계를 활성화하고 자극하는 가장 좋은 방법 중 하나가 바로 예술이라고 생각한다.

그렇다면 어디를 가든 예술 애호가가 가장 민감한 사람일까? 꼭 그렇지만은 않다. 물론 대다수에 비해 예술 애호가가 타인의 경험을 보다 잘 이해할 가능성이 크지만 말이다.

실제로 영국 케임브리지대학교에서 진행한 흥미로운 연구 결과를 살펴보면 공감 능력이 뛰어난 사람들은 특정 분야의 예술에 관심을 보였다. 연구진은 3,000여 명이 넘는 사람들의 성격 특성과 선호하는 예술 장르를 분석했는데, 그 결과 놀랍도록 명확한 패턴이 드러났다. 성격 검사 결과 격렬하고, 불안감이 높으며, 쾌락을 추구하는 성향의 사람일수록 주로 펑크나 메탈 음악, 호러 영화, 에로틱한 소설 등 강렬하고 날카로운 장르를 선호하는 것으로 나타났다. 스릴을 즐기는 자극적인 성향의 사람일수록 액션, 모험, 공상 과학을 선호했다. 지적인 성향의 사람일수록 시사 뉴스, 논픽션, 교육과 관련된 예술 분야를 선호했다. 공감 능력이 뛰어난 사람들은 남은 두 가지 성격 특성인 공동체 선호와 미적 성향을 보였으며 오락 요소가 포함된 예술을 선호했다. 먼저 공동체를 선호하는 성향의 사람들은 관계를 중요하게 생각하며 토크쇼나 드라마, 로맨스, 대중음악을 선호했다. 미적 성향의 사람들은 문화와 지적 능력에 관심이 많았고 클래식 음악과 예술, 역사, 설명 자막이 붙는 영화를 선호하는 것으로 나타났다.

공감 능력이 탁월한 사람들이 이렇게 다양한 오락적 장르를 좋아한다는 사실이 흥미롭다. 이는 공감의 이중성을 잘 보여 준다고 생각한다. 먼저 공감 능력이 있는 사람은 선천적으로 타인과 관계에 관심을 갖는다. 두 번째로 이들은 밖에서 일어나는 다양한 경험에 관심이 많다. 앞의 연구에서 연구진은 공감 능력이 뛰어난 사람들은 또한 극심한 폭력이나 공포를 묘사한 오락을 매우 싫어한다는 점도 발견했다. 어쩌면 신체적, 정신적으로 극심한 고통에 시달리는 타인을 보는 것을 참지 못하는 것일 수도 있다.

사회적 소통으로 이어지는 예술의 힘

오늘날 세상을 둘러보면 생각보다 공감이 부족하다는 점을 알 수 있다. 이메일과 SNS를 점점 더 많이 사용함에 따라 우리는 상당 부분 디지털 의사소통으로 옮겨 가고 있다. 하지만 여기서는 E.M.P.A.T.H.Y.의 일곱 가지 열쇠가 나타내는 비언어적 신호가 차단

된다. 앞서 살펴본 것처럼 기사나 트위터에 익명으로 댓글을 남길 때 무례하기 쉽다. 우리가 남긴 말로 인해 상대가 상처받는다는 것을 눈으로 볼 일이 없기 때문이다. 화면을 통해 매일 같이 전쟁과 참상이 보도되지만, 대부분의 사람은 감당하기 힘든 나머지 무감각해지며 피해자에게 동정심을 느끼지 못한다.

나는 예술이 이러한 분열을 해결할 수 있는 묘책이 될 수 있다고 생각한다. 예술은 타인을 개개인이자 함께 살아가는 사람으로 받아들이는 데 도움이 되는 경험을 선사한다. 그리고 이를 통해 사회적 외집단에 대한 우리의 생각을 바꾼다. 다른 사람의 생각과 감정에 한 발짝 들어감으로써 상대방을 비정상적인 사람 혹은 존중받을 가치가 없는 사람이라고 쉽게 치부할 수 없게 만드는 공통점을 발견하게 된다. 왜 예술이 필요할까? 우리 모두가 어떤 식으로든 연결되어 있다는 인식을 심어 주기 때문이다. 세상의 많은 문제는 서로에 대한 이해가 부족한 데서 비롯된다. 예술은 우리가 서로를 이해할 수 있도록 도와준다. 서로를 더 잘 이해할수록 다른 사람의 내면으로 보다 쉽게 들어갈 수 있다.

많은 예술 작품이 우리에게 한층 더 인간적으로 살 것을 요구한다. 나치 독일 시절 유대인의 가슴 아픈 이야기를 다룬 영화 〈쉰들러 리스트〉를 예로 들 수 있다. 또한 잔인하고 끔찍한 캄보디아 학살을 서방 국가에서는 보기 힘든 캄보디아인의 시점에서 풀어 낸 〈킬링필드〉도 있다.

이 외에도 예전에는 생각하지 못했던 방식으로 개인과 문화에 대한 이해의 폭을 넓혀 주어 우리의 심금을 울리는 그림, 조각, TV 프로그램, 영화, 음악, 연극, 문학들을 예로 들 수 있을 것이다. 나는 최근에 〈아이 엠 제인 도 I am Jane Doe〉라는 제목의 다큐멘터리 영화를 봤다. 구글에서 접속 가능한 웹사이트인 백페이지닷컴(backpage.com)에서 이루어진 아동 성매매에 관한 내용이었다. 이 '합법적' 웹사이트의 끔찍한 이야기를 접하면서 사법 체계의 구멍 탓에 현재 인터넷에서 이뤄지는 아동 성매매가 범죄가 아니라는 사실을 알게 되었다. 영화를 연출한 감독 메리 마지오는 다수의 수상 경력을 자랑하는 영화 제작자이자 변호사다. 그녀는 아동 성매매의 현실을 바꾸기 위해 어려운 과제에 발 벗고 나섰다. 이 영화 덕분에 미국 워싱턴주 소속 상원의원이 이들의 의견에 귀를 기울였고, 2018년 4월 백페이지닷컴 설립자들은 성매매와 자금 세탁 혐의로 기소되었다. 현재해당 웹사이트는 미국 정부에 의해 폐쇄되었다.

예술의 힘은 예술이 만들어 내는 전 세계적이고 문화적인 기준의 필요성뿐만 아니라 지역적 노력의 중요성도 강조한다. 주민이 참여하는 예술 프로그램이나 교도소 내 미술 교실, 고등학교 연극, 심지어 동네 북 클럽과 같은 노력이 모여 가장 기초적인 단계에서 예술의 메시지를 널리 퍼뜨린다. 이는 이 세상에서 예의와 친절, 보살핌을 유지하게 만드는 데 매우 필수적이다. 이것이야말로 공감의 진정한 본질이다.

나는 또한 예술의 가르침을 극장 밖으로, 화폭 밖으로, 종이 밖으로 가져와 색다른 방법을 적용할 수 있다고 생각한다. 앨런 알다는 이를 너무나도 훌륭하게 실천했다.

진실과 허구 사이의 차이에 대한 깨달음과 과학에 대한 열정 때문에 알다는 배우 생활의 12년을 PBS 다큐멘터리 시리즈 〈과학적인 미국의 개척자들〉을 진행하는 데 헌신했다. 알다는 놀라운 성과를 거둔 과학자들을 소개하는 다큐멘터리 시리즈를 진행하면서, 과학자에게 자신의 연구를 사람들이 이해할 수 있는 일반 언어로 표현하는 능력이 필요하다는 사실을 알아차렸다. 그리고 일반인도 과학자가 발견한 사실을 이해할 수 있도록 과학자는 사실과 꼭 필요한 점들을 전달하되 연구 결과를 효과적으로 공유하는 방법을 배워야 한다고 생각했다.

오늘날 우리가 마주한 가장 심각한 난제 중 하나는 바로 과학 분야의 의견이 양극화되었다는 점이다. 기후 변화, 해수면 상승, 엄청난 파괴력의 허리케인과 홍수, 이로 인한 수백만 명의 사망자 등 여러 문제가 산재해 있지만 반으로 나뉜 기후 관련 의견 중 그 어느 쪽도 상대편에 공감하지 못하는 실정이다. 한쪽에게 논쟁의 여지가 없는 명백한 증거가 다른 쪽으로 넘어가면 '거짓말'로 둔갑한다. 어떻게 해야 서로의 입장을 이해하고 인류 보호를 위해 전진할 수 있을까?

알다는 미국 뉴욕주립대학교 스토니브룩캠퍼스의 언론학부 총장 하워드 슈나이더와 손을 잡고 배우들이 활용하는 의사소통 능력을 과학자에게 가르치는 프로그램인 '과학의 의사소통을 위한 앨런 알다 센터'를 설립했다. 대부분의 과학자는 이러한 능력이 부족한 편이었다. 알다는 두 명의 배우 사이에 오가는 의사소통이 모든 일대일 관계에서 일어나야 한다고 설명한다.

"제가 과학 쇼를 진행한 이유는 과학을 좋아했고 과학자들로부터 더 많은 것들을 배우고 싶었기 때문이었어요. 쇼를 시작하고 나서 제가 배우로서 알고 있는 것들을 전수하면 과학자들이 알고 있는 전문 지식을 밖으로 끌어내는 데 도움이 되겠다 싶었어요. TV를 보는 모든 시청자가 내용을 이해할 수 있도록 말이에요. 그렇게 도움을 주기 시작하자, 이것이 습득 가능한 기술이라는 생각이 들었어요. 타인과 교류하는 능력을 향상시킬 수 있었죠."

알다가 덧붙였다. "다른 부족의 입장을 고려하는 것이 내가 속한 부족을 배신하는 것처럼 느껴질 수 있어요." 바로 이 점이 부족 본성의 핵심이다. 우리는 우리와 비슷한 사람에게 가장 큰 공감을 느끼기 때문에 부족을 토대로 한 공감이 내재되어 있다. 인간은 한때 부족 사회를 이루고 살았고 외부로부터 내가 속한 부족을 지키기 위해 끊임없이 방어했다. "결국 한 집단에서 사용하는 특정 신호, 기호, 단어를 통해 사람들은 서로 간의 정체성을 확립하게 되죠. 다른 집단은 또 각자의 용어를 사용할 텐데, 때로는 다른 집단의 용어를 쓰는 것만으로도 자기 부족을 공격하는 것처럼 받아들여졌을 겁니다. 우리는 명확하고 생생하게 그러나 지나치게 단순화되지 않는 선에서 과학이 전달되기를 바라요."

알다는 과학에 대해 이야기하는 새로운 방식을 찾기 위해 노력했다. 그리고 그 과정에서 빈곤, 의료 서비스, 지구 온난화와 같은 주제들에 대해 이야기할 때 다른 누군가의 가치관이나 심지어는 오랫동안 뿌리 내린 의견을 공격하지 않도록 주의해야 한다는 점을 깨달았다. 플로리다에서 기후 변화 대응의 중요성을 사람들이 이해하도록 돕는 상황을 예로 들 수 있다. 기후 변화라는 단어는 지역 내 여러 공동체에서 금기시되며, 실제로 공식적인 자리에서는 사용이 금지되고 있다.

그래서 알다는 '불편한 홍수'라는 단어를 사용하는 곳도 있다는 설명도 덧붙인다. 알다와 과학자가 이러한 대화를 나눌 때 청중을 속이거나 폄하하려는 의도는 조금도 없었다. 실제 명칭을 고집하지 않고 사실 관계를 전달할 방법을 찾아야 했다. 플로리다 주민들은 해안 지대에서 전례 없이 많은 홍수가 발생한다는 사실을 잘 알고 있었다. 실제로 홍수는 불편함을 초래한다. 이를 통해 알다와 과학자들은 잘난 체하거나 완전한 합의를 요구하는 대신 문제의 시급성을 강조하는 것으로 새로운 시작점을 찾을 수 있었다.

이는 공감 훈련이라고 볼 수 있다. 실질적인 문제가 존재한다는 공통의 지적 경험이 필요하기 때문이다. 만약 해결책을 발견할 수만 있다면 문제를 각기 다른 이름으로 부르는 데 동의할 수 있을까? 알다와의 대화에서 나는 그의 가장 우선 과제가 의미 있는 방식으로 청중에게 다가가, 사람들 간에 분열을 초래하는 대신 걱정거리를 공유하면서 이를 기반으로 사람들을 단합시키는 의사소통이라는 점을 잘 알 수 있었다. 앨런 알다와 연출가 다이안 폴러스와 같은 예술가들은 사람들을 움직이고 새로운 관점과 가능성을 가져다 줄 새로운 경험을 만들어 냄으로, 우리가 가진 보다 인간적이고 공감하고자 하는 욕구를 만족시켜 줄 창의적인 방법을 찾는 일에 충실히 임하고 있다.

공감의 일곱 가지 열쇠와 예술

예술은 상상력과 창의력을 담당하는 두뇌의 우반구를 활짝 연다. 예술을 통해 우리는 일상에서 벗어나 다른 경험을 하게 된다. 예술가가 유도한 경험일 수도 있고 우리가 스스로 예술 작품에 투영한 경험일 수도 있다. 공감의 일곱 가지 열쇠는 우리가 예술을 받아들이고 작품에서 얻는 감정을 삶에 적용시키는 과정에서 매우 중요하다. 각 열쇠가 공감의 반응 능력에 어떻게 기여하고 또 발달시키는지 간략하게 살펴보는 것이 도움이 된다.

앞서 예술 작품 감상은 예술가가 만들어 낸 이미지와 눈을 맞추는 것이라고 설명한 바 있다. 대부분의 사람은 눈을 통해 전달받은 메시지를 해석하는 능력을 갖고 있다. 우리가 알아차리든 그렇지 않든, 예술은 우리에게 이를 상기시킨다. 눈은 의상, 화장, 억양, 움직임, 심지어 말 만큼이나 상대방에 대한 많은 정보를 알려 준다. 영화 〈가위손〉의 주인공을 연기한 조니 뎁을 예로 들어 보자. 나무 울타리를 다듬는 가위손만큼이나 그의 동그란 눈과 슬픔과 외로움이 가득한 눈빛에 집중했을 것이다. 영화 〈밀레니엄: 여자를 증오한 남자들〉에 출연한 루니 마라 역시 차갑고 강렬한 눈빛을 통해 극중 역할의 단단한 성격을 훌륭하게 표현했다. 셰익스피어의 햄릿은 아버지의 시선을 "화성과도 같은 눈, 위협하고 명령하는 눈"이라고 묘사한다.

이는 사람의 얼굴을 이해하고 인지하는 우리의 능력과 매우 밀접하게 연결되어 있다. 더 많이 볼수록 얼굴에 나타나는 감정에 대한 호기심이 강해지고 나아가 상대방의 내면에서 새어 나오는 진심을 파악할 수 있다. 아일랜드 시인이자 철학자 존 오도나휴는 사람의 얼굴을 가리켜 감정의 로드맵이라고 표현했다. 또한 "인간의 영혼이 가지고 있는 가장 깊은 갈망 중 하나는 보이고자 하는 갈망이다"라고 말하기도 했다. 캔들과의 대화를 통해 나는 두뇌가 그 무엇보다 얼굴의 세세한 부분을 읽는 데 더 많은 공간을 할애한다는 사실을 다시 한 번 깨달았다. 신경 회로는 예술 작품에서 느껴지는 감정을 마치 자신이 느끼는 기분처럼 받아들인다. 알다 역시 예술의 표정을 읽는 것이 중요하다고 생각했는데, 어렸을 때부터 영향을 받았는지도 모르겠다고 설명했다.

"마치 인류학자처럼 어른들을 관찰했어요. 아마도 어머니가 조현병과 편집증을 앓고 계셨기 때문에 그랬을 거예요. 진짜 현실과 어머니가 만든 현실을 구분하기 위해 어머니를 아주 자세히 관찰해야 했어요. 네 살 쯤 되었을 때, 어머니와 함께 파티에 간 적이 있어요. 어머니는 창문 밖을 바라보고 있었어요. 꽤 오랫동안 그렇게 서 있다가 나를 향해 몸을 돌렸죠. 그때 본 표정을 떠올려 보면 우울한 사람의 얼이 빠진 얼굴이라고 표현할 수 있겠군요. 어머니 얼굴 표정에 집중했던 기억이 나네요. 그녀에게 무슨 일이 일어나고 있는지, 어떤 경험을 하고 있는지 파악하려고 애쓰면서 말이죠."

알다가 지적한 것처럼 얼굴 표정을 정확하게 파악하는 것은 다른 사람이 나를 어떻게 대하는지와 이에 어떻게 반응해야 하는지도 관계가 있다. 몇몇 치료사들은 자폐증 환자처럼 얼굴 표정을 잘 읽지 못하는 사람들에게 필요한 기술을 가르치기 위해 영화, TV 프로그램, 예술을 활용한다. 실제로 이 훈련은 누구에게나 소중한 경험이 될 수 있다.

공감의 열쇠 중에서 자세를 살펴보자. 이는 관람자가 주제에 대한 공감으로 연결되도록 유도하는 도구로 자주 사용된다. 가장 유명한 예로 오귀스트 로댕의 〈생각하는 사람〉을 들 수 있다. 여기 편안한 자세로 깊은 생각에 잠겨 있는 남자를 본 따 만든 청동 동상이 있다. 당분간은 그가 움직이도록 유도하기 어려워 보인다. 〈생각하는 사람〉을 볼 때마다 나는 사색하는 듯한 기분이 든다. 반대로 피카소가 청록색, 검푸른 색으로만 주로 그림을 그렸던 청색 시대에 그린 작품인 〈엄마와 아기〉를 보면 보이지 않는 위험에서 아이를 지키기 위해 꼭 안고 있는 엄마로부터 우울함, 고통, 절망감이 밀려온다. 특정 예술 작품을 보고 어떤 기분이 들었는지 생각나는가? 유명한 영화나 그림, 소설 속에서 인물의 몸짓 언어가 어떻게 묘사되었는지 떠올려 보자. 일상생활과 마찬가지로 자세는 상대방의 내면을 들여다볼 수 있는 단서를 제공한다. 이를 놓치지 않는다면 작품의 대상에 대한 연민과 호기심을 느낄 수 있을 것이다.

다음으로 예술 작품을 통해 느껴지는 감정에 이름을 붙임으로써 감정적 공감에서 인지적 공감으로 넘어가게 된다. 신경과학계에는 다음과 같은 말이 있다. "이름을 댈 수 있으면, 다스릴 수 있다." 예술의 근본적인 목적은 사람들에게 감동을 주는 것이다. 아마도 그림 앞에 서서, 노래를 듣거나 책을 읽으면서, 영화나 드라마를 보면서 눈물을 흘린 적이 있을 것이다. 예술 작품을 감상하면서 느껴지는 감정을 인지하고, 인정하고, 나아가 이름을 붙임으로써 그 감정을 실생활로 가져올 수 있다. 감정적 공감에서 인지적 공감으로 나아가는 데 도움이 될 것이다. 또한 타인에게 공감하고 이를 표현하는 능력을 향상시킬 수 있다.

심리 스릴러 영화 〈양들의 침묵〉에 등장하는 한니발 렉터의 소름 끼치는 목소리를 떠올린다면 어조가 가진 힘을 금방 알 수 있을 것이다. 이제 조니 미첼, 제임스 테일러, 밥 딜런, 나아가 그린데이와 아델의 감미로운 목소리와 비교해 보자. 장르를 완전히 바꿔 바흐의 칸타타와 그레고리오 성가, 혹은 칸토르의 노래를 떠올려 보자. 상대방을 조용히 이해하고 타인의 힘든 사연을 받아들이며 승리를 축하하는 목소리는 곧 너그러운 경청의 실천이다. 타인과 어조를 맞추는 것 역시 공감의 강력한 표현이다.

알다는 핵물리학자 리처드 파인먼에 대한 연극 〈QED〉에서 주인공 파인먼 역할을 맡았던 이야기를 들려주었다. "파인먼이 타임스퀘어에 앉아 이곳에 원자 폭탄이 떨어진다면 파괴력이 얼마나 될 것인가에 대해 말하는 장면이 기억나요. 캘리포니아에서 공연 중이었는데, 한창 극이 진행되다가 그 장면이 나오자 순간 조용해졌어요. 그런데 뉴욕에서는 그 장면이 나오자 완전한 정적이 흐르더군요. 캘리포니아보다 훨씬 더 무거운 침묵이었어요. 9.11테러가 벌어진 지 3주 후였거든요. 연극이 끝나고 모두 침묵을 느꼈다고 말했어요. 감독님은 '아무도 숨을 쉬지 않았다'고 했을 정도였어요. 단순히 움직임을 멈춘 것이 아니라, 숨을 쉬는 것조차 멈춘 듯했어요. 관객이 단체로 그런 반응을 보이면 그곳에 있는 모든 사람에게 영향을 미쳐요. 때로는 모두 힘을 합친 완전한 침묵이 웃음이나 박수보다 훨씬 강력하죠."

경청에 대해 예술이 어떤 가르침을 주는지 볼 수 있는 매우 가슴 아픈 사례다. 관객 전체가 같은 감정을 느꼈고 그대로 유지했다. 대부분의 사람은 진정으로 귀 기울이는 능력이 부족하다. 그러나 영화와 연극에서 그 효과가 극대화되는 경험은 상대방의 말에 경청하고 나아가 침묵에 주목하는 것이 얼마나 중요한지 다시 한 번 보여준다. 때로는 입 밖으로 꺼내지 않은 이야기가 가장 중요한 말인 경우도 있다.

마지막으로 우리는 예술 작품에 어떻게 반응할까? 예술을 감상하는 사람은 누구나 자신의 세계관과 경험을 가지고 있다. 동시에 모든 예술가는 개성 있는 관점을 선보인다. 나는 개인과 보다 넓은 세계를 연결함으로써 예술가와 관람자가 같은 비전을 공유하도록 하는 것이 훌륭한 예술의 힘이라고 생각한다. 어떻게 보면 이는 시간과 공간을 뛰어 넘어 타인의 관점이나 시각에 닿을 수 있는 시간 여행과도 같다. 예술가와 관람자의 협력이 조각품, 그림, 음악, 글, 공연예술을 감정적 경험으로 바꾼다. 나아가 이 경험은 양쪽 사이의 교류에 의해 형성된다. 몸의 어디에서부터 감동이 느껴지고, 또 어떻게 감동받았는가? 눈앞의 예술 작품이 어떻게 영감을 불러 일으켰는가? 예술을 감상하는 순간 경험한 감정과 신체의 느낌에 보다 집중할 수 있다. 예술 작품에 몸이 어떻게 반응하는지 인지하는 데 익숙해지고 나면 예술가가 던진 메시지에 감명받은 후 며칠, 몇 달, 심지어 몇 년이 지나도 당시의 기분을 떠올릴 수 있을 것이다. 기분을 북돋을 이야기가 필요한 이와 이러한 경험을 공유해 보자. 예술에서부터 시작되는 거대한 파급 효과의 일부가 될 수도 있다.

이것이 우리의 공감 근육을 강화하는 데 예술이 어떻게 도움이 되는지 이해하는 핵심이다. 기분을 전환시키거나 관점을 바꿔서 보게 된 이야기나 음악에 어떤 감동을 받았는지 되새기는 것이 우리의 주된 반응이다. 예술은 현재의 기분에서 벗어나 그저 기능하고 수행하던 모습에서 내 삶의 질감과 뉘앙스, 모양, 색을 인지하도록 안내한다. 이를 통해 우리는 창의력과 행복에 한 발짝 더 다가갈 수 있다. 예술 작품에서 진정한 의미를 찾는다는 것은 단지 감정의 변화만 가리키는 것이 아니다. 예술 작품이 준 감동으로 인해 다른 관점이나 행동, 또는 비슷한 사람과 비슷하지 않은 사람까지 모든 인류를 한데 모으는 공통의 감정적 경험을 갖게 할 수도 있다.

CHAPTER 10

구체적 결과를 얻어 내는 공감의 리더십

2015년 파리 시내 곳곳에서 테러 공격이 일어났을 때 악셀 바고는 보스턴에 살고 있었다. 프랑스에서 미국으로 유학을 와서 하버드대학교 대학원에 다니고 있던 그녀는 자국민 129명이 테러 공격으로 인해 목숨을 잃었다는 소식에 망연자실했다. 그날 저녁, 그녀는 프랑스 정부 관계자로부터 사건에 대한 명확한 정보를 얻기 바라는 마음으로 학생들과 보스턴 시민들이 모이는 공간이자 공원인 보스턴 코먼으로 향했다. 하지만 정부 관계자는 한 마디 위로의 말도 없이 무대에서 내려갔고, 그녀는 너무 놀라 잠시 할 말을 잃었다.

"1,000명의 사람들이 함께 서서 사건의 참담함에 대해서는 아무런 언급도 하지 않은 남자를 바라봤어요. 그는 우리의 고통을 전혀 고려하지 않았어요. 그는 무엇을 해야 하는지 몰랐고 그래서 아예 시도하지 않은 듯했어요." 그녀가 당시를 회상하며 말했다. "끔찍한 일이 벌어지면 리더는 군중이 듣고자 하는 말을 해 줄 수 있어야 한다고 생각해요. 사람들이 극복할 수 있도록 도와주어야 해요. 그날 그는 안타깝게 목숨을 잃은 129명의 이름을 읽거나 의미 있는 시 혹은 구절을 읽을 수도 있었지만, 아무 말도 하지 않았죠. 그가 무대를 내려간 후 모두 방치된 듯한 기분과 실망감을 느끼고 있었는데, 왼쪽에 있던 한 남자가 프랑스 국가인 〈라 마르세예즈〉를 부르기 시작했어요. 사람들은 노래를 통해 하나가 되었고 우리는 단합의 힘을 다시 한 번 깨닫게 되었죠. 때로는 지도자로부터 아무런 말이 없을 때 음악과 예술이 우리를 한데 모아요."

바고의 이야기를 들으면서 나는 위기의 순간 리더에게 요구되는 것을 그녀가 매우 정확하게 짚었다고 생각했다. 바로 감정을 파악하고 공감하며 자신이 가지고 있는 치유와 복구의 힘을 이해하는 것이다. 비극이나 어려움이 닥칠 때 성공적인 리더는 피해 입은 사람들을 단합하고 희망의 불씨를 지속하는 방법을 알고 있다. 유능한 리더는 리더십이 지위나 권한, 권력, 특권이 아니라는 것을 인지한다. 지휘 대상이 국가든 군대든 조직이든 진정한 리더십은 전적으로 전체 집단의 성공과 안녕에 달려 있다.

리더와 추종자의 뇌

리더십은 공감에 관한 것이다. 우리는 종종 훌륭하다고 생각되는 리더를 묘사할 때 지능, 본능, 전문성을 꼽지만 훌륭한 리더는 타인의 감정에 상당히 민감하게 대응하며 자신의 감정을 조절하는 데도 전문가다. CEO와 경영진은 강인한 끈기와 단호한 결단력으로 칭찬받고, 정치가는 강경한 사고방식으로 인정받는다. 사업가는 혁신적이고 경쟁적인 성향으로 주목받는다. 하지만 이러한 자질은 리더십의 일부에 불과하다. 신경생물학에 의하면 우리는 리더의 그 어떤 자질보다 공감과 연민을 선호한다. 공감과 연민은 신경의 기능, 심리적 행복, 신체 건강, 개인적인 관계에 긍정적인 영향을 미친다. 미국 케이스웨스턴리저브대학 웨더헤드경영대학원의 리처드 보이애치스 교수는 "조직 내에서의 공감적 관심의 부재는 직원, 고객, 공급자, 공동체의 지지를 상실하는 등 여러 재앙적인 결과를 불러온다. 도덕적 관심의 부재도 마찬가지다. 그 결과 타인에 대해 생각하거나 과거를 기억하고 미래를 계획할 때 활성화되는 두뇌 영역인 디폴트 모드 네트워크의 움직임이 감소한다"라고 강조한다. 진정으로 위대한 리더는 공유 신경 회로 덕분에 섬세하고 감성적인 예민함으로 기회를 포착하고 계획의 실행 방안을 파악하는, 민첩하고 과감하며 창의적인 마음을 모두 가지고 있다. 그렇기 때문에 위대한 리더는 흔하지 않다.

심리학자 대니얼 골먼은 공감 리더십이 생각과 감정을 상호 연결함으로써 리더와 추종자의 뇌를 어떻게 바꾸는지 설명한 바 있다. 골먼은 이를 가리켜 '사회적 지능'이라고 부른다. 화학적 단계로 보자면 신경전달물질인 엔도르핀, 도파민, 세로토닌, 옥시토신이 사회적 유대감을 촉진하고 솔직함과 협력을 통해 서로를 신뢰하도록 만든다. 신경적 단계로 보면 공유 신경 회로가 리더의 생각과 감정을 반영하여 같은 생각과 감정을 따라하도록 유도한다.

사회적 유대감에 있어 상대적으로 덜 알려진 두 가지 종류의 신경 세포가 중요하다. 바로 방추세포(spindle cells)와 진동자(oscillators)다. 신경의학자 콘슨탄틴 폰 에코노모가 처음 발견한 방추세포는 '폰 에코노모 세포'라고 불리기도 한다. 크기가 매우 큰 신경세포로 공감의 고속도로 역할을 하며, 길고 두꺼운 꼬리가 다른 신경세포로 뻗어나가 뇌 안에서 생각과 감정 전달을 활성화한다. 방추세포는 전대상피질과 뇌섬엽에 위치하며 오직 인간, 유인원, 코끼리, 개, 고래, 돌고래의 두뇌에서만 발견된다. 사람들이 공감, 사랑, 신뢰, 죄책감, 유머와 같은 사회적 감정을 느낄 때와 자신의 감정을 스스로 점검할 때 활성화된다. 골먼의 설명처럼 방추세포가 공감 리더십에서 중요한 이유는 우리의 '사회적 안내 시스템'을 활성화하기 때문이다. 이를 통해 우리는 즉각적인 판단을 내려 몇 분의 1초 만에 리더와 추종자 사이에 관계와 울림을 형성한다.

중추 신경계에 위치하는 진동자는 개인과 집단 내에서 물리적 움직임을 담당한다. 오랫동안 같이 훈련해 온 스케이트 파트너들이나 수십 년을 함께한 부부를 보면 그들만의 리듬이 있음을 볼 수 있다.

함께 연주하는 두 명의 연주가의 뇌 우반구가 각자 뇌의 왼쪽과 오른쪽보다 훨씬 더 밀접하게 맞춰져 있음이 뇌 영상을 통해 밝혀졌다. 미국 노스이스턴대학교의 데이비드 디스테노 교수도 실험 대상자가 손가락을 동시에 까딱이는 것만으로도 서로에 대한 신뢰와 연민이 더 커진다는 흥미로운 사실을 발견했다. 리더십에 있어서 진동자는 집단 간에, 리더와 직원 간에 기본적인 물리적 연결 관계를 형성한다. 리더십이 본질적으로 전염성이 강한 것도 이 때문일 수 있다. 대부분의 직원은 방 안에 들어서는 순간 우리가 앞에서 다뤄 온 공감의 열쇠를 기준으로 상사의 기분과 분위기를 눈치 챈다. 리더의 감정은 마치 바이러스처럼 조직 내에 전달된다. 심지어 아무런 낌새도 알아차리지 못한 주변인이 감염되기도 한다.

이렇게 고도로 특수화된 신경 회로와 그 외 관련 있는 뇌와 몸의 여러 체계가 사회적인 공유 지능을 형성한다. 화학적·생물학적 반응이 모두 일어나고 나면 배려 깊고 감정적인 공감이 생겨나는 것이다. 좋은 리더는 추종자의 마음으로 공감을 전파한다. 공감 능력이 뛰어난 리더는 자신의 집단, 팀, 유권자들과 감정적 유대감을 형성하고 신뢰와 협력을 기반으로 하는 문화를 육성한다. 자신의 필요를 이해하고 해결할 수 있고 사람들의 재능을 발견하고 활용할 줄 안다. 또한 문제 해결에 있어 타인의 관점을 인지하고 함께하는 의사 결정 과정에 반영한다.

반대로 리더가 마음이 아닌 오직 머리로만 앞장선다면, 단기적으로는 주어진 일을 해낼 수 있으나 장기적으로는 십중팔구 성공하지 못한다. 팀과 직장 내 두려움, 불안감, 적대감을 조장하기 때문이다. 생화학적인 측면에서 보자면 불안감, 두려움, 스트레스로 인해 분비되는 코르티솔과 아드레날린을 포함한 투쟁-도피 호르몬과, 불안장애와 우울증, 비만, 심장 질환의 위험을 높이는 호르몬의 수치가 급증한다. 공감하지 못하는 리더는 효과적이지 못할 뿐만 아니라 사람들에게 엄청난 심리적 압박과 심지어 물리적 부담을 줄 수 있다. 연구 결과에 따르면 당근 없이 채찍만 휘두르는 독재적인 성향의 리더는 생산성을 저하하고 창의성을 억압하며 사기를 꺾는다.

생리적인 단계에서 보자면 인간은 체온, 혈압, 심장 박동수, 호흡수 등 신체 내 체계가 안정적으로 조절되고 유지될 때 균형 혹은 항상성을 이룬다. 이를 위해서는 자율신경계의 두 가지 요소가 조화롭게 움직여야 한다. 자동차의 가속 페달과 브레이크 페달처럼 말이다. 교감신경계는 심장 박동 수와 호흡수, 혈압, 근육으로의 혈류, 감정을 드러내는 얼굴 표정, 어조를 높이는 가속 장치의 역할을 한다. 반면 부교감신경계는 동일한 과정의 속도를 줄이는 브레이크 역할을 한다. 뇌교라고 불리는 중간뇌에 위치한 핵이 뇌 안에서 이 두 가지 장치를 통제하는 센터다.

세밀하게 조정된 우리 몸의 가속-브레이크 페달 시스템은 리더가 제 역할을 다하도록 돕는다. 불안, 불만, 혼돈, 공포가 감지되면 리더는 그냥 지나치지 않는다. 훌륭한 리더는 차분한 태도와 안정적인 어조로 투영하고 위기 상황에도 공감의 열쇠를 유지한다. 비행기 조종사 체슬리 설리 설렌버거는 항공 사고에도 자기 조절을 보여 준

유명한 사례다. 그는 영화 〈설리: 허드슨 강의 기적〉의 실제 인물로 거위 떼로 인해 비행기 엔진 양쪽이 모두 고장 나자 조종하던 US 항공의 에어버스를 허드슨 강 위에 안전하게 착륙시켰다. 급박한 순간에도 대단한 용기와 차분함을 보인 기장은 침착하고 안정적인 목소리로 탑승객과 승무원에게 자신의 계획을 설명했고 비행기는 무사히 강 위에 안착했다.

확연하게 잘 조절되고 통제된 부교감신경계 덕분에 체슬리 설리 설렌버거 기장은 차분함과 집중력을 잃지 않았고 최악의 사태를 막았다. 항공 교통 관제탑에서 그에게 왼쪽으로 비행기를 돌려 활주로로 돌아가라고 지시했을 때 그는 그저 '불가능'이라는 한 마디로만 대답했다. 소리치지도, 욕설을 내뱉지도, 감정적으로 흥분하지도 않았다. 임무만 생각한 집중력과 그의 역량은 탑승객에게 공포 대신 신뢰를 심어 주었고 그 결과 비행기에 타고 있던 155명 전원의 목숨을 구했다.

리더에게 투영되는 애착 패턴

많은 리더가 직원이 어린 시절 형성한 애착 패턴을 직장 상사에게 투영한다는 것을 잘 이해하지 못한다. 우리는 모두 지금까지 거쳐 온 모든 연령대의 자신을 마음속에 담고 있다. 그래서 의식이 요청하지 않았는데도 자동적으로 초기 경험이 유발되기도 한다. 잘 알려진 러시아의 전통 인형 마트료시카처럼 겉으로 보기에는 다 큰 어른이지만 속에는 어리고 작은 여러 명의 내가 살고 있다. 사람은 누구나 나이를 먹고 그에 따라 성숙해진다. 하지만 스트레스를 받으면 마음속에 있는 어린 내가 모습을 드러낸다. 성숙한 내가 막으려고 해도 막을 수 없다. 취약한 상태에 놓이면 내면에 있는 어린 자아가 출현할 수 있고 권위자가 실제보다 더 위협적이라고 받아들이기 때문에 성인이라도 일시적으로 아이처럼 행동할 수 있다는 점을 리더가 이해해야 한다. 친절함과 공정함으로 이러한 문제들을 해결하고 관계를 회복할 수 있다.

아이들은 어렸을 때부터 부모의 기분을 매우 유심히 살핀다. 부모에게 완전히 의지해야 하기 때문이다. 비슷한 원리로 사람들은 어렸을 때 형성한 권위자에 대한 인식을 직장 상사나 리더에게 투영한다. 그리고 리더의 기분이나 행동에 큰 의미를 부여한다. 무의식적으로 애착, 인정, 칭찬, 가치와 관련된 자신의 요구를 상대인 리더에게 표출한다. 일관성, 예측 가능성, 공감은 가족 내 안정적인 애착 관계를 형성하고 온기와 신뢰를 가져오는 유대감과 관련된 호르몬 분비를 촉진한다. 리더가 이러한 특성을 보이면 추종자 역시 같은 감정을 느끼게 된다.

최악의 상황을 상상하고 위험을 부풀려서 받아들이는 성향의 원인을 대개 유아기에서 찾을 수 있는데, 어릴 적 통제가 제대로 되지 않고 버림받을지도 모른다는 두려움이 만연했을 가능성이 있다. 존 볼비의 애착 이론에 따르면 한 개인의 바람직한 발달을 위해서는 적어도 한 명의 보호자와의 강력한 감정적·신체적 연결 고리가 필수적이다. 학대받은 아이들의 80퍼센트가 혼란 애착을 보였는데, 이는 스트레스에 노출되었을 때 나타나는 예측 불가능한 반응을 설명한다. 직원을 아이처럼 대하는 것은 부적절하지만, 자신감이 떨어지면 지지와 칭찬에 대한 각기 다른 요구를 가지고 있다는 점을 기억할 필요가 있다. 따라서 리더는 위협을 최소화하고 두려움이나 압박 대신 다른 동기 부여 도구를 활용해야 한다. 특히 직원이 새로운 기회를 찾을 수 있도록 해고할 때, 조직은 존중을 바탕으로 앞으로 직원의 재능과 역량과 딱 맞는 기회가 있을 것이라는 희망을 전달하는 방향으로 해고 과정을 진행해야 한다.

기업의 이윤을 증진시키는 공감 지수

논쟁의 여지없이 명백한 사실 수치를 제시하는 하드데이터는 보기 드문 편이다. 하지만 종종 '기업의 공감을 측정하는 수치'라고 불리는 글로벌 공감 지수를 살펴보면 공감이 기업의 이윤을 증가시킨다는 것을 알 수 있다. 2015년 설문 조사에 참여한 총 160개 기업 중 최상위 10대 기업은 최하위 10대 기업보다 직원당 순이익을 50퍼센트 이상 더 많이 기록했다. 글로벌 공감 지수는 기업의 직원 대우 수준과 고객과의 소통 능력 측면에서 이러한 수치들을 분석했다.

공감을 연구하는 나와 우리 연구진은 최근 '인정과 숙련도의 트레이드 오프'라고 알려진 개념에 대한 연구 결과를 발표했다. 우리의 연구는 친절함과 능력 사이에는 상반 관계가 있을 것이라는 오래된 믿음을 반박했다. 착한 사람은 대개 능력이 부족하다고 인식되어 왔다. 그러나 실제로는 공감 능력이 결핍된 리더는 사람들의 확신, 존중, 신뢰를 얻는 데 어려움을 겪는다. 반대로 업무 능력에서도 대인 기술이 중요하다는 생각이 점점 더 커지고 있다.

우리 연구진은 최근 매사추세츠종합병원에서 이에 대한 연구를 진행했다. 실험 참가자가 매긴 점수 결과를 살펴보니 비언어적 공감 행동을 보인 의사가 더 친절하다고 대답했는데, 이는 예측 가능한 부분이었다. 그런데 친절할 뿐만 아니라 이러한 의사가 더 실력이 좋다고 생각하기도 했다. 의사로서 인간적인 모습을 보이면 능력이 부족한 것처럼 보일 것이라는 우려는 근거 없음이 밝혀진 것이다.

우리가 진행한 연구 결과에 따르면 대인 기술과 감정 지능은 숙련도의 인지에 영향을 미친다. 직원의 감정에 무지한 리더는 공통의 목적을 달성하기 위해 함께 일하는 과정에서 문제에 부딪힐 가능성이 더 크다. 도대체 리더가 누구를 이끌고 있는 것일까? 목회자이자 리더십 전문가 존 맥스웰은 "당신이 이끌고 있는데 아무도 따라오지 않는다면, 그건 그냥 산책에 불과합니다"라고 말했다.

공감 능력이 뛰어난 리더는 관계 관리에도 탁월하다. 신뢰를 기반으로 한 관계는 정보 파악 및 처리 능력과 해결책 도출 능력을 향상시킨다. 유대감을 형성하고 집단을 한데 모으는 단단한 사회적 접착제다. 이를 통해 사람들은 더 긴밀한 관계를 쌓고 서로의 관심사와 관점을 이해하게 된다. 또한 사람들이 희망과 두려움을 표현할 수 있는 안전한 환경을 조성하고 처벌과 비난 섞인 평가가 주를 이루는 경영 스타일은 전반적으로 피한다.

그렇다고 공감 능력이 뛰어난 리더가 모두를 만족시키기 위해 스스로를 마구 구부려야 하는 것은 아니다. 내 친구 엠마는 직장 상사를 인간적으로는 좋아하지 않지만 매우 멋진 리더라고 설명한다. "그 사람의 비전이 명확하게 보이고 또 나를 전적으로 지지해 줄 것이라는 확신이 들게 해. 그 사람과 점심 식사를 하고 싶지는 않지만, 그를 따라서 불이 난 건물 안으로 들어갈 수 있어."

공감은 근본적으로 리더가 자신을 따르는 사람들의 감정과 생각을 읽고 관점을 파악해 더 선명한 비전을 가지고 앞으로 나아갈 길을 찾는 데 도움이 된다. 공감은 '전염성'이 있기 때문에 협상, 협력, 갈등 해결에도 유용하다. 리더십을 보여야 하는 자리는 또한 경계가 분명해야 한다.

타인에 대한 보다 깊은 이해는 리더가 시야를 넓히고 인간적인 면모를 키우는 데 도움이 될 것이다. 물론 인간적인 리더가 되기 위해 그릇된 행동에 대한 책임을 묻지 않아야 하는 것은 아니다. 자신의 역할에 충실한 리더여야 어려움과 위기가 닥쳤을 때 사람들은 리더를 추종하고 자문을 구할 것이다.

2016년 미국 대통령 선거: 공감의 부재와 그릇된 공감

권력자 중에는 분위기를 매우 잘 파악하는 사람이 있다. 이들은 추종자의 감정적 온도를 어떻게 읽는지 이해하고 있다. 아메리카대학교 홍보팀 다니엘 쿤 기자는 선거 전 도널드 트럼프의 유세 현장 분위기를 이렇게 설명했다. "정말이지 트럼프의 엄청난 유세 현장은 절반은 록 콘서트 같았고 절반은 프로 레슬링 경기장 같았어요. 현장 안 분위기는 열광적이었어요. 안으로 들어가면 흥분한 사람들이 있었죠." 쿤은 계속해서 트럼프가 잔뜩 고무된 관중 분위기를 어떻게 흡수하고 또 "미국을 다시 위대하게", "장벽을 지을 것", "머지않아 우리는 다시 한 번 메리 크리스마스라고 말할 수 있을 것"이라는 말을 반복하며 분위기를 고조시켰는지 묘사했다. 그곳에 모인 사람들은 트럼프의 짤막한 농담을 모두 알고 있었고 반복되는 말을 기쁘게 따라했다.

이것이 과연 리더십의 예일까? 공감을 기반으로 한 리더십의 예라고 볼 수 있을까? 애초에 공감이라고 할 수 있을까? 이러한 리더십 스타일은 신경과학자들이 '감정 전이'라고 부르는 개념에 기초를 두고 있다. 감정 전이란 영화관 안에서 누군가 '불이야!'라고 외쳤을 때 일어나는 일을 가리킨다. 뇌의 시상이 순식간에 강렬한 감정을 감지하고 이 신호를 뇌에서 감정을 담당하는 편도체로 보내 얼굴 표정을 급격하게 바꾸고 사람들의 감정을 하나로 통일하는 다른 신호를 보낸다. 감정 전이는 화재를 대피하라는 신호를 보낼 때 필요하다. 그러나 관중을 흥분시키고 혼란을 야기할 때도 쓰인다. 이쯤에서 때로는 정치적 리더십에서 공감이 어떻게 사용되고 또 남용되는지 살펴보자.

공감은 인류를 하나로 결속하는 접착제다. 함께 살아가는 사람들이 무엇을 중요하게 생각하고 또 어떤 것에 감동하는지를 알려준다. 공동체에 대한 관심과 관리를 향상하기 위해 쓰인다면 공감은 거버넌스의 지침 역할을 한다. 강압과 조작의 수단으로 쓰이거나 한 집단을 다른 집단 위에 두기 위해 남용된다면 공감은 양극화와 '나를 제외한 나머지'라고 여겨지는 집단에 대한 폄하, 나아가 사회의 균열을 초래할 수 있다. 공감의 남용은 리더로부터 시작된 감정 전이가 곧 리더의 진심 어린 관심이라는 그릇된 희망을 부추긴다.

우리 사회를 어떻게 통치할 것인지 그 열쇠는 정치 지도자들이 쥐고 있다. 서로 연결된 오늘날 세상에서 리더의 결정과 행동은 자국에 영향을 미칠 뿐만 아니라 전 세계에 파급 효과가 나타난다. 권력을 마음대로 휘둘러 자기 확대나 사리사욕의 수단으로 쓰거나 두려움과 증오라는 전략을 내세워 대중을 지배하는 지도자는 사회를 타락시킨다. 공감 능력이 낮은 사람일수록 이러한 지도자에게 끌리는 것인지, 권력이 공감 능력을 저하시키는 것인지 확실하지는 않다. 지도자가 대중을 지배하는 순간 두 가지가 한꺼번에 작용할 것이라고 생각한다. 국경 너머에 있는 사람에 공감하고 피부색, 종교, 신념에 관계 없이 누구나 인류의 한 사람으로 대하는 것이야말로 인간이 가진 공감의 절정이다. 인권 단체 및 시민 단체와 더불어 "모든 사람은 평등하게 태어났다"라는 민주주의의 가치를 소중하게 여기는 사람들 덕분에 많은 진전이 있었지만, 아직도 수많은 장애물이 계속해서 등장하고 있다.

정치적 지도자들이 공감을 활용, 때로는 남용하면서 역사상 가장 파괴적이며 분열을 초래하는 비극이 벌어졌다. 나폴레옹에서부터 히틀러까지 수없이 목격했듯이, 공감은 충분히 부정직하게 쓰일 수 있다. 지도자가 공감의 어두운 면, 즉 사람들이 무엇을 듣고 싶어 하는지 파악한 다음 원하는 대로 줄 수 있는 능력을 이용하는 것을 심심치 않게 봐 왔다. 비록 그것이 사람들에게 해가 되더라도 개의치 않는다. 이러한 지도자는 소외당했다고 느끼는 사람들을 부추기기 위해 약속부터 하고 본다. 민주주의의 신념과 원칙에 반한다고 해도 말이다.

2016년 대통령 선거 이후 미국 내 양극화의 심각성만 보더라도 도를 지나친 공감이 어떤 모습인지를 알 수 있다. 이에 대한 논의를 시작하기 전에, 먼저 몇 가지 분명하게 말하고자 한다. 나는 결코 양당의 투표자를 비난하거나 용납하려는 것이 아니다. 그저 공감이라는 렌즈를 통해 대선을 살펴보고 리더십을 이야기할 때 참고 가능한 주요 핵심을 짚어 보고자 한다. 공감이 잘못 사용되었던 경우와 아예 부재했던 경우를 둘 다 살펴보자.

먼저 우리 사회에서 권리를 박탈당하고 소외된 계층이 어떻게 도널드 트럼프를 향한 단단한 지지층으로 변모했는지 알아볼 필요가 있다. 2016년 대선의 승리 중 하나는 이렇듯 전혀 존재감이 없었지만 엄연히 우리 사회의 일부인 구성원들이 주목받았다는 것이다. 모순적이게도 트럼프는 대선 전에는 직업이 없고 재정적으로 어려우며 가난한 백인의 어려움에 대해 거의 신경 쓰지 않았다. 그는 이민에 반대하고 미국인 노동자를 옹호하는 말들을 늘어놓았지만, 언론 기사는 트럼프가 그의 왕국을 세우기 위해 불법 이민자를 빈번하게 고용했다는 사실을 폭로했다. "미국을 다시 위대하게"라는 그의 슬로건은 그의 가족이 판매하는 대부분의 제품이 해외에서 제조되었다는 사실과는 상충되는 것이었다. 트럼프는 엘리트 계층 출신의 억만장자였고, 그가 설득하고 표심을 잡으려고 애쓴 부류의 사람들을 값싼 임금으로 부리거나 속이는 안타까운 습관 등의 평판이 있었지만, 그는 소외되고 버림받았다고 느꼈던 사람들의 고통을 통감한다고 설득하는 데 성공했다. 이는 커다란 분노와 고통을 느끼던 사람들의 경험을 그 순간에 그대로 따라함으로써 그들의 감정적 신경 회로를 건드렸기 때문에 가능했다. 이러한 전략이 효과를 거둔다면, 유세 기간 동안 트럼프가 했던 말과 그의 실제 행동을 묘사하는 언론 기사를 합리적으로 비교하는 전전두엽피질의 인지적 처리 과정이 감정으로 대체된다.

트럼프의 '미국우선주의' 슬로건에 동감할 수도 있겠지만, 문제는 진정한 공감이 결핍되어 있다는 것이다. 그가 대선 출마 의사를 밝히기 이전부터 이미 수십 년 동안 최저 수준의 실업률과 최고 수준의 경제적 안정을 기록했는데도 미국이라는 나라가 더는 위대하지 않다는 발상으로 가득 채운 슬로건이었다. 이를 통해 트럼프는 인구의 특정 계층을 공략했다. 바로 기존의 정치가로부터 의견이 무시당하고 빚더미로 고통받던 중 · 저소득층 백인이었다. 마치 공감처럼 보이는 이러한 행동에 희망의 메시지를 갈구했던 열정적인 지지자들이 몰려들었다. 이들은 근로자를 부당하게 대하고 미인대회 우승자에게 뚱뚱하다며 수치심을 주거나 여성을 성추행한 그의 행동들을 눈감아 주었다. 자신들이 겪는 고통에 대한 그의 가짜 공감이 너무나도 절실하게 듣고 싶었던 말이었기 때문이다.

트럼프는 실업자에게 일자리를 주겠다는 메시지를 다른 사회 구성원을 모독하고 악마 취급을 하거나 비난하는 메시지에 연결시켰다. 저소득층의 소외된 백인에게는 꾸며 낸 공감을 보이면서도 사회에서 '다르다'고 여겨지는 사람들과 외집단을 향해서는 독설에 찬 적대감을 부추겼다. 실제로 그는 공감의 정반대를 실천했다. 미국 사회에 커다란 부분을 차지하는 취약 계층을 무시하고 모욕했으며 경멸했다.

트럼프는 멕시코인, 이슬람교도, 이민자, 여성 등 그가 정한 외집단을 겨냥한 공개적인 적대감과 경멸을 조장했다. 이에 힐러리 클린턴 후보는 트럼프의 지지자를 '개탄스러운 집단'이라고 부르며 대선 유세 기간 동안 가장 충격적으로 공감이 결여된 말을 뱉기도 했다. 클린턴은 트럼프의 지지자와 트럼프가 만들어 낸 정치적 기반만큼이나 '개탄스럽다'라고 비난하는 엘리트주의적인 표현을 사용함으로써 그녀는 수백만 명의 미국인들로부터 멀어졌다. 수많은 사람이 트럼프에 열광한 중요한 이유가 정치계의 공감 부재 때문이라는 사실을 클린턴은 이해하지 못한 것이다.

클린턴의 '개탄스러운 집단'이라는 비난은 그야말로 재앙적인 결과로 이어졌다. 그녀는 아마도 대부분의 미국인이 가장 중요하게 여기는 우선순위라고 생각했던 민주주의적 가치에 중점을 두었을 것이다. 그러나 1943년 미국의 심리학자 에이브러햄 매슬로우가 잘 설명한 인간의 욕구 5단계를 충분히 인식하는 데는 실패했다. 그 결과 이러한 유권자들의 고통을 함께 나누는 공통의 심리적 경험을 형성하지 못했고 오히려 이들 모두가 그녀의 반대편과 같은 가치를 공유한다고 가정하며 판단했다.

매슬로우는 본능적인 인간의 욕구를 충족하는 데서 심리적 건강이 비롯된다고 주장했다. 대부분의 사람은 가장 먼저 음식, 주거지, 안전과 같은 생존과 직결된 요구 사항에 집중한다. 그런 다음 단계별로 올라가며 인종 및 양성 평등, 언론의 자유, 민주주의 등 한층 더 사색적이고 철학적인 관심사로 넘어간다. 삼각형의 가장 아래 단계는 생리적 요구를 나타낸다. 그 다음으로 위로 올라갈수록 안전의 욕구, 애정 및 소속의 욕구, 자아 존중의 욕구, 맨 위에는 자아실현의 욕구가 있다. 인간의 욕구 5단계의 훌륭한 예로 국제투명성기구가 진행한 설문 조사를 들 수 있다. 해당 기구는 중요한 선거를 앞둔 불가리아 국민에게 투표권을 팔지 않겠냐고 물었다. 10퍼센트 이상의 응답자가 20달러라는 적은 금액에 팔 의향이 있다고 대답했다. 미국의 경우 응답자의 70퍼센트가 언제든지 현금을 받고 자신에게 주어진 투표권을 팔겠다고 답했으며, 가장 큰 이유로 가난을 꼽았다. 세계 각국에서 비슷한 설문 조사를 실시했는데, 결과 역시 유사했다. 이는 사람들이 상대적으로 보잘것없는 액수에 고귀한 특권을 판매할 정도로 미래의 욕구보다 당장의 욕구를 우선시한다는 점을 보여준다.

매슬로우의 5단계에서 알 수 있듯이, 대부분의 사람은 시민권, 이민자가 마주한 어려움, 환경에 대해 걱정하기 전에 먼저 월급을 제대로 받을 수 있다는 확신(혹은 생존의 욕구)을 필요로 한다. 안타깝지만 클린턴이 옹호했고 나아가 함께 나누고 찬양받던 미국의 민주주의 가치는 엘리트주의적이라며 조롱당했다. 공통점은 너무나도 빠르게 사라졌고 그 결과 트럼프 지지자들과 클린턴 지지자들 사이의 간극은 그랜드 캐니언만큼이나 깊어졌고 커졌다.

그러는 동안 트럼프는 전통적인 미국 노동자의 생각을 정확하게 읽어 냈다. 메시지의 초점을 '우리 대 그들'이라는 미사여구에 맞춤으로써 거짓 공감으로 이들의 두려움을 이용했다. 부족적 사고방식에 다가가고 방어 태세, 장벽, 고립을 만드는 뇌의 두려움 담당 영역에 호소함으로써 트럼프는 지지자 기반을 더욱 탄탄하게 다졌다. 오바마 전 대통령의 연설문 작성자였던 사라다 페리는 〈뉴욕타임즈〉에 기고한 에세이에서 이를 아주 잘 요약했다.

"대부분의 국민들은 큰 충격을 받았지만, '우리 대 그들이라는 미사여구'는 그가 '우리'라고 인정한 소규모 집단으로부터 지지를 이끌어 냈다."

페리는 계속해서 워싱턴에서부터 링컨, 시어도어 루즈벨트에 이르기까지 역사상 가장 위대한 지도자들은 트럼프와는 정반대의 방향으로 나아갔다고 지적한다. "이들은 의도적으로 보다 근본적인 본능을 초월하는 쪽을 택했고 그 대신 공동의 인류애에 호소했다"라고 글에서 밝히고 있다. 또한 덧붙인 그녀의 설명처럼 트럼프는 결코 평범한 정치인이 아니다. 그렇기 때문에 그는 일반적인 공감의 절충 과정을 겪지 않아도 된다. 적어도 지금까지는 그랬다. 그가 홀로 그를 따르는 보수주의자에게 말을 건네면 그들은 마침내 자신들의 목소리에 누군가 귀 기울이고 있다고 믿게 된다.

빠르게 변화하는 경제와 외국인에 의한 테러 공격으로 인해 생겨난 계층 간 갈등을 교묘하게 이용함으로써 트럼프는 경제적 어려움을 호소했지만 오랫동안 무시당해 온 계층에 활력을 불어넣었다. 그는 이러한 우려를 이민자에 대한 증오, 국경 너머에 있는 이들을 향한 불신, 백인 우월론자와 신나치집단에 대한 관용과 솜씨 좋게 결부시켰으며 지지자의 중간뇌에 자리한 두려움 인지 영역을 강하게 자극했다. 이로써 다른 소외된 집단에 대한 공감을 제로섬 게임으로 만들어 버렸다. 이는 미국 중산층의 가치관이 아니었지만, 트럼프는 가짜 공감과 거짓된 약속으로 박탈감을 느끼던 사람들에게 자신이 경제적 안정을 보장하는 리더라는 믿음을 주었다. 물론 지금은 우리가 알고 있듯이 이는 인류에 막대한 희생을 치르고 있다.

너무나도 많은 사람이 실제로 곤경에 처해 있기 때문에, 트럼프의 잘못된 공감과 미국에 대한 호소는 성공적이었다. 사람들은 미래에도 상황이 나아지지 않을 것이라고 생각한다. 2016년 출구 조사 결과 15퍼센트의 유권자가 '나를 신경 쓰는' 후보가 매우 중요한 요소라고 대답했다. 클린턴은 이러한 자질에서 트럼프보다 23포인트 앞섰다. 하지만 '변화를 가져오는' 능력이 후보의 가장 중요한 자질이라고 대답한 유권자의 약 40퍼센트 중에서 트럼프는 68포인트라는 놀라운 격차로 클린턴을 따돌렸다. 미국인들이 트럼프가 진심으로 그들을 신경 쓴다는 생각에 속지 않았던 것일까? 어쩌면 사람들이 변화를 더 갈구한 것일 수도 있다. 더욱이 이 집단에 대한 클린턴의 공감이 부재하다는 사실이 변화를 더욱 중요한 우선순위로 만들었다.

전 CNN 앵커 프랭크 세스노는 트럼프가 SNS 덕분에 탄생한 정보 거품을 이용해 그의 메시지를 클린턴보다 더 효과적으로 전달할 수 있었다고 생각한다. 핵심을 꿰뚫는 질문의 전문가로 잘 알려진 세스노는 그가 쓴 책《판을 바꾸는 질문들》에서 우리가 뜻을 함께하는 사람들로 이루어진 온라인 공동체에 어떻게 통합되는지를 트럼프가 잘 이해하고 있다고 설명한다. "트럼프는 이들을 어디에서 찾아야 하는지 그리고 조망 수용과 공감의 보다 계산적인 측면을 통해서 어떻게 말을 걸어야 하는지를 알고 있었다. 반면 클린턴은 똑같은 메시지를 가지고 전국에 있는 사람들에게 말을 걸려고 했다"라고 그는 지적한다.

흥미롭게도 후보자일 때의 행동과 지도자로 선출되었을 때의 행동에 대한 인식이 늘 일치하지는 않는다. 미국 대통령으로 선출된 이후 트럼프는 미국 버지니아주 샬로츠빌에서 평화 시위를 하고 있던 사람들을 급습해 수백 명의 사상자를 낸 백인 우월론자와 신나치주의자를 규탄하는 대신 뜸을 들였다. 이는 수많은 트럼프 지지자를 포함한 대다수의 미국인에 대해 많은 것을 일깨워 준다. 처음에 그는 비극적인 사건에 대해 아무런 언급도 하지 않다가 나중에 발표한 그의 입장은 "일자리가 인종차별에 대한 답이다"였다. 다시 한 번 트럼프는 편견에 대한 관용과 경제적 안정 사이의 경계를 애매모호하게 만들었다.

마찬가지로 그는 미국 플로리다주 파크랜드에서 일어난 학교 총기 사건의 피해자들과 이야기할 때 공감을 '큐 카드'처럼 사용하여 미국에서 일어난 가장 끔찍한 사건으로 큰 슬픔에 빠진 부모와 학생을 위로하는 능력이 결여되어 있음을 보여 주었다. 치명적인 공격용 무기 구입에서 나이 제한을 상향 조정하는 데 있어서도 계속해서 입장을 바꾼다는 점은 그가 누구의 관심사를 가장 중요하게 생각하는지 엿볼 수 있는 대목이다.

현재 미국에는 공감이 심각하게 그리고 근본적으로 결여되어 있다. 이에 대한 대가가 우리의 소중한 자유와 민주주의가 될 수 있다는 우려의 목소리도 나온다. 나아가 트럼프는 계속해서 클린턴이 선거에서 패배했기 때문에 그의 원칙에 반대하는 사람들은 그저 '패배를 인정하지 못하는 사람'이라고 주장한다. 민주당에 대한 이런 식의 잘못된 묘사는 기후 변화를 부인하고 이민자를 포용하지 않으며 평등한 권리를 무시하고 공동체인 인류를 모욕하는 등 트럼프의 부적절한 행동으로 인한 경고의 심각성을 줄이고 깎아 내린다.

나는 트럼프가 직계가족, 그리고 그들의 배우자들과 매우 가깝게 지낸다는 점은 그를 싫어하든 좋아하든 모두가 인정하는 사실이며 그가 공감을 표현할 줄 아는 사람임을 증명하는 증거물 제1호라는 이야기를 들은 적이 있다. 나는 그를 진찰한 적도 없고 개인적으로 대화를 나누어 본 적도 없기 때문에 그가 자신의 확장판이라고 생각하는 사람들, 즉 직계 가족을 향해 어떤 식으로든 감정을 느낄 것이라고 생각한다. 2017년 1월 31일, 〈피플〉지는 "트럼프 일가의 비밀과 거짓: 자녀에게 대가가 무엇이든 비열하게 싸우고 이기라고 가르친 도널드 트럼프. 가차 없는 가족 문화가 자녀와 그의 형제자매들, 나아가 대통령직에 미친 영향"이라는 제목의 시리즈 기사를 통해 트럼프의 자녀 교육 지침서를 소개했다. 이러한 가르침이 그가 가지고 있는 공감의 형태를 반영한 것이라고 추측할 수 있을까?

트럼프는 알지 못하는 사람에게는 크게 공감하지 못한다. 여기에는 그의 충성스러운 지지자와 심지어 정치적 최측근도 포함된다. 그러나 그는 약점을 자신에게 유리한 방향으로 이용하는 능력 덕분에 이러한 사람들의 대변자가 되었다. 사람들이 변화를 갈망하던 시기에 대선 후보로서 가난한 백인 사회의 고통을 이용했고, 그런 그의 능력은 충성심과 헌신을 만들어 냈다. 그러나 샬로츠빌 폭동과 같은 상황에서 수많은 미국인은 분리된 나라를 단합시킬 공감 능력이 뛰어난 국가 원수를 원했지만 안타깝게도 뜻대로 되지 않았다.

물론 트럼프가 공감 능력 시험에서 탈락한 유일한 정치 지도자는 아니다. 셀 수 없이 많은 역사적 사례가 있다. 미국의 가까운 과거를 살펴보자. 조지 W. 부시는 허리케인 카트리나 때 보인 대응 방법 때문에 무심하다고 잘 알려져 있다. 냉담하고 무정하다는 평판은 임기 내내 그를 따라다녔다. 버락 오바마 역시 순직한 법 집행기관의 구성원을 위로하는 성명서를 발표하지 않았다는 비난을 종종 받았다. 미국의 번영에서 소외되었다고 생각한 유권자에게 공감하지 못한 힐러리 클린턴의 사례는 앞서 이미 소개했다.

다행스럽게도 정치권에서 공감이 실천되었던 좋은 사례도 찾아볼 수 있다. 종종 리더가 공감을 제대로 이해하는 경우도 있다. 조지 W. 부시는 허리케인 카트리나에 뜨뜻미지근하고 부적절한 대응으로 많은 비난을 샀다. 그러나 대다수의 미국인이 뉴욕시와 펜실베니아주 워싱턴 D.C.를 충격에 몰아넣은 9.11 테러 이후 그가 조국을 위해 지원을 아끼지 않았다는 점에 동의할 것이다. 그는 사고 현장을 찾아가 사람들과 직접 대화했으며 미국의 이슬람교도인 대부분이 충성스럽고 올바른 시민이라는 점을 강조했다. 바람직한 행동이었다. 소수가 저지른 잘못에 대한 책임을 특정 인종 전체를 배척한다고 해서 도움이 되었던 적이 있는가?

비슷한 맥락에서 존 매케인 상원의원이 2008년 대선 당시 상대 진영 후보였던 버락 오바마를 옹호했던 일은 잘 알려진 사실이다. 유세 현장에서 한 여성이 매케인에게 다가와 마이크에 대고 이렇게 말했다. "나는 오바마를 믿을 수 없습니다. 그에 대한 글을 읽었는데, 아닌 것 같아요. 아무래도 아닌데……. 그는 아랍인이에요." 매케인은 바로 머리를 저었다. 그는 여성에게서 부드럽게 마이크를 가져와 대답했다. "아닙니다. 그는 올바른 가장이고 시민입니다. 그저 나와 근본적인 문제들에 대해 의견 차이가 있는 사람일 뿐입니다. 이 선거의 핵심도 바로 이 부분이죠."

매케인은 계속해서 오바마의 편을 들었다. "그는 좋은 사람이고 무서워하지 않아도 되는 사람입니다. 내가 훨씬 더 좋은 대통령이 될 것이라는 확신이 없었다면, 나는 선거에 출마하지 않았을 것입니다. 이것이 핵심입니다. 나는 오바마 의원과 그가 이룬 업적을 존경합니다. 앞으로도 그를 존중할 것입니다. 나는 모두가 서로를 존중하기를 바랍니다. 꼭 그렇게 합시다. 왜냐하면 이것이 미국에서 정치하는 방법이기 때문입니다."

매케인은 이 사례를 통해 진정으로 존경받아 마땅한 리더십을 보여 주었다. 상대편을 폄하하지 않으면서 자신의 가치를 표현할 수 있었기 때문이다. 이처럼 버락 오바마의 인품을 옹호하는 공감 어린 말을 통해 매케인은 진정한 공감을 실천했다. 바로 정치적 의견 차이와 상관없이 상대방을 존중하고 솔직함, 진정성, 말과 행동의 일치, 인류를 향한 존중 등 인성을 보여 주는 신호를 바탕으로 상대방을 평가하는 것이다. 미끼를 덥석 물고 상대편 후보의 정치적 견해를 비방하는 대신 매케인은 그의 인간성에 대해 자신이 알고 있는 사실을 이야기했다.

리더십에 활용하는 공감의 일곱 가지 열쇠

공감에 대한 글을 쓸 때 일부 작가들은 공감이 가지는 함정에 초점을 맞추어 세계적인 문제와 고통은 외면한 채 내집단에만 호의를 보이는 사람들의 경향만 강조하면서 인간의 특성을 비하하기도 한다. 하지만 이러한 관점은 너무나도 근시안적이다. 유전학과 후성 유전학에 의하면 인간의 뇌가 바뀌려면 아주 오랜 시간이 필요하다. 인지적 그리고 정서적 요소의 상호 작용을 통해, 부족 개념을 기반으로 하는 해결책이 상호 의존적인 오늘날에는 더 이상 효과적이지 않다는 인식이 점차 커지고 있다. 부족 개념을 기반으로 한 해결책은 전쟁과 파괴, 파멸을 부르므로 세계 지도자들은 전 세계에 미치는 영향은 배제한 채 자국의 특정 이익만 생각하는 단편적인 사고가 더 이상 유용한 옵션이 아니라는 점을 이해해야 한다. 우리가 가진 내집단에 대한 개념을 어떻게 확장시킬 것인지에 초점을 맞추는 것이 더 생산적이라고 본다.

사람 사이에 존재하는 장애물과 벽을 허무는 한 가지 방법은 E.M.P.A.T.H.Y.의 열쇠를 일대일이 아닌 집단 내의 상호작용에서 활용하는 것이다. 몸짓 언어나 기타 비언어적 신호는 집단 전체가 어떤 감정을 느끼고 있는지에 대해 유용한 정보를 제공한다. 몇몇만 미소를 띠고 있거나 구부정한 자세, 눈에 띄게 가라앉은 에너지는 서로 간에 연결 고리가 부족하다는 미묘하지만 명백한 단서를 준다. 한 번은 참석자가 1만 명이 넘는 컨퍼런스에 간 적이 있다. 컨벤션

센터 전체가 지루하고 무관심한 에너지로 가득했다. 이 분위기가 어디에서 비롯되었을지 곰곰이 생각하다, 텅 빈 표정으로 축 늘어진 채 복도를 돌아다니고 있는 사람들을 발견했다. 컨퍼런스는 9.11테러 이후 불과 몇 달 후에 열린 것이었다. 국가적 재난과 그로 인해 상심한 사람들의 마음은 고려하지 않은 채 정해진 의제를 추진한 것이었다. 그것은 완벽한 실패였다.

진정한 강인함과 힘을 보여 주려면 공감의 정확성을 활용하는 양방향 접근이 필요하다. 이를 통해 청중은 리더에게 메시지를 전달하는 가장 좋은 방법을 알려줄 수 있다. 유능한 리더는 상대에게서 공유되는 감정이 무엇인지 인지해야 적절한 감정적 반응을 할 수 있다는 것을 안다. 시각적 그리고 언어적 신호를 사용해 집단 전체의 분위기를 해석한다. 청중의 감정에 이름을 붙인 다음 자신의 언어적 및 비언어적 신호를 통해 메시지를 적절하게 다듬을 수 있어야 한다. 동시에 진실함, 솔직함, 신뢰성을 유지해야 한다.

눈 맞춤은 특히 강력한 도구다. 자기공명영상을 통한 실험에서 시선을 피하고 있는 화난 얼굴과 시선을 똑바로 맞추고 있는 무서운 얼굴을 보았을 때 감정을 관장하는 뇌의 영역인 편도체에서 매우 강력한 반응이 일어났다. 이는 정상적인 반응이다. 위협은 방어적인 반응을 비롯해 무기력함과 두려움의 초기 기억을 유발한다. 그렇기 때문에 시선이 매우 강력한 것이다.

집단 내에서 눈 맞춤을 활용하는 전략은 일대일 만남일 때만큼이나 중요하다. 물론 응용 방법은 다르다. 카메라 렌즈를 향해 말할 때는 다른 사람과 시선을 교환할 때처럼 똑바로 응시한다. 눈을 깜빡이지 않고 멀리 10야드 떨어진 곳을 멍하니 바라보는 것은 자신감이 부족하거나 무능해 보일 수 있으므로 삼가는 것이 좋다. 청중 앞에서 말할 때는 먼저 방 안을 훑은 다음 이 사람 저 사람과 짧게 눈을 맞추는 것이 도움이 된다. 이렇게 순식간에 몇 사람과 눈을 맞추는 것만으로도 방 안에 있는 모든 사람과 유대감을 형성할 수 있다. 리더가 집단 전체뿐만 아니라 개개인을 본다는 인상을 주기 때문이다.

기억하겠지만 어조는 우리가 전달하는 감정적 정보의 대략 38퍼센트를 차지한다. 어조는 대개 말의 텍스트 자체보다 더 중요하며 공감적 의사소통을 결정짓는 요소다. 청중 앞에서 이야기하거나 스크린을 통해서 말할 때 모두 어조는 중요하다. 효과적인 리더십에 관한 연구에서 리처드 보이애치스는 리더가 나쁜 소식을 전하더라도 차분한 어조를 유지하면 추종자들로부터 여전히 유능한 리더로 인식되었으며, 존중받는다는 점을 발견했다. 어조는 두 개의 신경계 조절 장치의 영향을 받는다. 하나는 투쟁-도피 반응을 일으킬 때 톤이 높아지거나 떨리면서 두려움이나 불안을 드러낸다. 또 하나는 위험에 부딪혔을 때 차분하고 고요하며 합리적인 목소리를 낸다. 유능한 리더일수록 감당하기 힘든 부분에 대해 생각하는 대신 통제할 수 있는 부분에 집중하고 상황을 처리 중에 있음을 알림으로써 폭풍 속에서도 침착함을 유지한다.

리더가 상대의 모든 것에 경청한다면 참여도와 만족도를 극대화할 수 있다. 특히 기업이 몸집을 줄여야 하거나 해고를 감행해야 할 때, 공감과 연민을 잘 전달하면 기업과 리더를 향한 충성도가 향상되고 심지어 곧 회사를 떠날 직원도 충성심을 보인다. 하지만 냉담한 태도로 인원 감축을 진행한다면, 기업은 향후 사정이 좋아져 소중한 직원을 다시 고용하는 데 많은 어려움을 겪게 된다. 공유 신경 회로는 뛰어난 장기 기억력을 가지고 있는 듯하다.

공감 능력을 활용할 때 적극적 경청뿐만 아니라 감정이나 적절한 반응도 사용해야 한다. 공감 능력이 뛰어난 리더는 기회가 될 때마다 전달하고자 하는 핵심과 더불어 공유되는 지적 유대감에도 집중한다. 타인의 감정이 자신의 기분과 직접적으로 충돌할 때에도 함부로 상대방을 판단하지 않는다. 감정을 인지하되 결과를 좌지우지하도록 내버려 두지 않는다. 감정을 관찰하는 데 좀 더 시간을 들이면 세심함을 기를 수 있다.

기업의 리더는 최종 결산 결과가 가장 시급한 관심사라고 생각하기 쉽지만, 사실 직원의 참여도와 관심도가 기업의 성패를 가른다. 공감 능력이 뛰어난 리더는 사람들이 앞으로 전진하려는 목적을 이해한다. 직원의 입장에서 생각하는 리더는 직원에게 가장 중요한 일에 신경 쓴다. 일과 삶의 균형(워라밸), 복지, 유연성, 목표, 존중과 포용의 문화 등등이 될 수 있다. 연봉이나 상여금은 조직이 생각하는 것보다 덜 중요하다.

엄하고 퉁명스러운 태도의 리더는 자신이 권위를 보여 주고 있다고 생각할 수 있다. 기업의 리더들을 대상으로 연구를 진행한 결과 거의 40퍼센트의 응답자가 자신의 태도가 너무 친절할까 봐 걱정했다. 그리고 절반 이상은 높은 자리를 유지하려면 권위를 드러낼 수 있게 더 근엄해야 한다고 대답했다. 여성 리더의 경우 그런 부분에 더욱 신경을 쓴다. 남성보다 여성이 선천적으로 더 공감 능력이 높기 때문이다. 그러나 직원을 대상으로 실시한 설문 조사 결과는 정반대였다. 리더가 타인을 존중하고 정중하게 행동할 때 더 높은 평가를 받았다. 강압적인 방법은 힘을 과시하는 대신 성과를 방해하고 자신감을 떨어뜨린다. 기업 환경에서 딱딱하고 무신경한 직장 상사 밑에서 일하는 직원은 종종 의욕이 떨어지고 일에 대한 의지도 줄어든다고 말한다. 응답자 전체의 약 3분의 1이 직원을 더 배려하는 기업에서 일할 수 있다면 임금 변화가 없더라도 이직을 하겠다고 대답했다. 또한 끊임없이 지속되는 높은 스트레스는 더 많은 심리적, 신체적 문제를 일으킨다는 것을 우리는 잘 알고 있다. 이는 곧 잦은 결근과 피로감, 생산성 저하로 이어질 수 있다.

좋은 리더가 되려면 공감은 반드시 길러야 할 자질이다. 소프트 스킬처럼 보이지만, 사실 공감은 학습을 통해 키울 수 있으며 구체적인 성과를 달성한다. 공감을 바탕으로 한 리더십은 가슴과 마음을 합치고 분리된 집단을 단합함으로써 세상을 더 나은 곳으로 만드는 데 강력한 영향을 미칠 수 있다. 통찰력 있는 리더는 자신의 머릿속에 펼쳐지는 이야기를 모든 사람이 다 공유할 수 없다는 점을 안다. 관중이 10명이든, 1만 명이든, 1,000만 명이든 상관없이 E.M.P.A.T.H.Y.의 열쇠를 효율적으로 활용한다면, 상대방은 진심 어린 공감을 받았다고 느낄 것이다.

CHAPTER 11

공감 결핍, 공감 과잉의
심층 분석

때로는 다른 사람을 위한 감정을 이해하기 위해 자신의 내면 깊은 곳까지 들여다보게 된다. 공감은 생활 환경, 양육 환경, 사회, 개인적인 신념과 경험에 영향을 받는다. 그렇기 때문에 마음이 딱딱해지거나 부드러워지는 저마다의 이유가 있다. 한 발짝 뒤로 물러나 왜 어떤 상황에서는 공감이 잘 안 되는지 살펴보는 것만큼, 다른 사람에게는 왜 유독 쉽게 공감하는지를 파악하는 것도 중요하다.

대부분의 사람은 외집단에 속한 사람에게 공감적 관심을 갖기 어렵다는 점을 언급한 바 있다. 멀리 떨어진 나라에 사는 외국인의 투쟁에 대해 듣고 난 후 드는 기분과 가까이에 있는 사람이 처한 어려움 혹은 나와 생김새나 삶의 방식이 비슷한 사람의 고충에 대해 들을 때 밀려오는 감정은 다르다. 나는 무신경함, 무지, 생소함이 이러한 집단에 대한 무관심한 감정적 반응을 일으키는 주요 원인이라고 생각한다. 물론 이러한 집단에 대한 공감이 결핍되어 있음을 스스로 정당화시키고는 이것을 자랑스럽게 떠드는 편협한 사람도 있다.

이번 장에서 주로 이야기할 집단은 많은 사람이 소극적이거나 아예 무관심한 집단이 아니다. 어떤 상황에서도 사람들이 절대 마음을 열지 않는 그런 개개인이다. 우리는 이들을 낙인찍는다. 이로 인해 그들이 받을 고통에 대해서는 거의 신경 쓰지 않는다. 이 집단에 속해 있는 사람들 중 누군가는 내 옆에 앉아 있을 수도 있고 나와 DNA를 공유한 사람일 수도 있다. 때로는 사회 대다수로부터 외면받기 때문에 바로 앞을 지나가는데도 그들의 존재를 알아차리지 못하는 경우도 있다.

'극단적 외집단'에 대한 혐오

사회신경과학은 우리가 왜 노숙자에 더 이상 눈길을 주지 않는지 그 이유를 들여다볼 수 있는 창을 제시한다. 공감을 느끼려면 먼저 타인도 나처럼 생각, 기분, 감정이 있는 한 사람이라는 사실을 인정해야 한다. 오물이나 악취처럼 불쾌감을 주는 사람은 타인에 의해 인간성이 부정당할 수 있다. 그 결과 우리는 그에게 온기를 전하려 하거나 그를 돕겠다는 충동도 느끼지 못한다. 사회과학적 용어로는 이를 '비인간화'라고 부른다.

〈더 디너〉라는 영화를 예로 살펴보자. 정기적으로 모여 저녁식사를 함께하는 두 가족이 있다. 그런데 그중 한 가족의 10대 아들이 ATM 기계를 막은 채 자고 있던 노숙자 여성의 몸에 불을 붙이는 일이 일어났다. 소년은 마치 노숙자 여성을 물건 대하듯 조롱하고 고문한다. 여성은 끝내 숨을 거두는데 이에 두 가족은 각기 다른 반응을 보인다. 한 가족은 이것이 살인이라고 하지만 다른 가족은 노숙자 여성이 불편함을 주는 대상 그 이상도 이하도 아니었으며, 그녀에게는 자신의 아들이 사용할 ATM 기계 앞에 있을 권리가 전혀 없다며 소년의 악랄한 행동을 정당화한다. 한 가족이 10대 아들을 격렬하게 옹호하는 모습을 보면 소름이 돋는다. 그저 소년의 관점에서 방어하기만 한다.

노숙자와 가난한 사람처럼 '극단적 외집단'의 고통에 대해서 비인간화하는 신경 과정을 정확하게 보여 준 연구 결과도 있다. 실험 대상자에게 노숙자 사진을 보여 주고 뇌 영상을 살펴봤더니 혐오와 관련된 영역이 활성화되었다. 썩은 우유나 바퀴벌레를 보았을 때 번쩍이는 영역이다. 동시에 사회 처리 과정에 필요한 전전두엽피질의 영역은 비교적 덜 활성화되었다.

믿기 어려울 정도로 많은 여성이 권력을 손에 쥔 리더로부터 성적 대상으로 치부되어 비인간화되었다. 엔터테인먼트 분야와 그 외 직업군에서도 여성의 취약점을 마치 통과의례처럼 괴롭혀 왔다. 이는 곧 타인을 비인간화하는 것이 비일비재한 일이며 극단적인 외집단에만 영향을 끼치는 것이 아님을 보여 준다. #미투(MeToo) 혹은 #흑인의목숨도중요하다(BlackLivesMatter) 운동은 오랫동안 두려움과 수치심에 침묵해야 했던 집단에게 목소리를 낼 기회를 주었다. 성별이나 인종 때문에 외집단으로 내몰렸던 사람들이 용기 내어 큰 소리로 말하기 시작했다. 한때 타인을 물건처럼 대하는 사람을 암묵적으로 보호했던 벽이 허물어지기 시작했고, 공감과 새로 만들어진 도덕적 그리고 법적 기준을 위한 새로운 문이 열렸다. 이러한 운동이 21세기에 사람들은 어떤 대우를 받는지에 대한 이야기를 바꿀 수 있다는 희망이 있다.

다른 연구 결과를 살펴보면 누군가가 지나칠 정도로 '외집단으로 분류'당하면, 사회로부터 너무나도 동떨어져 있다고 인지하기 때문에 그들이 느끼는 고통에 대한 모든 감정적 반응을 멈추었다. 그들의 빈곤이 추악한 것이 아니라 그들 자체가 추악하다고 생각하게 되는 것이다. 남은 사람들은 그들을 보며 불편함, 슬픔, 우울함과 같은 복잡한 감정이 들지 않는다고 무의식적으로 스스로를 속인다. 역시나 인간 이하의 존재라고 생각하는 것이다.

도움을 절실히 필요로 하는 이를 모두가 외면하는 것은 아니다. 노숙자를 돕기 위해 만들어진 다양한 프로그램만 봐도 이를 알 수 있다. 타인을 돌보려는 사람들이 길거리에서 생활하는 이들을 돕는 조직에서 일하거나 지원한다. 그러나 최근 들어 노숙자에 대한 관용과 이해가 점점 더 줄어들고 있다. 반면 노숙자에게서 벌어지는 비극적인 문제는 폭발적으로 증가해 왔다. 일부 전문가는 이러한 문제가 손을 쓸 수 없을 정도로 커지면, 사람들은 동정 피로를 느끼기 시작하고 개인적으로 혹은 국가 차원에서 처리하던 것을 멈춘다고 설명한다. 어떤 면에서는 우리 사회가 노숙자가 되는 비극을 사회악이 아닌 범죄 행위로 보기 시작했다. 공공장소에서 잠을 자거나 서성거리고 구걸 행위를 하는 것을 여러 도시에서 법으로 금지하고 있다. 만약 도시가 노숙자를 위해 지낼 곳을 충분히 제공했다면, 아무런 문제가 없을 것이다. 그러나 쉼터도 부족한데 이러한 법까지 만들어져 결과적으로 노숙자들에게 인간의 기본 욕구인 잠자리, 음식, 화장실 제공을 거부함으로써 전체 공식에서 공감을 없애는 것이나 마찬가지로 대응한다.

그런데 이러한 증거와는 정반대로 대다수의 사람이 노숙자 문제를 해결하는 것이 중요하다고 말한다. 최근 그룹 퍼블릭어젠다에서 실시한 설문 조사에 따르면 70퍼센트 이상의 뉴욕 시민이 노숙자가 있는 한 미국이라는 나라의 가치에 부응하지 못하는 것이라고 대답했다. 시민의 약 90퍼센트는 노숙자 지원에 쓰이는 세금이 바람직하다고 생각하며 노숙자를 돕는 방법 중 하나가 쉼터를 제공하는 것이라고 대답했다. 특히 이 해결책은 그동안 뛰어난 효과가 입증되어 왔는데, 시애틀, 유타, 핀란드에서 유의미한 성과를 거두었다. 또 다른 접근 방법에는 직업 교육, 중독 재활 치료, 정신 건강 서비스 등이 포함된다. 미국 매사추세츠주 월섬에 있는 주민의 날 센터와 그 외 다른 단체가 전국을 무대로 쉼터와 상담, 휴대폰을 제공한다. 이를 통해 노숙자들이 서로 모여 일자리를 찾고 고용주에게 직접 연락해 다시 일할 수 있도록 도와준다. 이는 모두 길거리에서 현금을 건네거나 커피 한 잔을 제공하는 것보다 더 근본적이고 실제적인 접근이다. 이러한 프로그램은 또한 노숙자에게 필요한 신체적 · 정신적 도움을 준다.

흥미롭게도 노숙자와 관련된 일부 배려는 신발이 없는 사람의 입장을 스스로 상상해 본 사람에 의해 움직이는 것 같다. 앞의 설문 조사에 참여한 뉴욕 시민의 35퍼센트 이상이 자신도 노숙자가 될까 봐 두렵다고 했으며, 30퍼센트는 가족 중에 노숙자가 된 사람이 있다고 대답했다. 한 번은 노숙자 여성에게 길거리에서 생활하게 된 사연을 물어본 적이 있다. 그녀는 이렇게 말했다. "말하자면 길어요. 한 번도 나한테 이런 일이 일어날 것이라고 생각하지 못했죠. 남편이 나를 떠났는데 나는 일을 하고 있지 않았어요. 대출을 갚지 못해 결국 집은 압류당했어요. 정신을 차려 보니 차 안에서 자고 있더라고요. 그러다 얼마 못 가 살기 위해서 차도 팔았어요." 많은 사람이 한 개의 도미노가 넘어지는 순간 인생의 모든 것이 와르르 무너져 자신 역시 그런 긴 이야기를 갖게 될까 봐 두려워하는 듯하다.

앞서 말했듯이, 누군가를 알고 나면 공감을 자제하기가 어렵다. 길거리에서 생활하는 사람을 만나거나 난민 캠프에 관련한 프로그램을 볼 때, 혹은 공동체 안에서 괴롭힘, 폭력, 증오에 노출된 피해자가 있다는 사실을 아는 순간 적당히 조절해 오던 감정이 차오르는 느낌이 든다면 주저 없이 폭발시켜 보자. 지역의 노숙자센터 혹은 배식 봉사자로 한 달에 한 번 봉사하는 것부터 시작할 수 있다. 적극적으로 참여함으로써 앞으로 나아갈 길을 찾기 위해 부단히도 애쓰는 사람을 직접 알게 될지도 모른다.

정신질환자에 대한 공감 부족

만성적인 정신질환을 앓고 있는 사람과 가까운 관계를 맺는 것은 우여곡절이 많은 험난한 길이다. 정신질환에 꼬리표를 붙이는 사회적 분위기 때문에 문제는 더 복잡해지고, 이로 인해 고통받는 사람들의 어깨에 수치심과 죄책감을 더한다.

의사로서 환자를 치료하면서 가족들이 정신질환을 받아들이는 방법은 크게 세 가지로 나뉜다는 것을 알게 되었다. 첫 번째는 웃으면서 참으려고 애쓴다. 인정하고 받아들이며 상황이 개선되기를 바란다. 정신질환자와 시간을 보내는 것은 누구에게나 스트레스를 준다. 그런데 가족 구성원이 이러한 환자라면 어쩔 수 없이 가족 저녁 식사에 함께하게 된다. 그리고 매번 지난번보다 나아지기를 바라지만, 정작 모두가 다 알고 있는 문제에 꼬리표를 붙이고 정작 해결하려는 노력은 기울이지 않는다. 이를 가리켜 '끈질긴 희망'이라고 부른다. 두 번째는 환자를 최대한 차단하고 가능하다면 완전히 인연을 끊는다. 이러한 결정을 내리는 가족은 스스로의 행동을 '엄한 사랑'이라고 생각한다. 세 번째는 부정이다. 사랑하는 가족이 감정 조절에 문제가 있다는 사실에 무척 놀라하고 무기력해한다. 침묵 속에 조용히 괴로워하며 아무런 문제가 없는 것처럼 행동한다. 사랑하는 가족이 스스로의 힘으로 나아질 수 없다는 처참한 현실을 차마 마주할 수 없기 때문이다. 분노하고 슬퍼하며 마구 흥분하는 등 통제 불가능한 가족과 부딪힌다는 사실만으로도 두렵고 겁이 난다. 차라리 모래 속에 머리를 처박는 편이 쉬울 것이다. 어떤 가족은 세 가지 전략을 모두 시도하지만 매번 실패하기도 한다.

세 가지 접근 방법 모두 '공감'을 고려한 것처럼 보이지만, 사실 단 하나도 공감적 해결책이라고 할 수 없다. 모두 정신질환이라는 현실 앞에서는 눈먼 장님이나 다름없다. 이러한 상황에서 변하지 않는 한 가지는 정신질환을 앓고 있는 사람의 근본적인 문제가 해결될 때까지 가족들은 불가피하게 똑같은 행동 패턴을 계속해서 반복할 것이라는 점이다. 암이나 다리 골절, 혹은 그 외 질병과 마찬가지로 정신질환을 치료하거나 완치하려면 의료뿐 아니라 심리 치료가 필요하다.

가족이 환자를 제대로 감당하지 못하면, 세상은 그보다 더 외면하고 배려하지 않는다. 아직도 많은 사람이 정신질환을 마음의 질병이라고 본다. 정신질환을 앓고 있는 사람이 자신을 불쌍하게 여기는 것을 멈추고 그저 정상으로 행동하면 된다고 생각한다. 정신질환자는 대개 성격이 좋지 않고 본성에 흠이 있으며 영악하고 교활하다는 오해도 받는다. 기분, 화, 격렬한 분노, 충동을 제어할 수 있는 능력의 결핍은 곧 치료가 필요한 질병이라는 사회적 인식이 차츰 제고되고는 있지만, 심리 상태에 대한 오명은 안타깝게도 여전히 우리 사회에 깊이 배어 있어 정신질환자를 만나면 우리는 두려움과 혐오감을 주로 느낀다.

정신질환자, 특히 조현병과 조울증 환자를 향한 편견만 다룬 책도 정말 많다. 여러 정신질환에 대한 기초적인 이해를 얻기란 어려운데, 정확한 진단을 받는 것은 더더욱 어렵다. 따라서 질병을 앓고 있는 사람은 나이가 든 후에야 정신건강전문의를 찾는 경우가 많다. 잔인한 모순이지만, 정확한 병명이 발견되기 전에는 타인의 불규칙한 행동을 이해하기가 매우 어렵다. 환자의 가족들은 사랑하는 가족의 비정상적인 행동을 논리적으로 설명하는 진단이 내려져서 마음의 짐이 한결 가벼워졌다고 말한다. 그렇기 때문에 질병에 관계없이 정신질환자를 위한 대부분의 감정적 해결책은 의사의 도움을 최대한 빨리, 그리고 최대한 자주 받는 것이다. 정신질환으로 고통받고 있는 사람에게 필요한 것은 판단이 아니라 지원이라는 점을 이해하는 것이 필수다.

감정 조절 장애의 신호를 감지하는 학습이 가능한 정신질환자도 있다. 조망 수용 테크닉을 활용해 스스로를 억제한다. 그러나 모두가 일시 정지 버튼을 누를 수 있는 능력을 갖춘 것은 아니다. 환자의 상태에 따라 다양한데, 환자 대부분 사회적 단서를 읽지 못하고 대가를 예측하는 능력이 없으며 감정이 한번 촉발되면 스스로 제어할 수 없다. 방금 나를 향해 소리치거나 위신을 떨어뜨리고 인격을 모독한 사람에게 공감하기란 매우 어려운 일이다. 하지만 누군가 주기적으로 잔뜩 흥분한다면, 감정을 다스리는 데 전문적인 도움이 필요한 사람일지도 모른다.

상대가 한창 흥분해 있는 그 순간은 전문의의 도움을 받으라는 조언을 꺼내기에 가장 효과 없는 타이밍이다. 합리적인 사고 없이 감정만 남아 있는 끔찍한 심리 상태인 '위험 지역'에 있는 사람과는 전혀 생산적인 대화를 할 수 없다. 신경학적으로 보자면 위험 지역은 뇌의 위협 경고 시스템인 편도체가 '빠른 도로'처럼 50밀리초 만에 활성화된다. 반면 뇌에서 사고, 추리, 계획을 담당하는 전전두엽피질은 '느린 도로'로 상대적으로 느린 500밀리초 만에 활성화된다. 일반적인 사람은 아이나 배우자, 형제자매에게 하는 것과 똑같은 방법으로 직장 상사에게 소리 지르는 일을 상상조차 하지 않는다. 전전두엽피질이 각각을 비교해 해고될 것이 분명한 일을 하기 전에 일시정지 버튼을 누르기 때문이다. 그러나 신경 체계의 균형이 제대로 맞지 않는 사람은 어떤 이유로든 혹은 아무런 이유 없이 누군가에게 버럭 화를 내기도 한다. 이러한 행동은 정신질환자에게 공감하는 것을 힘들게 하는 사회적 장애물을 만든다.

우리 사회는 늘 정신질환자를 이해하고 돌보는 것을 어려워했다. 결핵이나 폐렴과 같은 신체 질병에 대한 치료와는 다르게 일부 정신질환 치료는 수세기 동안 크게 발전하지 못했다. 과거에는 정신질환이 악령이 씌거나 마법처럼 무시무시한 현상과 연결되어 있다고 생각했다. 이러한 질환의 증상은 무섭고 이해하기 어렵기 때문에, 우리는 이들을 외면하고 거리를 두거나 제멋대로 판단하고 낙인을 찍는 등 늘 쉬운 방법을 택했다.

1963년 지역사회정신보건법 제정 이전에는 심각한 정신질환을 앓고 있는 사람을 주 정부에서 운영하는 병원에 감금하고 눈에 띄지 않도록 했다. 지역사회정신보건이라는 의학 분야가 이러한 체계에 맞선 후에야 환자들은 기관에서 풀려났다. 하지만 이후에 자립해야 했고 턱없이 부족한 지역사회의 자원에 도움을 청해야 했다. 이는 정신질환자를 이해하고 돌볼 준비가 전혀 안 되어 있던 도시와 사회에 엄청난 부담을 초래했다.

이 글을 읽으면서 자문해 보자. '스스로의 인생을 책임지는 것은 결국 개인에게 달린 문제가 아닐까?' 물론 그렇다. 하지만 자신은 아무 것도 잘못된 것이 없다고 우기면서 필요한 도움을 끝까지 받지 못하는 사람들도 있다. 혹은 주위 도움의 손길이 충분하지 않은 경우도 있다. 애석하게도 스스로의 삶이 제대로 돌아가지 않고 있으며 도움이 필요하다고 인정할 수 있을 만큼 내면의 자기 자비가 충분히 발달되려면 수십 년이 걸릴지도 모른다. 가족들이 이를 숨기도록 해 아프지 않은 척하는 경우도 있다. 이런 일이 벌어지면 슬프게도 아무도 그냥 넘길 수 없을 정도로 장애가 악화될 때까지 딱히 손쓸 방법이 없다. 종종 직계 가족이 아닌 친구나 친척이 도움이 될 수도 있는데, 이는 가족 내에 자리 잡은 패턴이 아주 뿌리 깊게 박혀 있을 수 있기 때문이다.

중독에 대한 동정과 공감의 차이

중독은 우리의 공감 능력을 더욱더 시험에 들게 한다. 미국인 7명 중 1명은 살면서 어느 순간 약물 사용 장애를 겪게 된다. 현재 전국을 휩쓸고 있는 마약성 진통제인 오피오이드 전염 사태를 통해 우리가 깨달은 사실은, 약물 사용 장애가 우리 사회를 관통했으며 이로 인해 수백만 명의 사람들이 영향을 받았다는 점이다. 또한 약물 사용 장애는 교육, 계층, 인종, 고용, 사회 경제적 지위에 따라 반응이 다르지 않다. 누구나 중독될 수 있다. 약물 중독과 오피오이드 위기에 대응하기 위한 대통령위원회에 따르면 매일 175명의 사람들이 약물 과다 복용으로 목숨을 잃는다.

상상조차 하지 못할 정도로 많은 사회 각계각층의 사람들이 고통받고 있는데, 왜 약물 사용 장애를 겪고 있는 사람을 향한 공감이 낮은 것일까? 이들은 사회에서 가장 오해받고 매도당하는 집단이다. 약물 사용 장애를 설명하기 위해 사용되는 단어 자체가 이들을 둘러싼 오명에 기여했다. '중독', '남용' 등의 단어는 자신의 욕구에 따라 약물을 사용하고 중독되었다는 느낌을 준다. 이로 인해 편견이 더욱 증가하고 치료의 질은 하락했다. 대부분의 사람은 약물 사용 장애 환자를 안쓰러워하지 않는다. 그들이 불법을 저질렀기 때문이거나 혹은 강한 의지만 있다면 약물을 언제든지 끊을 수 있다고 생각하기 때문이다. 실제로 정신질환과 약물 사용 장애는 함께 발병하는 경우가 흔한데, 정신질환과 마찬가지로 약물 사용 장애는 약점이자 의지력, 인성, 도덕성이 결여된 사람에게 일어나는 일이라고 여겨진다. 하지만 최근에 이것이 사실이 아님을 강력하게 주장하는 연구가 진행되었다.

신경과학 연구를 통한 새로운 발견이 성격상의 결함이 있는 상태에서 일어나는 생물학적 질병을 중독이라고 새롭게 정의했다. 우리는 이제 중독자의 뇌가 중독되지 않은 사람의 뇌와 다르다는 점을 알고 있다. 두뇌의 측좌핵이라는 영역에 있는 보상 담당 부분이 약물, 술, 그 외 중독성이 있는 물질이나 활동에 노출될 경우 매우 강하게 활성화되는 것으로 나타났다. 보상 담당 부분이 전전두엽피질을 힘으로 압도하게 되고 그 결과 이성, 결심, 의지, 약속을 누르고 더 큰 영향력을 행사한다. 이는 조직심리학자이자 작가인 제라드 이건의 관찰과도 일맥상통한다. "중독자는 한 가지를 포기하고 모든 것을 얻는 대신 한 가지를 위해서 모든 것을 포기할 의사가 있다." 약물 사용 장애를 앓고 있는 사람이 자신에게 나쁘다는 것을 아는데도 계속해서 약물 투여를 선택한다는 것이 상식적으로는 납득되지 않는다. 약물을 투여한 후 겪게 되는 일시적인 경감 혹은 '희열'을 도저히 포기할 수 없는 것이 아니라면 말이다.

흥미롭게도 약물 사용 장애를 겪고 있는 사람들이 동정받지 못하는 이유 중 하나는 그들 스스로 공감을 잃어버리기 때문이다. 이들은 중독에 사로잡혀 더 이상 타인의 생각과 감정은 안중에도 없는 상태가 된다. 사랑하는 사람도 예외는 아니다. 분명 여전히 타인에게 관심이 있지만, 중독이 두뇌에서 공감을 담당하는 부분을 장악해 버린 것이다. 약물 사용 장애가 있는 사람들은 실제로 공감이 결핍된 모습을 보인다. 미국 뉴욕주립대학교 버펄로캠퍼스와 그 외 기관에서는 연구를 통해 알코올 사용 장애를 겪고 있는 사람들 중 거의 40퍼센트가 자신의 감정을 파악하지 못하는 심리적 증후군인 감정 표현 불능증이 있다는 사실을 밝혀냈다. 반면 일반 대중의 감정 표현 불능증 비율은 7퍼센트에 불과하다. 애초에 공감 능력이 부족한 사람이 주로 중독이 되는 것인지, 혹은 중독이 공감 결핍을 유발하는지는 정확하지 않다. 나는 개인적으로 후자라고 생각한다. 약물 사용 장애가 두뇌의 공감 담당 부분의 신경을 손상시킨다는 사실은 의심할 여지가 없다. 삶에서 약물이나 술이 더욱 중요하게 여겨질수록 중독자는 신체적이고 감정적 상태에서 벗어나거나 취한 상태를 유지하는 데 감정적으로 전념하게 된다. 갈망과 금단 증상을 감당하는 데 모든 힘을 쏟아 부어야 하므로 감정적·신경학적으로 진이 빠지는 일이 된다.

그러나 약물 사용 장애를 가진 사람이라면 이쯤에서 동정과 공감의 차이점을 다시 한 번 되짚어 볼 필요가 있다. 동정은 슬퍼하면서 중독자의 상황을 인정하는 것이지만, 공감은 중독자의 생각과 감정을 이해하는 것이다. 장애를 가진 사람에게 동정보다 공감을 느끼고 표현하는 것이 훨씬 더 어렵다. 공감은 진정으로 경청하고 동감해야 하기 때문이다. 공감이 결코 관대하다는 의미는 아니다. 그저 장애를 가진 사람을 포함해 모든 이를 대할 때 그 사람이 신체적으로, 심리적으로 갈구하는 대상을 포기하는 것이 얼마나 어려웠을지 인정해 주면 된다. 회복과 관련된 오래된 문구가 이를 아주 잘 요약한다. 사람이 문제인 적은 없다. 늘 문제가 문제다.

그런 의미에서 아마도 한 번 쯤은 다음과 비슷한 어처구니없는 이야기를 들어 본 적이 있을 것이다. 독립기념일 바비큐 모임에서 술취한 삼촌이 햄버거가 탔다며 불같이 화를 냈다든지 신부 들러리가 술에 잔뜩 취한 채 식장에 나타나서는 결국 넘어져 웨딩 케이크를 엉망으로 만들었다는 이야기 말이다. 머리로는 중독이 일어나는 생리적 현상을 이해할 수 있다. 하지만 이런 일이 벌어지면 너무나 터무니없고 부적절하며 이기적이고 자기밖에 모르는 행동이라는 확신과 함께 분노가 치밀어 오른다. 이와 관련해 존슨 가족 이야기를 해보고자 한다. 어쩌면 이야기를 듣고 난 후 당신의 생각이 바뀔지도 모르겠다.

존슨 부부의 외동딸인 사라는 멋진 아이였다. 우등생이었고 농구 대표팀 소속이었으며 인기도 많았다. 또 유명한 대학에 다니고 있었다. 대학 1학년 때 술을 마시기 시작했는데, 점점 양이 많아지더니 급기야 졸업 후에는 음주 문제의 정점을 찍었다. 어느 날, 존슨 부부는 사라의 남자친구로부터 전화 한 통을 받았다. 그는 눈물을 흘리며 그녀와의 관계를 지속할 수 없는 이유를 설명했다. 그녀는 알코올 중독자였다.

몇몇 전문가와의 상담 후 존슨 가족은 헤이젤덴 베티 포드 재단에서 운영하는 가족 프로그램을 받아 보기로 결정했다. 이 재단은 다시 세상으로 돌아가 적응해야 하는 사람을 위해 가족이 어떤 지원을 해야 하는지 알려 주는 곳이다. 프로그램은 중독 증상을 보이는 사람을 가족과 같은 그룹에 두는 대신 다른 가족들과 한 그룹이 되도록 배정했다.

존슨 가족의 그룹 세션이 진행되는 동안 눈물과 괴로움, 위로, 좌절감, 원망이 쏟아져 나왔다. 세션에 참여한 가족들은 아들과 딸, 남편과 아내에게 수도 없이 많은 기회를 줬는데 도대체 이해할 수 없다며 분노를 표출했다. 사랑하는 가족이 자기 삶을 버릴지도 모른다는 사실에 배신감과 실망감을 느꼈다. 방 안에 있던 다른 가족들과는 아무런 관련이 없었기에 존슨 가족은 비교적 수월하게 판단을 멈추고 감정을 자유롭게 표출할 수 있었다.

그런 다음 경청했다. 그들은 사라와 나이가 같은 제인의 이야기를 들었다. 제인은 부모님을 속이고 신뢰를 저버리는 것이 얼마나 부끄럽고 수치스러웠는지 이야기했다. 친구를 모두 잃을 수도 있다는 두려움이 커서 약물을 끊었는데 이것이 얼마나 잘한 일인지 잘 모르겠다고 말했다. 제인은 헤이젤덴에서 나가면 어떤 길이 있을지 보이지 않는다고 솔직하게 인정했다. 그녀의 가장 믿을 수 있는 두 친구, 약물과 술이 없는 삶을 상상조차 할 수 없었기 때문이었다. 제인의 목소리에서 존슨 가족은 사라의 이야기를 들을 수 있었다. 사라가 한 번도 직접 털어놓지 않았던 이야기를 말이다.

사라의 부모는 마침내 딸의 입장에서 중독을 이해하게 되었다. 두 사람은 술의 강력한 화학적 유혹 앞에 사라가 얼마나 큰 무력감을 느꼈을지 짐작할 수 있었다. 그들은 그동안 수많은 책과 연구 조사를 보았음에도 불구하고 중독은 의지와 변화에 대한 결단의 문제라고 생각했다. 하지만 이제는 술처럼 중독성이 있는 물질이 딸의 세계관에 어떤 영향을 미쳤는지 그리고 건강한 삶을 살 수 있다는 자신의 능력에 대한 자신감을 사라가 갖지 못했다는 점을 알게 되었다.

존슨 가족은 이 경험으로 인해 모든 가족이 영원히 바뀌었다고 말했다. 예전에는 사라가 열심히 노력한다면 더 좋은 성과를 거둘 수 있다고 생각했다. 하지만 이제 탄탄한 이해와 연민을 바탕으로 사라의 부모는 딸의 약물 사용 장애가 그녀의 잘못이 아니라는 점을 깨달았다. 그녀의 회복 또한 그들의 책임이 아니었다. 존슨 가족의 경험 중에서 특히 고무적이었던 점은 여기서 '조망 수용'이라는 매우 중요한 공감 훈련을 응용한다는 것이었다. 가족 구성원이 비슷한 특성을 가졌지만 전혀 관계없는 사람 옆에 앉아 이야기를 들음으로써 가족들은 더욱 객관적이고 덜 감정적인 관점을 가질 수 있었다. 인지적 공감을 보다 적극적으로 활용하고 과거에 망연자실함에서 비롯되었던 감정적 괴로움을 덜 수 있었다.

요즘에는 약물 사용 장애를 갖고 있는 사람을 주변에서 흔히 볼 수 있다. 도덕적 결함이 아니라 질병으로 인해 중독된 상태라고 생각한다면, 문제를 이해하고 중독된 사람의 회복을 돕는 것과 중독 행동을 동정심만 가지고 도우려다 파괴적인 행동을 유발시키는 것의 차이를 알고 있기 때문에 인지적 공감으로 반응하는 것이 쉬워진다.

공감 대신 '기타 집단'으로 분류되는 자폐증

자폐 범주성 장애에 속하는 사람들은 종종 공감하는 데 애를 먹는다. 예상과는 다르게 반응하기 때문이다. 자폐증이 있는 사람이 겪어야 하는 수많은 장애물을 제대로 이해하지 못한다면 그들을 '기타' 집단으로 분류하기 쉽다. 자폐 범주성 장애에 속하는 사람들은 공감을 표현하는 능력이 부족하다. 이는 다른 사람의 관점을 받아들이는 능력 부족과 사회적·감정적 의사소통에서의 이상 행동과도 연관이 있어 보인다. 또한 이들은 어렸을 때부터 집착하는 성향을 보인다. 시선을 맞추지 않거나 부적절한 얼굴 표정 등 이례적인 반응으로 인해 사람들과 쉽게 공감하지 못하고 그 결과 어려서부터 외집단으로 분류되고 소외당한다.

우리는 앞서 공감이 거울 현상처럼 일어난다는 점을 살펴봤다. 공감을 받는 입장에서는 내면에서 공감이 확대된다. 하지만 자폐증 환자들은 감정에 대한 반응으로 일어나는 일반적인 얼굴 표정을 짓지 않는다. 미국 CBS의 TV 시트콤 〈빅뱅이론〉의 팬이라면, 극중 등장인물 쉘든을 알고 있을 것이다. 자폐증 범주에 속하는 인물로 타인의 얼굴에 드러나는 감정을 말로 분명하게 설명해 달라고 끊임없이 요구한다. 그러고는 상대방의 설명을 오해하거나 무시한다. 쉘든은 차갑고 무정한 인물처럼 그려진다. 그의 반사회적인 성향이 말썽을 일으키기는 하지만, 그의 친구들과 그의 여자 친구는 그의 부족한 사회성과 사회적 신호를 제대로 처리하는 못하는 무능까지도 모두 감싸 안는다. 안타깝게도, 자폐증 범주에 있는 수많은 사람은 쉘든처럼 운이 좋지 못할 것이다.

아이들 70명 중 1명이 걸리는 자폐증은 그 수가 점점 더 늘어나고 있는 추세다. 진단에는 타인과의 관계를 맺기 어려운 심각한 증상에서부터 비교적 가벼운 증상까지 다양한 제약이 포함된다. 자폐증을 연구한 사이먼 바론 코헨은 자폐아의 뇌에서 공감과 관련된 부분의 신경 활동이 감소되는 것에 대한 광범위한 연구를 진행해 왔다. 그는 자폐증을 앓고 있는 사람은 타인의 얼굴 표정을 보고 감정을 읽는 데 어려움을 겪으며 조망 수용 능력이 제한적이라는 점을 밝혀냈다. 자폐아는 타인의 경험을 인지하지 못하고 자신의 반응에 대한 통찰력이 없기 때문에 오해를 낳기도 하고 성격에 문제가 있다고 여겨지기도 한다. 이는 나아가 그들의 어려움에 대한 공감을 받는 대신 사회적으로 단절될 수도 있다. 고기능 자폐증이 있는 성인의 경우 지능이 뛰어나고 특정 분야에서 두각을 나타낼 수 있지만, 사회적 인식 부족과 정확한 감정 파악 실패로 인해 대인 관계를 유지하는 데 큰 어려움을 겪기도 한다.

다른 외집단과 마찬가지로 자폐증 환자들은 대부분의 사람보다 이해와 인내가 더 많이 필요하다. 물론 때로는 어려운 일이지만, 개인 간 두뇌 발달의 생물학적 격차에 대해 생각하고 당신 또는 당신의 자녀가 이러한 장애를 가졌다고 상상해 보는 것이 도움이 될 수 있다. 자기 가족의 문제라면 아마도 사람들이 아이들을 이해하고 인내심을 보여 주기를 바랄 것이다. 그리고 무엇보다 중요한 점은, 누군가 비정상적인 행동을 할 때 섣불리 판단하거나 비난하는 대신 한 번 더 신중하게 생각해 보게 될 것이다.

나의 공감 열쇠를 찾으라

공감이 가장 어렵게 느껴질 때는 바로 무엇이 공감을 가로막고 있는지 살피고, 나는 지금 상대방을 존중하고 있는지 자문해야 하는 순간이다. 존중이라는 말은 '다시 본다'는 뜻을 가진다. 상대방을 존중한다면 우리는 상대를 첫인상만으로 판단하지 않고 타인을 있는 그대로 바라보려고 노력한다. 물론 쉬운 일은 아니다. 공감을 방해하는 장애물을 파악해 헤쳐 나가거나 도저히 공감할 수 없을 때라면 있는 그대로 인정하고 받아들이는 데 있어 E.M.P.A.T.H.Y.의 열쇠가 도움이 되기를 바란다.

노숙자의 눈을 들여다봤더니 그 사람이 느꼈을 혼란과 괴로움이 고스란히 느껴져서 충격받았던 적이 있는가? 혹은 약에 취한 사랑하는 가족의 고통과 절망감의 깊이를 본 적이 있는가? 유심히 살펴보자. 또한 더 큰 이해심을 베풀어 보자. 자폐증을 앓고 있거나 다른 문화에서 온 사람은 당신이 기대하는 만큼 시선을 마주하지 못할 수도 있다. 이 점을 기억한다면 상대방의 행동을 읽고 보다 폭넓게 이해할 수 있다.

얼굴 표정을 해석함으로써 상대방의 의도에 대한 많은 정보를 얻을 수 있다. 미움이 가득한 충격적인 행동은 어쩌면 도와달라는 간절한 애원일 수도 있다. 누군가를 더 잘 알수록 보다 수월하게 그녀의 눈, 입, 그 외 다른 얼굴 근육의 움직임에 담긴 세세한 뉘앙스를 해석할 수 있다. 또한 훈련을 많이 할수록 감지 능력이 향상된다. 몇몇 사람은 음소거로 TV를 보아도 등장인물의 감정을 읽을 수 있다고 말한다. 아마도 맞는 말일 것이다. 연극이나 쇼, 혹은 영화에 등장하는 인물 중에 허점이 많지만 동정과 호감이 가도록 연기한 배우를 떠올려 보자. 대부분 그의 얼굴 표정을 통해 그 느낌을 전달받았을 것이다.

자세는 눈과 얼굴에서 보이는 것 외에 추가적인 관찰 단서를 제공한다. 가슴을 펴고 허리를 꼿꼿이 세우고 앉아 괴로워하는 사람은 아주 소수다. 사람의 자세는 종종 감정을 말해 주는 효과적인 단서다. 만약 친구가 의자에 구부정하게 앉아 고개를 숙이고 있다면 반듯하고 활기 넘쳐 보이는 대신 육체적으로 무너진 것처럼 보일 것이다. 거절, 실망, 우울한 일을 경험했을지도 모른다.

이번 장에서 살펴본 여러 집단 중에는 감정을 포기해야 하는 경우도 있다. 예컨대 자폐증이 있는 사람은 주어진 상황 속에서 늘 다른 사람과 비슷한 감정을 표출하지 않는다. 술이나 마약으로 인해 기능이 손상된 사람 역시 일반적인 방식대로 반응하지 않을 수 있다. 이런 경우 매번 거울 반응을 활용하거나 선천적인 본능에 기댈 수만은 없다. 감정 표현에 어려움을 겪는 사람도 잘 알고 나면 기분을 보다 수월하게 파악할 수 있다. 그러나 압력을 받는 상황에서는 결코 쉽지 않다. 사람들이 왜 기대했던 것과 다르게 반응하는지 그 이유를 공부한 다음, 상대의 반응에 대한 기대를 적절하게 조정하여 함부로 판단하는 것을 삼가자. 표현, 매너, 행동에 있어 내 감정을 명확하게 전달하는 것이 가장 최선인 경우도 있다.

우리가 주고받는 의사소통의 90퍼센트가 비언어적 소통이고, 비언어적 소통의 38퍼센트가 어조를 통해 전달된다. 상대방에게 경청할 때 말보다는 어조에 집중하는 편이 훨씬 더 잘 들리는 경우가 있다. 약물 사용 장애를 겪고 있는 사람이 위협적이고 강한 단어를 사용하고 있다면, 이는 변명을 하고 있거나 진실을 가리기 위한 행동일 수도 있다. 따라서 귀에 들리는 절망감이 가장 진솔한 의사소통일 가능성이 크다. 상대방의 말과 속임수에 혼란스럽겠지만, 도움을 원하는 숨은 뜻을 파악하고 중독을 지속되게 하는 행동을 거절하는 것이 회복으로 향하는 올바른 길로 안내하는 데 도움이 된다.

우리가 상대방에게 줄 수 있는 가장 좋은 칭찬이나 선물은 바로 온전한 집중이다. 경청이란 곧 '사람 전체에 귀 기울이는 것'을 뜻한다. 상대방이 하는 말뿐만 아니라 자신의 이야기를 전달하는 전체 맥락을 들어야 한다. 휴대폰이나 다른 기기를 내려놓고, 이어폰을 빼고, 전화 통화를 멈추자. 질문을 건네고 상대의 반응에 귀 기울이는 것을 목표로 삼자. 상황이 어려워질 것이라고 예상된다면, 다른 일에 방해받지 않는 시간으로 잡는 것이 좋다. 온전히 귀 기울이는 것을 상대방과의 관계에 대한 헌신이라고 생각하자.

마지막으로, E.M.P.A.T.H.Y.의 Y는 '당신의 반응'을 뜻한다. 무슨 말을 할지 고민하라는 것이 아니다. 내 몸이 지금 이 대화에 어떻게 반응하는지 세심하게 살피는 것이다. 긴장된 근육, 쪼이는 듯한 위, 빠르게 뛰는 심장이 느껴진다면 깊게 심호흡하면서 현재의 감정에 이름을 붙여 보자. 불안할 때는 "잠시 이에 대해 생각해 봐야겠어요" 라고 말해 보자. 화가 치밀어 오를 때는 "지금 당신이 하는 말에 격한 감정이 올라오고 있어요. 보다 신중하게 고민할 시간이 필요해요"라고 말할 수 있다. 누군가와 이야기할 때 차분하고 긍정적인 기분이 든다면, 상대방 역시 비슷한 감정을 감지할 것이다. 대부분의 감정은 상호적이기 때문이다. 반면 감정을 제대로 표출하지 못하는 사람과 있을 때는 자신의 반응을 점검한 다음 상대방을 최대한 좋게 해석하고 끝까지 귀 기울이자. 이것이 공감적 경청을 실천하는 방법이다. 이를 통해 내면의 강력한 신체 감각이 사라지고 보다 평온한 몸 상태와 향상된 유대감이 빈자리를 채우는 것을 느낄 수 있다.

공감하기 어려운 '괴물들'에 대한 생각

진정으로 악한 행동은 공감을 거의 유발하지 않는다. 그 대신 두려움, 혐오, 분노를 조장한다. 살인자, 아동 성추행범, 나치, 독재자가 이러한 행동을 일삼는다. 이들이 행동의 동기에 대한 공감적 호기심을 받을 자격이 없다는 말은 아니다. 다만 우리의 공감 능력을 시험에 들게 할 것이라는 점은 말할 수 있다.

타인에 대한 공감이 부족해 보이는 사람을 예로 들어 보자. 이들은 다른 사람을 교묘하게 속여 자신을 따르도록 만든다. 이러한 행동의 결과가 고스란히 드러나면 어떤 식으로든 긍정적인 감정을 느끼기 어렵다. 이러한 사람들을 보면 여러 가지 성가신 문제들이 떠오른다. 무엇이 이 사람을 이렇게 행동하도록 만들었을까? 그 사람의 배경과 그동안 살아온 삶에 대해 더 많이 알게 된다면, 이들도 비슷한 잔인함을 겪었다고 결론 내릴 수 있을까? 이들 역시 신체적 폭력, 증오, 심리적 속임수의 피해자였다는 사실이 지금까지의 행동에 대한 변명과 용서받을 이유가 될까? 아니면 신경학적 결함으로 인해 어딘가 근본적으로 고장 난 사람들은 아닐까? 이렇듯 사라진 감정의 조각이 괴물같은 행동의 면죄부가 될 수 있을까?

신경과학자들은 사이코패스 기질을 보이는 사람은 공감의 신경 메커니즘이 손상되어 있다고 본다. 신경과학자이자 미국 시카고대학교 교수인 장 데세티는 폭넓은 연구를 통해 사이코패스는 공감이 결핍되어 있으며 사이코패스의 두뇌가 실제로 일반적인 두뇌와 다르다는 사실을 발견했다. 피해자의 얼굴에 나타나는 두려움을 인식하지 못하며 고통의 울부짖음이나 통곡에도 흔들리지 않는다. 공유 신경 회로와 타인의 괴로움에 대한 공감 능력이 전혀 없다. 사이코패스는 양심의 갈등 없이 겉보기에 손쉽게 사람을 해친다. 이러한 결핍의 어디까지가 선천적이고 후천적인지는 아직 명확하지 않다.

사이먼 바론 코헨이 입증한 반사회적인 성격의 신호는 사이코패스와 소시오패스 성향을 보이는 집단의 특성과 일치한다. 이러한 특성에는 기만성, 충동성, 공격성, 타인의 안전에 대한 완전한 무시, 무책임, 사회적인 합법 규범 불이행, 반성의 부재 등이 포함된다. 이러한 특성이 뚜렷하게 드러난 예를 멀리서 찾을 필요 없다. 샬로츠빌 시위만 보더라도 명확하게 알 수 있다. 증오에 가득 찬 백인 우월주의자가 고의로 운전하던 차를 시위대에게 들이받았고, 이로 인해 평화 시위를 하던 젊은 여성이 목숨을 잃었다. 이처럼 타인을 증오하고 공감이 결핍된 사람들은 우리 사회가 제대로 돌아가는 데 심각한 위협을 가한다.

소수 집단을 향해 가장 극단적인 증오와 적대감을 드러낸 인물들이 세계 역사를 망쳐 왔다. 그 결과 수억 명의 사람들이 목숨을 잃었다. 외집단을 비인간화하고 악마처럼 취급하는 것이 이들의 수법인데, 그 정도가 매우 심각해 나중에는 살인에 대한 정당한 이유로 둔갑한다. 히틀러나 스탈린, 레닌, 마오쩌둥, 오사마 빈 라덴, 혹은 르완다, 아르메니아, 유고슬라비아의 대량 학살과 시리아의 집단 살해를 주도한 리더들의 생각을 이해하려면 어디서부터 시작해야 할까? 테드 번디와 존 웨인 게이시와 같은 사이코패스 연쇄 살인자에게 어떤 공감적 감정을 보여야 할까? 사이코패스 성향의 사람들은 매우 중요한 공감의 기질이 결여되어 있다는 것을 우리는 알고 있다. 무엇이 테러리스트의 행동을 이끌까? 신 나치 집단의 구성원과 KKK단은 어떠한가? 동물 학대자는? 이러한 사람들은 진짜 괴물일까? 자연의 착오로 인한 결과물일까? 우리는 이들에게 어떤 감정적인 모습을 보여야 할까? 폭력적인 행동을 보인 사람들 중에는 공감받을 자격이 없는 이들도 있다고 누가 확신할 수 있을까?

보다시피 해답보다 질문이 더 많다. 한 가지 분명한 점은 공감하기 훨씬, 훨씬 더 어려운 사람들이 있다는 것이다. 그러나 반드시 주의를 기울여야 한다. 공감은 자칫 잘못하면 떨어지고 마는 미끄러운 비탈길이다. 특정 인물이나 집단은 공감할 필요도 없다고 생각한다고 쳐도, 경계선을 어디에 그어야 할까? 범위가 점점 더 넓어져 나중에는 공감이 규칙이 아니라 예외가 되는 것은 아닐까? 너무 어렵다고 느껴져 섣불리 판단하기 전에 이해하려는 노력이 필수다. 하지만 이해받는다고 해서 책임이 사라지는 것은 아니다. 왜 끔찍한 행동을 일삼고 극단적인 상태로 치닫는지에 대한 우리의 이해와 상관없이 이들은 행동에 따른 대가를 치러야 한다. 그러나 우리 사회가 나아갈 건설적이고 긍정적인 길을 찾으려면 폭력적인 태도와 경향, 행동의 원인을 이해하는 것이 매우 중요하다.

CHAPTER 12

비난, 자책에 맞서는
'자기 공감'

친한 친구가 힘든 시기를 겪고 있다고 상상해 보자. 당연히 친구를 돕기 위해 달려가 애정과 지지, 이해를 표현할 것이다. 함부로 판단하지도 않을 것이다. 진정한 친구로서 수치심을 주거나 비난하는 대신 따뜻한 말을 건네고 친구에게 귀 기울이며 위안이 되는 어조로 위로하며 곁을 지킬 것이다. 그렇다면 왜 대다수의 사람이 자신에게는 똑같은 친절을 베풀지 않는 것일까? 사소한 실수를 했을 때 자동적으로 나오는 반응은 자기비판이다. 아주 살짝 발을 헛디딘 것뿐인데 자신을 비난하고 책망하기 바쁘다. 타인에 대한 친절과 연민은 자랑스러워하면서 매일 거울에 비치는 나 자신을 향한 공감적 관심은 나약함의 표현일 뿐이라고 여긴다.

이제 나를 너그럽게 봐 줄 차례다.

이번 장에서는 자기 공감을 집중적으로 살펴본다. '자기' 공감이라니, 맞는 말일까? 공감은 '타인'을 위한 감정이 아니었던가? 서로 반대되는 말 아닐까? 공감의 일곱 가지 열쇠로 돌아가 보자. 이러한 신호를 스스로의 감정을 파악하기 위해서는 거의 사용하지 않는다는 사실을 알게 될 것이다.

대부분의 사람은 얼굴 표정과 자세를 분석하거나 화가 났을 때 느껴지는 감정에 이름을 붙이지 않는데, 이를 주기적으로 실천할 필요가 있다. 스스로에게 실컷 울어도 좋다고 허락하는 것도 감정적 카타르시스를 제공한다. 네덜란드의 울음 전문가 A.J.J.M.핑에르후츠가 진행한 연구 결과를 보면 눈물샘을 자극하는 슬픈 영화를 보며 마음껏 운 사람은 영화를 보기 전에 비해 보고 난 후 90분 동안 기분이 더 좋은 것으로 나타났다. 핑에르후츠의 설명처럼 강렬한 감정에서 빠져나올 때 눈물을 흘리는 것이 효과적일 수 있다. 울음과 슬픔의 표현은 진짜 감정과 긴밀하게 연결되어 있기 때문에, 타인을 향한 공감과 연민을 느끼는 데도 도움이 된다.

또한 우리는 다른 사람의 감정이나 기분에 이름을 붙임으로써 더 많이 공감할 수 있다는 점을 알고 있다. 예를 들어 "그는 슬퍼 보여" 혹은 "그녀가 행복해 보이네" 등등이 있다. 그런데 자신의 감정에 이름을 붙이는 것도 똑같은 결과를 보이는 것으로 나타났다. 분노, 두려움, 혐오와 같은 감정을 극복하는 데 있어 적절한 이름을 붙이면 이러한 감정이 영원히 나를 정의하는 것이 아니라 일시적인 상황이라는 것을 인식할 수 있어 자기 조절에 도움이 된다. 실제로 감정 평가를 담당하는 뇌의 영역인 전전두엽피질이 감정으로부터 약간의 거리를 두도록 한다.

아마도 자기 공감에 있어 가장 중요한 열쇠는 당신의 반응을 가리키는 'Y'일 것이다. 우리가 수많은 감정을 몸과 연관지어 생각하는 것은 우연이 아니다. 우리의 몸은 감정의 신호를 전달하는 도구다. 무섭다고 느낄 때면 심장이 마구 뛰고 사랑에 빠지면 동공이 확장된다. 또 불안할 때는 배 안에 나비가 날아다니는 듯한 기분이 든다. 감정을 신체 반응으로 전환함으로써 스스로 돌봐야 할 감정을 파악하고 존중하도록 우리를 가르친다. 나 자신의 건강, 감정, 관계를 관리하는 데 매우 중요한 기술이다.

처음에는 '당신의 반응'이 '타인'에 대한 자신의 반응뿐만 아니라 '내가 겪고 있는' 경험에 대한 나 자신의 반응이라는 점이 이상하게 느껴질 수 있다. 보다 쉽게 이해하기 위해 '나'(주격 대명사)와 '나를'(목적격 대명사)의 차이라고 생각해 보자. '나'는 관찰하는 주체로서 어떤 행동을 취하는 '나를' 관찰한다. 예컨대 "나는 그의 말이 나를 무척 아프게 했다는 것을 깨달았다"라는 문장을 살펴보자. 나라는 사람 전부가 아팠다는 이야기는 아니지만, 누군가의 말이 감정을 느끼는 대상인 나를 아프게 했다고 정리할 수 있다. '나'는 행동을 하는 '나를' 관찰한다. 자신의 감정을 더 잘 파악하는 데 노력을 기울여야 한다. 여기에서 당신의 반응은 자신의 기분을 알 수 있는 핵심 열쇠다.

자기 연민과 다른 자기 공감 이해하기

우리가 자기 공감을 실천하지 않는 한 가지 이유는 그것이 자기 연민이라고 착각하기 때문이다. 방종을 부드럽고 완곡하게 표현한 말이라고 생각하는 것이다. 차이점이라면 방종은 감정이 무디어질 때까지 음식을 과도하게 섭취하거나 약물이나 술에 의존하는 등 건강에 해로운데도 기분이 좋아지는 일이라면 무엇이든지 하도록 내버려 둠으로써 파괴적인 힘을 행사할 수 있다. 반면 자기 공감은 보다 폭넓은 자기 인식, 절제력, 자신의 고통에 대한 세심함이 요구되며 도움이 되는 해결책을 찾겠다는 의지도 뒷받침되어야 한다. 모든 인간과 마찬가지로 나 자신 역시 이해와 연민이 필요하다는 사실을 인정하는 것이다. 자기 공감을 진정으로 실천하려면, 넘어지거나 실수하는 바람에 부끄러워 그냥 집에나 있을 걸 그랬다는 생각이 들 때도 반드시 자기 공감을 활용하겠다는 강한 의지가 있어야 한다. 나 역시 인간이기 때문에 실수할 수 있으며 이러한 실수가 광범위한 인간적 경험이라는 사실을 인정해야 하는 겸손의 훈련이기도 하다.

자신에 대해 공감과 연민을 느끼면, 자신과 다른 사람의 경험을 비교할 수 있고, 문제나 걱정거리가 무엇이든 이미 타인이 겪은 것이며 동정받을 가치가 있다는 생각을 하게 된다. 어떤 면에서는 궁극적인 조망 수용이라고 할 수 있는데, 누구도 아닌 나 자신의 입장에서 연민 어린 시선으로 나를 바라보기 때문이다. 타인이 어떻게 생각하고 감정을 느끼는지 이해하고 나면 지나칠 정도로 엄격하게 평가하지 않는 것처럼, 타인에게 보이는 친절함을 나 자신에게도 확대함으로써 자기 비난이라는 깊은 수렁 속으로 빠지지 않을 수 있다. 그렇다고 자신이 다른 사람보다 자격이 더 많고 우월하다는 것은 아니다. 또한 자신의 실수를 덮어도 좋다고 생각해서는 안 된다. 자기 공감을 내세워 책임을 회피하거나 실망시킨 사람에게 사과하지 않는 것은 바람직하지 않다. 자기 공감이란 다른 사람과 마찬가지로 나도 공감적 관심, 사랑, 돌봄을 받을 자격이 있다는 뜻이다. 실수하더라도 이는 변하지 않는다. 자신에게 더 많은 공감을 느끼는 방법을 배우고 나면 다른 사람에게도 비슷한 친절함을 베푸는 길을 배울 수 있다. 이렇게 공감은 꼬리에 꼬리를 물고 이어진다.

요즘 세상에서 자기 공감은 과소평가되고 있는 심리적 기량이다. 일이 틀어지면 우리는 정신적 포용을 거부하는 경향이 있다. 자신에 대한 기준을 낮추는 것은 이기주의, 관대함, 게으름과 똑같다고 생각하여 꺼리기 때문이다. 그러나 오히려 정반대가 사실이다. 연구 결과에 따르면 자기 공감 성향이 강한 사람은 자기 비판적인 사람보다 하루 종일 소파 위에 누워서 시간을 보낼 가능성이 적다. 성격 검사에서 자기 공감은 동기, 회복력, 창의성, 삶의 만족도, 타인을 향한 공감처럼 긍정적인 특성과 깊은 연관성을 보였다. 반대로 부족한 부분에만 신경 쓰는 사람의 경우 성격 검사에서 적대감, 불안, 우울함과 같은 자질의 점수가 높았고 삶의 만족도나 겉으로 표출되는 공감적 행동과 같은 자질은 부족했다. 다시 말해 자신을 대우하는 방법이 곧 타인을 대우하는 방법이다.

공감은 전통적으로 타인의 감정적 경험을 이해하고 공유할 수 있도록 하는 특성으로 여겨져 왔다. 좋은 대인 관계에 꼭 필요한 재료라고 생각하지만 스스로에게는 잘 사용하지 않는다. 이 생각을 바꿔보자. 나 자신에게 베푸는 친절함과 배려는 비행기 안 산소마스크나 마찬가지다. 다른 사람에게 공감과 연민을 보이기 전에 먼저 나부터 '마스크를 잡아 당겨' 산소를 마셔야 한다.

미국 텍사스대학교 크리스틴 네프 교수는 최근 자기 자비라는 개념과 관련한 선구적인 연구를 진행했다. 자기 자비를 총 세 가지 주요 요소로 나누었는데, 자기 친절, 공통된 인간성, 마음 살핌이다.

자기 친절이란 스스로를 배려하고 용서하는 것을 말한다. 실패하거나 고통스러운 순간에도 마찬가지다. 나 자신을 조심스럽게 다루는 것은 자기 공감의 필수 요소이기도 한데, 나라는 사람을 너무 엄격하게 판단하는 것을 방지하기 때문이다. 나 자신을 용서하는 태도는 세상을 이기적으로 바라보는 시각을 갖는 것과는 천지 차이이며, 나르시시즘을 방어하는 가장 효과적인 방법이기도 하다. 실수가 쌓이고 쌓여 결국 불신의 산 밑에 자신감과 자존감이 묻히도록 내버려두는 대신 실수로부터 얼마든지 벗어날 수 있다.

공통된 인간성이라는 감정은 내 경험이 보다 폭넓은 인류의 경험으로부터 분리되고 고립된 것이 아니라 일부라고 인식하는 것을 말한다. 공통된 인간성은 실패하고 있을 때도 혼자가 아니라는 사실을 상기시킴으로써 자기 공감을 촉진한다. 영국의 시인이자 비평가인 알렉산더 포프의 말처럼, "실수하는 것은 인간적이다." 하지만 이 명

언의 두 번째 부분을 잊어서는 안 된다. "용서하는 것은 신성하다." 고통과 개인적인 부족함은 모든 인간이 공통적으로 경험하는 것이라는 점을 받아들임으로써 자신을 용서하고 앞으로 나아갈 수 있다.

마음 살핌은 스스로의 생각과 감정을 파악하되 반응하거나 판단하지 않는 능력을 가리킨다. 제3자의 관점에서 내 마음을 평가하면 진짜 내 모습, 그리고 내 생각과 감정의 차이를 이해하기 위한 자기 인식을 얻을 수 있다. 극장 발코니 석에 앉아 무대 위에 오른 내 생각과 감정이 펼치는 연기를 감상하는 것과 같다. 배우가 아니라 연극 관객으로서 인생에서 일어나는 일들에 대해 각기 다른 믿음과 태도를 고려해 보는 자유를 만끽할 수 있다.

자기 공감의 세 가지 주요 요소 중에서 마음 살핌에 관한 연구가 가장 활발히 진행되었고 가장 잘 이해되고 있다. 많은 관심을 받은 이유는 이것이 이론적으로나 실험적으로 심리적 행복과 연관 있기 때문이다. 마음 살피기는 자신의 감정을 더욱 효과적으로 조절할 수 있도록 도와주는 것으로 밝혀졌다. 또한 연구 결과를 살펴보면 주기적인 마음 살피기 훈련과 고도의 집중력, 인식, 순간순간의 경험에 대한 판단 없는 수용이 연관되어 있음을 알 수 있다. 뇌가 관심을 더 많이 통제하도록 준비시킴으로써 정말로 중요한 것에 집중할 수 있고 필요시에 다른 대상으로 주의를 돌리는 능력을 정교하게 다듬을 수 있다. 산만하고 불규칙한 감정을 드러낼 때보다 삶의 중심이 잘 잡혀 있고 침착하게 인생을 살아나갈 수 있다고 느낄 때 세상을 바라보는 방법이 크게 달라진다는 점을 우리는 이제 알고 있다.

남을 돕기 전에 자기 자신을 도와야

누군가에게 쫓기던 만화 주인공이 절벽인 줄 모르고 돌진했다가 갑자기 공중에서 허둥지둥대는 장면을 본 적이 있는가? 몇 초가 지나고 만화 주인공은 발밑에 아무것도 없다는 사실을 깨닫고 당황하지만 이내 땅에 쾅하고 떨어진다.

이는 내가 심리 치료에서 늘 사용하는 비유법이다. 우리 역시 자원과 지원이 모두 떨어졌다는 사실을 모르고 있다가 순간 지지할 곳 하나 없이 공중에 떠 있는 자신을 발견할 때가 있다.

내 친구 프랭크 세스노는 다운증후군이 있는 여동생과 함께 자랐다. 알고 있겠지만 다운증후군은 유전 질환으로 심각한 정신적 장애와 낮은 지능 지수를 보인다. 그의 어머니는 사회복지사였는데, 장애인 복지 시설에서 일하셨다. 주 업무는 환자들이 충분한 도움을 받고 있는지 확인하는 일이었다. 프랭크는 여동생의 장애가 그의 어머니에게 얼마나 힘든 일이었는지 아직도 생생하게 기억한다. 어머니의 대처가 늘 우아하지는 않았다.

"공감이라는 단어를 쓰고 싶지만, 그 당시에는 어머니가 여동생한테 썩 잘해 주지 않았어." 그는 이렇게 설명한다.

프랭크는 그의 어머니가 특수한 도움을 필요로 하는 딸을 다른 자식들과 똑같이 사랑했다고 강조한다. 하지만 길고 힘든 하루, 도움의 부재, 어려운 결혼 생활은 어머니를 지치고 힘들게 만들었다. 프랭크는 어렸지만 이미 어머니의 감정의 저수지가 메말라 있으며 그로 인해 인내심이 짧다는 것을 알아 차렸다. 때문에 어머니는 종종 동생을 엄하게 대하셨다. 그는 어머니가 환자와 보호자들을 대할 때는 집에서 보여 주는 모습이 아닌 보다 더 좋은 조언을 하기를 바랐던 것이 기억난다고 말했다.

이러한 상황, 즉 도움을 주는 사람이 전적으로 자신에게 의지하는 사람을 형편없이 대하는 것은 사실 흔히 볼 수 있다. 설문 조사에 따르면 누군가를 돌보는 직업을 택한 사람들은 진심으로 타인을 걱정하지만, 긴 근무 시간, 수면 부족, 직업상 요구되는 높은 수준의 감정 상태 등이 공감의 저수지를 고갈시킨다고 대답했다. 보살펴야 하는 사람의 안전과 행복에 관심이 없는 것은 아니다. 프랭크의 어머니는 분명 딸에게 관심이 많았다. 다만 어느 순간 감정을 움직일 연료가 모두 소진된 것이다. 기자인 프랭크는 이러한 역학 관계를 각 가족 구성원의 관점에 따라 모든 각도에서 바라보는 능력이 있었다. 이는 타인의 시각을 이해하는 데 도움이 되었다.

자신의 상태를 계속 무시하면 타인이 필요로 하는 바를 인지하거나 반응하는 능력이 둔화되는데, 공감 반응을 위한 자원이 점차 줄어들기 때문이다. 남을 돕기 전에 먼저 스스로를 도와야 한다. 자신의 요구를 충족시키고 나면 집중이 흐트러질 가능성이 줄어든다. 한번 생각해 보자. 지치고 배고프거나 피곤하고 짜증이 난다면, 대상이 누구이든 상대방에게 얼마만큼 공감할 수 있을까?

우리 몸이 생리적으로 균형을 이루고 있어야 타인에게 가장 많이 공감하고 연민을 표현할 수 있는데, 이를 과학자들은 항상성이라고 부른다. 이상적으로는 반응이 필요한 응급 상황이 발생할 때까지 코르티솔과 아드레날린과 같은 스트레스 호르몬이 낮게 유지된다. 하지만 정신적이고 육체적인 스트레스 요인으로 인해 코르티솔과 아드레날린의 수치가 계속해서 올라간다면, 늘 응급 상태에서 생활하는 것이나 마찬가지다.

우리 몸이 항상성을 되찾기 위해 스트레스에 반응하는 과정을 알로스타시스(생체 적응)라고 부르는데, 이때 두뇌는 반응하는 기관이자 스트레스의 대상이기도 하다. 균형을 되찾는 대신 늘 열심히 애쓰다 보면 알로스타시스에 과부하가 가해진다는 것은 일상에서 과도한 신경 전달 물질과 호르몬 반응을 쏟아 내고 있다는 뜻이다. 즉, 작업을 처리하는 데 필요한 것보다 더 많이 만들어 내고 있는 것이다. 이는 심장과 뇌에 있는 혈관에 염증을 유발한다. 결국 혈압과 콜레스테롤이 올라가고 더 많은 지방이 축적되는 등 여러 건강상의 문제를 일으킬 수 있다. 높은 스트레스와 감정 장애, 심장 질환이나 혈관 장애 및 그 외 전신 장애 사이의 밀접한 연관성을 보여 주는 증거가 점점 더 많아지고 있는지 그 이유를 이러한 요소들에서 찾을 수 있다. 불안 장애, 우울성 질환, 적대적이고 공격적인 상태, 약물 남용, 외상후 스트레스 장애 등이 발생하면 알로스타시스에 과부하가 걸리고 이는 대개 화학적 불균형을 초래한다. 뇌 구조가 위축되는 경우도 있다.

나아가 알로스타시스 과부하는 말 그대로 세포 단계와 심지어 분자 단계에까지 영향을 줄 수 있다. 유전자는 고정적이지 않기 때문에 어떻게 발현되느냐는 후성유전학이라는 과정에 달려 있다. 후성 유전학이란 우리가 환경과 교류하는 방법을 뜻한다. 예컨대 태어날 때부터 퇴행성 질환 유전자를 보유하고 있더라도 건강한 습관을 지키고 스스로를 돌본다면 평생 발현되지 않을 수도 있다. 따라서 환경이 유전자 발현에 영향을 미친다고 할 수 있다. 지속적으로 스트레스에 시달리고 건강한 습관을 무시하는 사람의 경우 세포의 알로스타시스에 과도한 부하가 가해질 수밖에 없다. 연구 결과에 따르면 이로 인해 텔로미어라고 부르는 유전자 말단소체의 길이가 짧아진다. 단축된 텔로미어가 나쁜 건강 상태와 짧은 수명과도 연관 있다고 주장하는 연구도 있다.

자신이 곧 절벽 아래로 떨어지는 만화 주인공이라는 사실을 갑작스럽게 깨닫는 사람들은 대개 자기 인식이 부족하다. 모든 요청을 요구 사항으로 인식하고 또 하나의 엄청난 짐이 될 것이라고 생각하면서도 모든 책임을 떠맡는데, 허공 위에 버둥거리는 자신을 발견하면 그제야 가장 사랑하는 사람들과의 관계가 망가지고 있다는 사실을 깨닫는다. 끊임없는 긴장과 스트레스가 스스로를 전혀 돌보지 않고 있다는 증거다.

매 순간 기진맥진한 상태는 세상을 살아가는 데 있어 정상적이지도, 건강하지도 않다. 과민함과 참을성 부족이 매일 반복되는 일상이라면, 거울에 비친 자신을 바라보고 스스로의 요구에 공감하는 능력을 잃어버린 것은 아닌지 자문해 봐야 한다. 자신을 돌봄으로써 자신의 행복과 활력을 증진할 수 있을 뿐만 아니라 함께 있기 즐거운 더 좋은 파트너, 친구, 직장 동료, 또는 부모로 거듭날 수 있다. 스스로를 돌보는 방법을 배우고 자신에게 덜 엄격해지면 엄청난 파급 효과가 발생한다. 자신의 기분과 요구를 더 정확하게 인식함으로써 스스로와 불협화음을 내고 있는 사람에 비해 수면, 휴식, 운동, 움직임, 음식 섭취를 보다 효과적으로 관리할 수 있다. 나 자신에게 친절을 베푸는 것이 타인을 위한 공감과 연민을 효과적으로 실천하는 유일한 방법이다.

프랭크의 경험이 가져온 한 가지 긍정적 결과는 그가 어머니를 관찰함으로써 타인에게 공감하는 탁월한 능력을 갈고 닦을 수 있었다는 것이다. 그는 자라면서 모든 가족 구성원의 관점을 이해하되 지나치게 판단하지 않으려고 노력했다. 나는 그가 이러한 경험을 바탕으로 타인의 입장에서 생각하는 날카로운 능력을 발달시켰기 때문에 세계에서 손꼽히는 인터뷰 기자이자 스토리텔러가 될 수 있었다고 생각한다.

스스로 만들어 낸 비평가에 맞서기

자기 공감을 가로막는 가장 큰 장애물은 스스로에 대한 비하가 도를 넘어 자신이 친절과 자비를 받을 가치가 없는 사람이라고 믿는 것이다. 이러한 마음가짐은 대개 걱정, 불안, 회의를 가져온다. 부정적인 생각을 극복하는 데에는 마음 살피기가 도움이 되는데, 스스로에게 가혹한 두뇌의 기존 명령어들을 따로 분리한 다음 하나씩 평가하고 적절한 문맥에서 처리하도록 고려할 수 있기 때문이다.

선천적으로 삶에 대한 긍정적인 견해를 가지고 있고 마음을 고려한 사고방식이 자연스럽게 다가오는 사람이 있는 반면 낙담스러운 과거에 집착하고 최악의 미래를 그리는 사람도 있다. 부정적인 성향은 인간이 가진 본능의 일부다. 가던 길을 멈추고 꽃 냄새를 맡는 것보다 주위의 위험을 경계하는 것이 더 중요했던 선사 시대의 흔적이다. 그렇기 때문에 어색한 상황에 부딪혔을 때나 호랑이가 뒤를 쫓을 때도 똑같이 심장이 세차게 뛴다. 오늘날 우리가 마주하는 '호랑이' 대부분은 물리적이기보다는 심리적인 형태를 띤다. 그러나 이러한 위협은 실제 호랑이와 마찬가지로 우리 정신을 관통한다. 위험과 불편함을 나타내며 편도체와 변연계에 엄청난 양의 코르티솔과 그 외 투쟁-도피 신경 화학 물질을 분비하라는 신호를 보낸다.

매우 비판적이고 엄격한 부모님 밑에서 자랐다면, 꽤 시끄럽고 다루기 힘든 내면의 비평가와 불량배가 존재할 것이다. 내면의 비평과 불만을 똑같이 따라하는 직장 상사, 직업, 친구를 일부러 고르는 경우도 있는데, 무의식적으로 자신이 부족하다는 생각을 강화하는 것이나 다름없다. 이처럼 나도 모르게 일어나는 패턴은 평생 반복되기도 하고 다음 세대로 전해지기도 한다. 처음에는 자신을 보호하려는 전략이었을 것이다. 비판을 쏟아 내는 남들보다 선수를 치는 방법으로 스스로에게 엄격한 잣대를 적용했을 수 있다. 그러나 심각한 문제는 스스로 만들어 낸 비판이 계속되면 도움보다는 오히려 해가 된다는 것이다. 일부 부정적인 자기 대화가 어렸을 때 문제를 일으키지 않거나 부족한 점을 극복하기 위해 열심히 노력하는 데 도움이 되었을 수 있다. 하지만 성인이 되고 난 이후에는 자신의 필요에 귀 기울이는 것과 무시하는 것 중에 '선택'할 수 있다. 내면의 비평가가 집착에 가까울 정도로 쉴 새 없이 지치지도 않고 떠들어 댄다면, 인지 행동 치료가 매우 유용할 것이다. 효과가 입증된 심리 치료 요법으로 생각을 재형성하고 재구성할 수 있다. 자기비판의 뿌리가 어렸을 때 겪은 관계에서 시작되었다면, 치유와 치료의 관계를 바탕으로 과거 잘못된 일들을 돌아보고 슬퍼함으로써 자신의 경험을 처리할 수 있다. 이는 스스로를 치유하고 회복하는 데 도움이 된다. 인지적, 감정적 공감은 심리 치료 개입의 토대다.

생각과 감정을 나 자신으로부터 분리시키는 것은 스스로 만들어 낸 비평가와 불량배에 맞서는 데 도움이 된다. 충분히 똑똑하지 않거나 만족스럽지 않다는 비평가와 불량배의 메시지로부터 거리를 두는 방법을 배우게 될 것이다. 이러한 메시지를 지나치게 개인적으로 받아들이지 않기로 결정한다면 자기 공감을 바탕으로 부정적인 생각과 비판을 보다 근본적으로 처리하고 판단을 자제하면서 평가할 수 있다. 자기비판의 길로 바로 빠지는 대신 자신에 대해 관찰하고 생각하면서 자신의 반응을 냉정하게 살펴보는 방법을 가르쳐 준다.

내가 직접 겪은 경험을 예로 들어보자.

내가 교수로서 난생처음으로 학생들 앞에 섰던 강의 가운데 하나에 정신 의학 분야에서 최고로 손꼽히는 교수가 참석한 적이 있었다.

강의실 맨 뒤에 앉은 그는 내가 강의를 시작하자마자 눈을 가늘게 뜨고 얼굴을 찌푸리기 시작했다. 가만히 있지 못하고 계속 움직여서 내 강의를 불만족스러워한다는 것이 눈에 훤히 보였다. 그의 태도에 나는 당황했다. 손바닥에 땀이 차기 시작했고 심장이 빨리 뛰고 숨소리가 가빠지는 것이 느껴졌다. 모두 전형적인 심리적 투쟁-도피 반응이었다. 그는 왜 그런 표정을 지었을까? 내가 무슨 말을 하는지 모르고 있다고 생각했을까? 과연 그렇다면 나는 '정말로' 내가 무슨 말을 하는지 알고 있을까?

강의가 끝난 후 그가 내게 다가와 '매우 훌륭한 강의'였다고 칭찬하며 강의 자료를 보내 달라고 했다. 알고 보니, 그가 깜빡하고 안경을 놓고 와 화면이 제대로 보이지 않았던 것이었다.

마음은 꽤나 그럴듯한 스토리텔러다! 정신 의학 교수로서 막 시작하던 나에게 이 교수는 내가 선택한 분야에서 존경받는 든든한 기둥이었다. 나는 잘 알지도 못하는 사람의 얼굴 표정만으로 나 혼자 이야기를 꾸며 내도록 내버려 두었다. 일반적으로 우리는 얼굴, 몸, 목소리를 꽤 정확하게 해석하는 능력을 가지고 있다. 감정적 반응을 형성하는 데 가장 귀중한 자산이다. 그러나 힘의 불균형이 존재하는 관계에서처럼 특정 상황에서는 눈썹의 모양이나 입의 떨림을 잘못 해석하는 경우가 있다. 내 경우에는 짜증 섞인 교수의 얼굴 표정은 정확하게 인식했지만, 그 뜻은 틀리게 해석했다.

걱정은 의례적인 안심의 한 형태다. 일어날 수 있는 모든 부정적인 시나리오를 상상한 다음 벗어날 수 있는 모든 가능성을 고민한다.

불안한 사고는 뇌를 진정시키려는 시도라고 볼 수 있다. 더 많이 할수록 더 강화되어 인지적 습관으로 자리 잡는다. 몇몇 설문 조사에 따르면 걱정한 일이 진짜로 일어나지 않을 확률은 대략 85퍼센트다. 에너지 낭비인 셈이다. 마음을 가라앉힘으로써 얻을 수 있는 혜택 중 하나는 머릿속의 재잘거림을 모두 잠재울 수 있다는 것이다. 이는 생각을 바꾸는 대신 그 생각과 나 사이의 '관계'를 바꿔 기존의 명령어를 뒤집는다.

스스로에게 너그러운 접근 방법을 응용하면 현재 상황의 감정적인 측면에 유념하면서 거리를 둘 수 있고 자동적으로 나오는 부정적 분석과 순응적 반응을 초래하는 감정 조절 장애를 피할 수 있다. 미국 에모리대학교에서 최근 진행한 연구는 실험 참가자가 자기 마음을 살피는 훈련을 받은 후에 눈 맞춤을 해석하는 능력과 타인의 생각을 예측하는 능력이 개선된다는 것을 보여 주었다. 이 두 가지는 공감의 정확성을 가늠하는 좋은 척도다.

상대방이 불쾌한 반응을 보이거나 모욕적인 말을 할 때 감정은 부정적인 방향으로 미끄러지고 생각은 자기비판적인 하이퍼루프에 빠지기 쉽다. 자기 마음을 살피는 것에서 시작하는 사고는 자동적으로 벌어질 부정적 사고를 상쇄하고, 곧바로 결론으로 넘어가는 것을 막는다. 상대방이 불행한 이유 중 다수는 나와 관계없는 것들이다. 어쩌면 상대방이 비판적인 성격일 수도 있고 유독 운이 나쁜 하루를 보내고 있을 수도 있다. 또는 다른 일에 집중하고 있을 수도 있다. 아니면 그저 시력이 나쁜 것일 수도 있다.

잘못된 일에 대해 스스로를 용서하는 것은 과거의 아픔과 억울함을 버리는 가장 효과적인 방법 중 하나다. 비판적인 생각이 어느 정도 정확하더라도 상관없다. 과도한 자기 뒷담화는 변명할 여지가 없다. 가혹한 꼬리표나 자멸적인 마음가짐을 피하고 스스로에게 더 친절하고 부드럽게 말을 거는 방법은 항상 존재한다. 잘못한 일을 인정해도 괜찮다. 잘한 일이나 다음에 더 잘할 수 있는 부분을 무시하지 않으면 된다. 걱정으로 예열된 두뇌는 현재에 집중하는 방법과 자신을 공정하게 판단하는 방법을 알지 못한다. 생각을 인지해도 좋다. 하지만 내 생각이 내 자체가 될 수는 없다. 발코니 의자에 앉아 생각을 관찰하고 어떻게 반응할지 선택하는 방법을 배워야 한다.

공감 능력 향상이 만들 미래

내가 속한 의학 분야에서 번아웃은 전염병에 가까운 수준으로 널리 퍼져 있다. 절반 이상의 의사가 탈진, 타인의 비인간화(타인을 사람이 아닌 물체로 보는 현상), 업무 능률의 저하 등 적어도 하나 이상의 번아웃 증상을 보고했다. 간호사의 경우 소진을 겪는 비율이 훨씬 더 높다.

최근 병원을 찾았을 때 의사가 여러 질문을 하고 그에 대한 답을 기록하는 것을 봤을 것이다. 책상 앞에 앉아 키보드를 두드리는 동안 의사가 컴퓨터 화면에서 고개를 들고 시선을 맞추거나 그날 가장 신경 쓰이는 부분과 더불어 가장 큰 불만을 이해한다는 느낌을 준

횟수가 과연 몇 번이나 되는가? 아마 그리 많지 않을 것이다.

이렇듯 눈을 충분히 맞추지 않고 환자의 감정적 관심을 알아차리지 않기 때문에 자신이 그저 숫자에 불과하다는 느낌을 받는다면, 반대로 의사에게도 같은 효과가 나타난다는 점을 생각해 보자. 대부분의 의사는 이러한 형식적인 방식을 선호하지 않는다. 의사가 온전히 환자에게 귀기울이는 대신 체크 리스트를 서둘러 완료하고 환자가 병원을 찾은 원인에만 집중한다면, 한때 의료 행위라고 정의되었던 인간애의 일부를 환자와 의사 모두 잃어버린다. 또한 만족스러운 대인 관계를 경험할 때 터져 나오는 도파민도 놓치고 만다.

전자 의료 기록에는 많은 장점이 있다. 하지만 의사와 환자 간에 걸림돌이 되기도 한다. 눈을 맞추고 몸짓 언어를 살펴보고 그 외 환자-의사 간의 교류에서 오가는 공감의 열쇠를 모두 없앤다. 이는 아무에게도 득이 되지 않는다. 의사는 번아웃에 시달리고 자신의 일에 대한 불만이 쌓인다. 의료 시스템에서의 상호 작용이 불만족스럽다고 말하는 환자가 늘고 있다. 의료 사고 소송의 80퍼센트가 그릇된 의사소통과 환자가 인지한 의사의 공감 능력 부족 때문에 발생한다. 건강한 진료를 도모하고 환자와 의사에게 혜택을 주는 공감 능력 향상을 위한 여러 노력이 현재 진행 중에 있다.

앞서 소개한 내 친구 아비아드 하라마티는 의대생이 스스로의 마음에 공감을 유념하도록 가르치는 것이 문제 해결의 아주 중요한 일부라고 믿는다. 2014년 아비아드 하라마티는 조지타운의과대학의 '교육 분야의 혁신 및 리더십 센터' 설립에 도움을 주었다. 센터에서는 사색을 비롯한 자기 관리와 자기 인식 테크닉에 주력하는 의학 교육자를 위한 프로그램을 제공한다. 스스로를 등한시한다면 공감과 연민 어린 방식으로 타인을 돌보는 것이 불가능하기 때문이다.

다행스럽게도 국내외 의과 대학들이 비슷한 프로그램을 도입했다. 더욱더 많은 학교와 훈련 프로그램에서 번아웃을 예방하기 위해 자기 관리를 교육 과정의 중요한 부분으로 다루고 있다. 의학 교육의 초점을 오로지 환자 진료에만 맞추는 대신 의과 대학들은 현재의 번아웃 위기를 '기회' 삼아 의료진의 자기 관리를 강조하는 방향으로 항해하고 있다.

이 책을 통해서 살펴본 바와 같이 공감은 공통의 두뇌 메커니즘과 자기 관리, 공감 훈련을 통해 더 많은 공감을 낳는다. 사회 전반에 걸쳐 자기 관리와 자비에 집중할 필요가 있다.

부모, 교육자, 기업 리더, 의료 서비스 종사자, 변호사, 정치가, 법 집행관 등은 물론 다른 사람과 교류하는 일에 종사하는 모든 사람이 주어진 역할과 일을 훨씬 더 즐기는 동시에 보다 효율적으로 거듭날 수 있다. 공감의 일곱 가지 열쇠를 바탕으로 한 자기 공감과 타인에 대한 공감의 실천이 서로에 대한 이해와 존중을 기반으로 하는 논의를 가능하게 하고, 나아가 더욱 예의 바른 사회와 인간적인 세상을 만드는 데 도움이 되기를 바란다.

참 고 문 헌

[들어가는 글]

Borcsa, Maria, and Peter Stratton, eds. *Origins and Originality in Family Therapy and Systemic Practice*. New York: Springer, 2016.

Chasin, Richard, Margaret Herzig, Sallyann Roth, Laura Chasin, Carol Becker, and Robert R. Stains Jr. "From diatribe to dialogue on divisive public issues: Approaches drawn from family therapy." *Conflict Resolution Quarterly* 13, no. 4(1996): 323-44. doi.org/10.1002/crq.3900130408.

Halpern, Jodi. *From Detached Concern to Empathy: Humanizing Medical Practice*. Oxford and New York: Oxford University Press, 2001.

Kelley, John Michael, Gordon Kraft-Todd, Lidia Schapira, Joe Kossowsky, and Helen Riess. "The influence of the patient-clinician relationship on healthcare outcomes: A systematic review and meta-analysis of randomized controlled trials." *PloS ONE* 9, no. 4 (April 2014): e94207. doi.org/10.1371/journal.pone.0094207.

Marci, Carl D., Jacob Ham, Erin K. Moran, and Scott P. Orr. "Physiologic correlates of perceived therapist empathy and social-emotional process during psychotherapy." *The Journal of Nervous and Mental Disease* 195, no. 2 (2007): 103-11. doi.org/10.1097/01.nmd.0000253731.71025.fc.

Marci, Carl D., and Helen Riess. "The clinical relevance of psychophysiology: Support for the psychobiology of empathy and psychodynamic process." *American Journal of Psychotherapy* 59, no. 3 (2005): 213-26.

Riess, Helen. "Biomarkers in the psychotherapeutic relationship: The role of physiology, neurobiology, and biological correlates of E.M.P.A.T.H.Y." *Harvard Review of Psychiatry* 19, no. 3 (2011): 162-74. doi.org/10.3109/08941939.2011.581915.

Riess, Helen. "Empathy in medicine— neurobiological perspective." *Journal of the American Medical Association* 304, no. 14 (October 2010): 1604-5. doi.org/10.1001/jama.2010.1455.

Riess, Helen, and Carl D. Marci. "The neurobiology and physiology of the patient–doctor relationship: Measuring empathy." *Medical Encounter* 21, no. 3 (2007): 38-41.

Riess, Helen, John Kelley, Robert W. Bailey, Emily J. Dunn, and Margot Phillips. "Empathy Training for Resident Physicians: A Randomized Controlled Trial of a Neuroscience-Informed Curriculum." *Journal of General Internal Medicine* 27, no. 10 (October 2012): 1280-86. doi.org/10.1007/s11606-012-2063-z.

[1장]

Batson, C. Daniel, Bruce D. Duncan, Paula Ackerman, Terese Buckley, and Kimberly Birch. "Is empathic emotion a source of altruistic motivation?" *Journal of Personality and Social Psychology* 40, no. 2 (1981):290-302.dx.doi.org/10.1037/0022-3514.40.2.290.

Cartwright, Rosalind D., and Barbara Lerner. "Empathy, need to change and improvement with psychotherapy." *Journal of Consulting Psychology* 27, no. 2(1963), 138-44. dx.doi.

org/10.1037/h0048827.

Decety, Jean. "The neuroevolution of empathy." *Annals of the New York Academy of Sciences* 1231 (2011): 35–45. doi.org/10.1111/j.1749-6632.2011.06027.x.

Decety, Jean, and William Ickes, eds. *The Social Neuroscience of Empathy*. Cambridge, MA: MIT Press, 2011.

Decety, Jean, Greg J. Norman, Gary G. Berntson, and John T. Cacioppo. "A neurobehavioral evolutionary perspective on the mechanisms underlying empathy." *Progress in Neurobiology* 98, no. 1 (July 2012): 38–48. doi.org/10.1016/j.pneurobio.2012.05.001.

Ekman, Paul. *Emotions Revealed: Recognizing Faces and Feelings to Improve Communication and Emotional Life*. New York: Henry Holt and Co., 2007.

Harris, James. "The evolutionary neurobiology, emergence and facilitation of empathy." *In Empathy in Mental Illness*, edited by Tom F. D. Farrow and Peter W. R. Woodruff, 168–186. Cambridge: Cambridge University Press, 2007.

Karam Foundation. Accessed March 19, 2018. karamfoundation.org.

Knapp, Mark L. and Judith Hall. *Nonverbal Communication in Human Interaction*. 7th ed. Boston: Wadsworth, 2010.

Kohut, Heinz. "Introspection, Empathy, and Psychoanalysis: An Examination of the Relationship between Mode of Observation and Theory." *Journal of the American Psychoanalytic Association* 7, no. 3 (1959), 459–83.doi.org/10.1177/000306515900700304.

Lanzoni, Susan. "A Short History of Empathy." *Atlantic*, October 15, 2015. theatlantic.com/health/archive/2015/10/a-short-history-of-empathy/409912.

Mehrabian, Albert. *Nonverbal Communication*. Chicago: Aldine-Atherton, 1972.

Rankin, Katherine P., M. L. Gorno-Tempini, S. C. Allison, C. M. Stanley, S. Glenn, M. W. Weiner, and B. L. Miller. "Structural anatomy of empathy in neurodegenerative disease." *Brain* 129, no. 11 (November 2006): 2945–56.doi.org/10.1093/brain/awl254.

Riess, Helen. "Empathy in medicine— neurobiological perspective." *Journal of the American Medical Association* 304, no. 14 (October 2010): 1604–5. doi.org/10.1001/jama.2010.1455.

Riess, Helen. "The Impact of Clinical Empathy on Patients and Clinicians: Understanding Empathy's Side Effects." *AJOB Neuroscience* 6, no. 3 (July–September 2015): 51. doi.org/10.10 80/21507740.2015.1052591.

Rifkin, Jeremy. *The Empathic Civilization: The Race to Global Consciousness in a World in Crisis*. Cambridge: Polity, 2010.

Rogers, Carl R. *Client-Centered Therapy*. London: Constable & Robinson, 1995. First published 1951 by Houghton Mifflin (Boston, Oxford).

Shamay-Tsoory, Simone G., Judith Aharon-Peretz, and Daniella Perry. "Two systems for empathy: A double dissociation between emotional and cognitive empathy in inferior frontal gyrus versus ventromedial prefrontal lesions." *Brain: A Journal of Neurology* 132, no. 3 (March 2009): 617–27. doi.org/10.1093/brain/awn279.

Singer, Tania. "Feeling Others' Pain: Transforming Empathy into Compassion." Interviewed by

Cognitive Neuroscience Society, June 24, 2013. cogneurosociety.org/empathy_pain/.

Vischer, Robert. "On the Optical Sense of Form: A Contribution to Aesthetics"(1873). In *Empathy, Form, and Space: Problems in German Aesthetics, 1873-1893*, edited and translated by Harry Francis Mallgrave and Eleftherios Ikonomou, 89–123. Santa Monica, CA: Getty Center Publications, 1994.

Wicker, Bruno, Christian Keysers, Jane Plailly, Jean-Pierre Royet, Vittorio Gallese, and Giacomo Rizzolatti. "Both of Us Disgusted in My Insula: The Common Neural Pathway for Seeing and Feeling Disgust." *Neuron* 40, no. 3 (October 2003): 655–64. doi.org/10.1016/S0896-6273(03)00679-2.

[2장]

Avenanti, Alessio, Domenica Bueti, Gaspare Galati, and Salvatore Maria Aglioti. "Transcranial magnetic stimulation highlights the sensorimotor side of empathy for pain." *Nature Neuroscience* 8, no. 7 (2005): 955–60. doi.org/10.1038/nn1481.

Bufalari, Ilaria, Taryn Aprile, Alessio Avenanti, Francesco Di Russo, and Salvatore Maria Aglioti. "Empathy for pain and touch in the human somatosensory cortex." *Cerebral Cortex* 17, no. 11 (November 2007): 2553–61.doi.org/10.1093/cercor/bhl161.

Decety, Jean, Greg J. Norman, Gary G. Berntson, and John T. Cacioppo. "A neurobehavioral evolutionary perspective on the mechanisms underlying empathy." *Progress in Neurobiology* 98, no. 1 (July 2012): 38–48.doi.org/10.1016/j.pneurobio.2012.05.001.

Ferrari, Pier Francesco, and Giacomo Rizzolatti. "Mirror neuron research: The past and the future." *Philosophical Transactions of the Royal Society of London B: Biological Sciences* 369, no. 1644 (2014): 20130169. doi.org/10.1098/rstb.2013.0169.

Hogeveen, Jeremy, Michael Inzlicht, and Sukhvinder Obhi. "Power changes how the brain responds to others." *Journal of Experimental Psychology: General* 143, no. 2 (April 2014): 755–62. doi.org/10.1037/a0033477.

Lamm, Claus, C. Daniel Batson, and Jean Decety. "The Neural Substrate of Human Empathy: Effects of Perspective-taking and Cognitive Appraisal." *Journal of Cognitive Neuroscience* 19, no. 1 (January 2007): 42–58.doi.org/10.1162/jocn.2007.19.1.42.

Miller, Greg. "Neuroscience: Reflecting on Another's Mind." *Science* 308, no. 5724(May 2005): 945–47. doi.org/10.1126/science.308.5724.945.

Pelphrey, Kevin A., James P. Morris, and Gregory McCarthy. "Neural basis of eye gaze processing deficits in autism." *Brain: A Journal of Neurology* 128, no. 5(2005): 1038–48. doi.org/10.1093/brain/awh404.

Preston, Stephanie D., and Frans B. M. de Waal. "Empathy: Its ultimate and proximate bases." *Behavioral and Brain Sciences* 25, no. 1 (March 2002): 1–20; discussion 20–71. doi.org/10.1017/S0140525X02000018.

Riess, Helen. "Empathy in medicine— neurobiological perspective." *Journal of the American Medical Association* 304, no. 14 (October 2010): 1604–5.doi.org/10.1001/jama.2010.1455.

Riess, Helen. "The Science of Empathy." *Journal of Patient Experience* 4, no.2(June 2017): 74–77. doi.org/10.1177/2374373517699267.

Rizzolatti, Giacomo, Leonardo Fogassi, and Vittorio Gallese. "Neurophysiological mechanisms underlying the understanding and imitation of action." *Nature Reviews Neuroscience* 2, no. 9 (2001): 661-70. doi.org/10.1038/35090060.

Singer, Tania, and Claus Lamm. "The social neuroscience of empathy." *Annals of the New York Academy of Sciences* 1156 (March 2009): 81-96.doi.org/10.1111/j.1749-6632.2009.04418.x.

Zaki, Jamil. "Empathy: A motivated account." *Psychological Bulletin* 140, no. 6(November 2014): 1608-47. dx.doi.org/10.1037/a0037679.

Zaki, Jamil, and Kevin N. Ochsner. "The neuroscience of empathy: Progress, pitfalls and promise." *Nature Neuroscience* 15, no. 5 (April 2012): 675-80.doi.org/10.1038/nn.3085.

[3장]

Brewer, Marilynn B. "The social psychology of intergroup relations: Social categorization, ingroup bias, and outgroup prejudice." *In Social Psychology: Handbook of Basic Principles*, 2nd edition, edited by Arie W. Kruglanski and E. Tory Higgins, 695-714. New York: Guilford Press, 2007.

Dinh, Khanh T., Traci L. Weinstein, Melissa Nemon, and Sara Rondeau. "The effects of contact with Asians and Asian Americans on White American college students: Attitudes, awareness of racial discrimination, and psychological adjustment." *American Journal of Community Psychology* 42, nos. 3-4(December 2008): 298-308. doi.org/10.1007/s10464-008-9202-z.

Ferrari, Pier Francesco, and Giacomo Rizzolatti. "Mirror neuron research: The past and the future." *Philosophical Transactions of the Royal Society of London B: Biological Sciences* 369, no. 1644 (2014): 20130169. doi.org/10.1098/rstb.2013.0169.

Goetz, Jennifer, Dacher Keltner, and Emiliana R. Simon-Thomas. "Compassion: An evolutionary analysis and empirical review." *Psychological Bulletin* 136, no. 3(May 2010): 351-74. doi.org/10.1037a0018807.

Joseph, Chacko N, Cesare Porta, Gaia Casucci, Nadia Casiraghi, Mara Maffeis, Marco Rossi, and Luciano Bernardi. "Slow breathing improves arterial baroreflex sensitivity and decreases blood pressure in essential hypertension." *Hypertension* 46 , no. 4 (October 2005): 714-8. doi.org/10.1161/01.HYP.0000179581.68566.7d.

Missouri State University. Orientation and Mobility Graduate Certificate Program website. Last modified January 16, 2018. graduate.missouristate.edu/catalog/prog_Orientation_and_Mobility.htm.

Orloff, Judith. *The Empath's Survival Guide: Life Strategies for Sensitive People*. Boulder, CO: Sounds True, 2017.

Phillips, Margot, Aine Lorie, John Kelley, Stacy Gray, and Helen Riess. "Long-term effects of empathy training in surgery residents: A one year follow-up study." *European Journal for Person Centered Healthcare* 1, no. 2 (2013), 326-32.doi.org/10.5750/ejpch.v1i2.666.

Radaelli, Alberto, Roberta Raco, Paola Perfetti, Andrea Viola, Arianna Azzellino, Maria G. Signorini, and Alberto Ferrari. "Effects of slow, controlled breathing on baroreceptor control of heart rate and blood pressure in healthy men." *Journal of Hypertension* 22, no. 7 (July 2004): 1361-70. doi.org/10.1097/01.hjh.0000125446.28861.51.

Riess, Helen, John M. Kelley, Robert W. Bailey, Emily J. Dunn, and Margot Phillips. "Empathy

Training for Resident Physicians: A Randomized Controlled Trial of a Neuroscience-Informed Curriculum." *Journal of General Internal Medicine* 27, no. 10 (2012): 1280–86. doi.org/10.1007/s11606-012-2063-z.

Riess, Helen, John M. Kelley, Robert W. Bailey, Paul M. Konowitz, and Stacey Tutt Gray. "Improving empathy and relational skills in otolaryngology residents: A pilot study." *Otolaryngology–Head and Neck Surgery* 144, no. 1 (January 2011):120–22. doi.org/10.1177/0194599810390897.

Singer, Tania, Ben Seymour, John P. O'Doherty, Holger Kaube, Raymond J. Dolan, and Chris D. Frith. "Empathy for pain involves the affective but not sensory components of pain." *Science* 303, no. 5661 (February 2004): 1157–62.doi.org/10.1126/science.1093535.

Singer, Tania, Ben Seymour, John P. O'Doherty, Klaas Enno Stephan, Raymond J. Dolan, and Chris D. Frith. "Empathic neural responses are modulated by the perceived fairness of others." *Nature* 439, no. 7075 (January 2006): 466–69.doi.org/10.1038/nature04271.

Slovic, Paul. "'If I Look at the Mass I Will Never Act': Psychic Numbing and Genocide." *Judgment and Decision Making* 2, no. 2 (April 2007) 79–95.

Slovic, Paul, Daniel Vastfjall, Arvid Erlandsson, and Robin Gregory. "Iconic photographs and the ebb and flow of empathic response to humanitarian disasters." *Proceedings of the National Academy of Sciences of the United States of America* 114, no. 4 (January 2017): 640–44. doi.org/10.1073/pnas.1613977114.

[4장]

Adams, Reginald B., Jr., Heather L. Gordon, Abigail A. Baird, Nalini Ambady, and Robert E. Kleck. "Effects of gaze on amygdala sensitivity to anger and fear faces." *Science* 300, no. 5625 (June 6, 2003): 1536. doi.org/10.1126/science.1082244.

Ambady, Nalini, Debi LaPlante, Thai Nguyen, Robert Rosenthal, Nigel R. Chaumeton, and Wendy Levinson. "Surgeons' tone of voice: a clue to malpractice history." *Surgery* 132, no. 1 (July 2002): 5–9. doi.org/10.1067/msy.2002.124733.

Boucher, Jerry D., and Paul Ekman. "Facial Areas and Emotional Information." *Journal of Communication* 25, no. 2 (June 1975): 21–29.doi.org/10.1111/j.1460-2466.1975.tb00577.x.

Bowlby, John. *A Secure Base: Clinical Applications of Attachment Theory*. London: Routledge, 1988.

Bowlby, John. *Attachment and Loss, Vol. I: Attachment*. New York: Basic Books, 1999. First published 1969 by Basic Books.

Chustecka, Zosia. "Cancer Risk Reduction in the Trenches: PCPs Respond." Medscape.com, October 25, 2016. medscape.com/viewarticle/870857.

Conradt, Elisabeth, and Jennifer C. Ablow. "Infant physiological response to the still-face paradigm: contributions of maternal sensitivity and infants' early regulatory behavior." *Infant Behavior & Development* 33, no. 3 (June 2010): 251–65. doi.org/10.1016/j.infbeh.2010.01.001.

Darwin, Charles. *The Expression of Emotions in Man and Animals*. 1872. Reprint, London: Friedman, 1979.

Decety, Jean, and G. J. Norman. "Empathy: A social neuroscience perspective." In *International*

Encyclopedia of the Social and Behavioral Sciences, 2nd edition, vol. 7, edited by James D. Wright, 541–48. Oxford: Elsevier, 2015.

Decety, Jean, Kalina J. Michalska, and Katherine D. Kinzler. "The contribution of emotion and cognition to moral sensitivity: A neurodevelopmental study." *Cerebral Cortex* 22, no. 1 (January 2012):209–20. doi.org/10.1093/cercor /bhr111.

Dimascio, Alberto, Richard W. Boyd, and Milton Greenblatt. "Physiological correlates of tension and antagonism during psychotherapy: A study of interpersonal physiology." *Psychosomatic Medicine* 19, no. 2 (1957): 99–104. doi.org/10.1097/00006842-195703000-00002.

Ekman, Paul. *Emotions Revealed: Recognizing Faces and Feelings to Improve Communication and Emotional Life*. New York: Henry Holt and Co., 2007.

Ekman, Paul, Richard J. Davidson, and Wallace V. Friesen. "The Duchenne smile: Emotional expression and brain physiology II." *Journal of Personality and Social Psychology* 58, no. 2 (March 1990): 342–53.doi.org/10.1037/0022-3514.58.2.342.

Gauntlett, Jane. "The In My Shoes Project." Accessed March 19, 2018. janegauntlett.com/inmyshoesproject/.

Hatfield, Elaine, Christopher K. Hsee, Jason Costello, Monique Schalekamp Weisman, and Colin Denney. "The impact of vocal feedback on emotional experience and expression." *Journal of Social Behavior and Personality* 10 (May 24, 1995): 293–312.

Insel, Thomas R., and Larry J. Young. "The neurobiology of attachment." *Nature Reviews Neuroscience* 2 (February 2001): 129–136. doi.org/10.1038/35053579.

Jenni, Karen, and George Lowenstein. "Explaining the identifiable victim effect." *Journal of Risk and Uncertainty* 14, no. 3 (May 1997): 235–57.doi.org/10.1023/A:1007740225484.

Kelley, John Michael, Gordon Kraft-Todd, Lidia Schapira, Joe Kossowsky, and Helen Riess. "The influence of the patient-clinician relationship on healthcare outcomes: A systematic review and meta-analysis of randomized controlled trials." *PloS ONE* 9, no. 4 (April 2014): e94207. doi.org/10.1371/journal .pone.0094207.

Kunecke, Janina, Andrea Hildebrandt, Guillermo Recio, Werner Sommer, and Oliver Wilhelm. "Facial EMG Responses to Emotional Expressions Are Related to Emotion Perception Ability." *PloS ONE* 9, no. 1 (January 2014): e84053.doi.org/10.1371/journal.pone.0084053.

Lieberman, Matthew D., Tristen K. Inagaki, Golnaz Tabibnia, and Molly J. Crockett. "Subjective Responses to Emotional Stimuli During Labeling, Reappraisal, and Distraction." *Emotion* 11, no. 3 (2011): 468–80. doi.org/10.1037/a0023503.

Lorie, Aine, Diego A. Reinero, Margot Phillips, Linda Zhang, and Helen Riess. "Culture and nonverbal expressions of empathy in clinical settings: A systematic review." *Patient Education and Counseling* 100, no. 3 (March 2017): 411–24. doi.org/10.1016/j.pec.2016.09.018.

Marci, Carl D., Jacob Ham, Erin K. Moran, and Scott P. Orr. "Physiologic correlates of perceived therapist empathy and social-emotional process during psychotherapy." *The Journal of Nervous and Mental Disease* 195, no. 2 (2007): 103–11. doi.org/10.1097/01. nmd.0000253731.71025.fc.

Mehrabian, Albert. *Nonverbal Communication*. Chicago: Aldine-Atherton, 1972.

Morrison, India, Marius V. Peelen, and Paul E. Downing. "The sight of others' pain modulates motor processing in human cingulate cortex." *Cerebral Cortex* 17, no. 9 (September 2007): 2214–22. doi.org/10.1093/cercor/bhl129.

Petrovic, Predrag, Raffael Kalisch, Tania Singer, and Raymond J. Dolan. "Oxytocin attenuates affective evaluations of conditioned faces and amygdala activity." *Journal of Neuroscience* 28, no. 26 (June 25, 2008): 6607–15. doi.org/10.1523/JNEUROSCI.4572-07.2008.

Rabin, Roni Caryn. "Reading, Writing, 'Rithmetic and Relationships." New York Times, December 20, 2010. well.blogs.nytimes.com/2010/12/20/reading-writing-rithmetic-and-relationships/.

Riess, Helen. "The Power of Empathy." Filmed November 2013 at TEDxMiddlebury in Middlebury, VT. Video, 17:02. youtube.com/watch?v=baHrcC8B4WM.

Riess, Helen, and Gordon Kraft-Todd. "E.M.P.A.T.H.Y.: A tool to enhance nonverbal communication between clinicians and their patients." *Academic Medicine* 89, no. 8 (August 2014): 1108–12. doi.org/10.1097/ACM.0000000000000287.

Stephens, Greg J., Lauren J. Silbert, and Uri Hasson. "Speaker-listener neural coupling underlies successful communication." *Proceedings of the National Academy of Sciences of the United States of America* 107, no. 32 (August 2010): 14425–30. doi.org/10.1073/pnas.1008662107.

[5장]

Brewer, Marilynn B. "The social psychology of intergroup relations: Social categorization, ingroup bias, and outgroup prejudice." In *Social Psychology: Handbook of Basic Principles*, 2nd edition, edited by Arie W. Kruglanski and E. Tory Higgins, 695–714. New York: Guilford Press, 2007.

Decety, Jean, and Jason M. Cowell. "Friends or Foes: Is Empathy Necessary for Moral Behavior?" *Perspectives on Psychological Science* 9, no. 5 (2014): 525–37. doi.org/10.1177/1745691614545130.

Decety, Jean, and Jason M. Cowell. "The complex relation between morality and empathy." *Trends in Cognitive Sciences* 18, no. 7 (July 2014): 337–39. doi.org/10.1016/j.tics.2014.04.008.

Fisman, Raymond J., Sheena S. Iyengar, Emir Kamenica, and Itamar Simonson. "Racial Preferences in Dating." *The Review of Economic Studies* 75, no. 1 (January 2008), 117–32. doi.org/10.1111/j.1467-937X.2007.00465.x.

Lamm, Claus, Andrew N. Meltzoff, and Jean Decety. "How Do We Empathize with Someone Who Is Not Like Us? A Functional Magnetic Resonance Imaging Study." *Journal of Cognitive Neuroscience* 22, no. 2 (2010): 362–76. doi.org/10.1162/jocn.2009.21186.

Lorie, Aine, Diego A. Reinero, Margot Phillips, Linda Zhang, and Helen Riess. "Culture and nonverbal expressions of empathy in clinical settings: A systematic review." *Patient Education and Counseling* 100, no. 3 (March 2017): 411–24. doi.org/10.1016/j.pec.2016.09.018.

Peters, William, dir. *The Eye of the Storm*. 1970; Filmed in 1970 in Riceville, Iowa, aired in 1970 on ABC. Video, 26:17. archive.org/details /EyeOfTheStorm_201303.

Petrovic, Predrag, Raffael Kalisch, Mathias Pessiglione, Tania Singer, and Raymond J. Dolan. "Learning affective values for faces is expressed in amygdala and fusiform gyrus." *Social Cognitive and Affective Neuroscience* 3, no. 2 (June 2008): 109–18. doi.org/10.1093/scan/nsn002.

Piff, Paul K., Daniel M. Stancato, Stephane Cote, Rodolfo Mendoza-Denton, and Dacher Keltner. "Higher social class predicts increased unethical behavior." *Proceedings of the National Academy of Sciences of the United States of America* 109, no. 11 (2012): 4086–91. doi. org/10.1073/pnas.1118373109.

Yiltiz, Hormetjan, and Lihan Chen. "Tactile input and empathy modulate the perception of ambiguous biological motion." *Frontiers in Psychology* 6 (February 2015): 161. doi. org/10.3389/fpsyg.2015.00161.

[6장]

Conradt, Elisabeth, and Jennifer C. Ablow. "Infant physiological response to the still-face paradigm: Contributions of maternal sensitivity and infants' early regulatory behavior." *Infant Behavior & Development* 33, no. 3 (June 2010): 251–65. doi.org/10.1016/j.infbeh.2010.01.001.

Cradles to Crayons. Accessed March 19, 2018. cradlestocrayons.org.

Fredrickson, Barbara. *Positivity: Groundbreaking Research Reveals How to Embrace the Hidden Strength of Positive Emotions, Overcome Negativity, and Thrive*. London: One World Publications, 2009.

Gladwell, Malcolm. *Blink: The Power of Thinking Without Thinking*. Boston: Little, Brown, 2005.

Hemphill, Sheryl A., Stephanie M. Plenty, Todd I. Herrenkohl, John W. Toumbourou, and Richard F. Catalano. "Student and school factors associated with school suspension: A multilevel analysis of students in Victoria, Australia and Washington State, United States." *Children and Youth Services Review* 36, no. 1 (January 2014): 187–94. doi.org/10.1016/j.childyouth.2013.11.022.

Kendall-Tackett, Kathleen A., and John Eckenrode. "The effects of neglect on academic achievement and disciplinary problems: A developmental perspective." *Child Abuse and Neglect* 20, no. 3 (March 1996): 161–69. doi.org/10.1016/S0145-2134(95)00139-5.

Kendrick, Keith M. "Oxytocin, motherhood and bonding." *Experimental Physiology* 85, no. s1 (March 2000): 111S–24S. doi.org/10.1111/j.1469-445X.2000.tb00014.x.

Kohut, Heinz. *How Does Analysis Cure?* Edited by Arnold Goldberg and Paul E. Stepansky. Chicago: University of Chicago Press, 1984.

Margherio, Lynn. "Building an Army of Empathy." Filmed November 2017 at TEDxBeaconStreet in Boston, MA. Video, 11:15. tedxbeaconstreet.com/videos/building-an-army-of-empathy/.

Open Circle learning program website. Wellesley Center for Women, Wellesley College. Accessed March 19, 2018. open-circle.org.

Piaget, Jean, and Barbel Inhelder. *The Child's Conception of Space*. London and New York: Psychology Press, 1997.

Sagi, Abraham, and Martin L. Hoffman. "Empathic distress in the newborn." *Developmental Psychology* 12, no. 2 (March 1976): 175–76. doi.org/10.1037/0012-1649.12.2.175.

Warrier, Varun, Roberto Toro, Bhismadev Chakrabarti, The iPSYCH-Broad autism group, Anders D. Borglum, Jakob Grove, the 23andMe Research Team, David Hinds, Thomas Bourgeron, and Simon Baron-Cohen. "Genome-wide analysis of self-reported empathy: Correlations with autism, schizophrenia, and anorexia nervosa." *Translational Psychiatry* 8, no. 1 (March 2018):

35. doi.org/10.1038/s41398-017-0082-6.

Winnicott, Donald W. "The theory of the parent-infant relationship." *The International Journal of Psychoanalysis* 41 (Nov–Dec 1960): 585–95. doi.org/10.1093/med:psych/9780190271381.003.0022.

[7장]

Falk, Emily B., Sylvia A. Morelli, B. Locke Welborn, Karl Dambacher, and Matthew D. Lieberman. "Creating buzz: The neural correlates of effective message propagation." *Psychological Science* 24, no. 7 (July 2013): 1234–42. doi.org/10.1177/0956797612474670.

Farber, Matthew. *Gamify Your Classroom: A Field Guide to Game-Based Learning*. Rev. ed. New York: Peter Lang Publishing, Inc., 2017.

Hemphill, Sheryl A., John W. Toumbourou, Todd I. Herrenkohl, Barbara J. McMorris, and Richard F. Catalano. "The effect of school suspensions and arrests on subsequent adolescent antisocial behavior in Australia and the United States." *Journal of Adolescent Health* 39, no. 5 (November 2006): 736–44. doi.org/10.1016/j.jadohealth.2006.05.010.

Horn, Michael B., and Heather Staker. *Blended: Using Disruptive Innovation to Improve Schools*. San Francisco: Jossey-Bass, 2015.

Kidd, David Comer, and Emanuele Castano. "Reading literary fiction improves theory of mind." *Science* 342, no. 6156 (October 2013): 377–80. doi.org/10.1126/science.1239918.

Lieberman, Matthew D. "Education and the social brain." *Trends in Neuroscience and Education* 1, no. 1 (December 2012): 3–9. doi.org/10.1016/j.tine.2012.07.003.

Redford, James, dir. *Paper Tigers*. 2015; Branford, CT: KPJR Films. kpjrfilms.co /paper-tigers/.

Warrier, Varun, Roberto Toro, Bhismadev Chakrabarti, The iPSYCH-Broad autism group, Anders D. Borglum, Jakob Grove, the 23andMe Research Team, David Hinds, Thomas Bourgeron, and Simon Baron-Cohen. "Genome-wide analysis of self-reported empathy: Correlations with autism, schizophrenia, and anorexia nervosa." *Translational Psychiatry* 8, no. 1 (March 2018): 35. doi.org/10.1038/s41398-017-0082-6.

[8장]

Berridge, Kent C., and Terry E. Robinson. "What is the role of dopamine in reward: Hedonic impact, reward learning, or incentive salience?" *Brain Research Reviews* 28, no. 3 (December 1998): 309–69. doi.org/10.1016/S0165-0173(98)00019-8.

Buckels, Erin E., Paul D. Trapnell, and Delroy L. Paulhus. "Trolls Just Want to Have Fun." *Personality and Individual Differences* 67 (September 2014): 97–102. doi.org/10.1016/j.paid.2014.01.016.

Buxton, Madeline. "The Internet Problem We Don't Talk About Enough." Refinery29.com, March 15, 2017. refinery29.com/online-harassment-statistics-infographic.

Dosomething.org. "11 Facts About Bullies." Accessed March 19, 2018. dosomething.org/us/facts/11-facts-about-bullying.

Keng, Shian-Ling, Moria J. Smoski, and Clive J. Robins. "Effects of mindfulness on psychological health: A review of empirical studies." *Clinical Psychology Review* 31, no. 6 (August 2011): 1041–56. doi.org/10.1016/j.cpr.2011.04.006.

Przybylski, Andrew K., and Netta Weinstein. "Can you connect with me now? How the presence of mobile communication technology influences face-to-face conversation quality." *Journal of Social and Personal Relationships* 30, no. 3 (May 2013), 237–46. doi.org/10.1177/0265407512 453827.

Rideout, Victoria J., Ulla G. Foehr, and Donald F. Roberts. *Generation M2: Media in the Lives of 8- to 18-Year-Olds: A Kaiser Family Foundation Study*. Menlo Park, CA: Henry J. Kaiser Family Foundation, January 2010. kaiserfamilyfoundation.files.wordpress.com/2013/04/8010.pdf.

Schenker, Mark. "The Surprising History of Emojis." Webdesignerdepot.com, October 11, 2016. webdesignerdepot.com/2016/10/the-surprising-history-of-emojis/.

Steinberg, Brian. "Study: Young Consumers Switch Media 27 Times an Hour." Ad Age, April 9, 2012. adage.com/article/news/study-young-consumers-switch-media-27-times-hour/234008/.

West, Lindy. "What Happened When I Confronted My Cruelest Troll." *Guardian*, February 2, 2015. theguardian.com/society/2015/feb/02/what-happened-confronted-cruellest-troll-lindy-west.

Wong, Hai Ming, Kuen Wai Ma, Lavender Yu Xin Yang, and Yanqi Yang. "Dental Students' Attitude towards Problem-Based Learning before and after Implementing 3D Electronic Dental Models." *International Journal of Educational and Pedagogical Sciences* 104, no. 8 (2017): 2110, 1–6. hdl. handle.net/10722/244777.

[9장]

Alan Alda Center for Communicating Science. Accessed March 19, 2018. aldacenter.org.

Gauntlett, Jane. *The In My Shoes Project*. Accessed March 19, 2018. janegauntlett. infor/ inmyshoesproject.

Kandel, Eric R. *The Age of Insight: The Quest to Understand the Unconscious in Art, Mind, and Brain, from Vienna 1900 to the Present*. New York: Random House, 2012.

Kidd, David Comer, and Emanuele Castano. "Reading literary fiction improves theory of mind." *Science* 342, no. 6156 (October 2013): 377–80. doi.org/10.1126/science.1239918.

Mazzio, Mary, dir. *I Am Jane Doe*. 2017; Babson Park, MA: 50 Eggs Films. iamjanedoefilm.com.

O'Donohue, John. *Anam Cara: A Book of Celtic Wisdom*, 25. New York: HarperCollins, 1997.

O'Donohue, John. *Beauty: The Invisible Embrace: Rediscovering the True Sources of Compassion, Serenity, and Hope*. New York: HarperCollins, 2004.

Rentfrow, Peter J., Lewis R. Goldberg, and Ran D. Zilca. "Listening, watching, and reading: The structure and correlates of entertainment preferences." *Journal of Personality* 79, no. 2 (April 2011): 223–58. doi.org/10.1111/j.1467-6494.2010.00662.x.

Rifkin, Jeremy. *The Empathic Civilization: The Race to Global Consciousness in a World in Crisis*. Cambridge: Polity, 2009.

Siegel, Daniel J. *The Developing Mind: How Relationships and the Brain Interact to Shape Who We Are*. 2nd ed. New York: Guilford Press, 2012.

[10장]

Adams, Reginald B., Jr., Heather L. Gordon, Abigail A. Baird, Nalini Ambady, and Robert E. Kleck. "Effects of gaze on amygdala sensitivity to anger and fear faces." *Science* 300, no. 5625 (June 6, 2003): 1536. doi.org/10.1126/science.1082244.

Boyatzis, Richard, and Annie McKee. *Resonant Leadership: Renewing Yourself and Connecting with Others Through Mindfulness, Hope, and Compassion*. Boston: Harvard Business Review Press, 2005.

Buckner, Randy L., Jessica R. Andrews-Hanna, and Daniel L. Schacter. "The brain's default network: Anatomy, function, and relevance to disease." *Annals of the New York Academy of Sciences* 1124, no. 1 (March 2008): 1–38. doi.org/10.1196/annals.1440.011.

Cameron, Kim. "Responsible Leadership as Virtuous Leadership." *Journal of Business Ethics* 98, no. 1 (January 2011): 25–35. doi.org/10.1007/s10551-011-1023-6.

CNN Exit Polls, November 23, 2016, cnn.com/election/results/exit-polls.

DeSteno, David. *The Truth About Trust: How It Determines Success in Life, Love, Learning, and More*. New York: Hudson Street Press, 2014.

Fajardo, Camilo, Martha Isabel Escobar, Efrain Buritica, Gabriel Arteaga, J. Umbarila, Manuel F. Casanova, and Hernan J. Pimienta. "Von Economo neurons are present in the dorsolateral (dysgranular) prefrontal cortex of humans." *Neuroscience Letters* 435, no. 3 (May 2008): 215–18. doi.org/10.1016/j.neulet.2008.02.048

Goleman, Daniel. *Emotional Intelligence: Why It Can Matter More Than IQ*. London: Bloomsbury, 2010.

Goleman, Daniel. *Social Intelligence: The New Science of Human Relationships*. New York: Bantam Books, 2007.

Goleman, Daniel, Richard Boyatzis, and Annie McKee. *Primal Leadership: Realizing the Power of Emotional Intelligence*. Boston: Harvard Business Review Press, 2002.

Grant, Daniel. "Artists as Teachers in Prisons." Huffington Post, July 6, 2010. Updated November 17, 2011. huffingtonpost.com/daniel-grant/artists-as-teachers-in-pr_b_565695.html.

Kraft-Todd, Gordon T., Diego A. Reinero, John M. Kelley, Andrea S. Heberlein, Lee Baer, and Helen Riess. "Empathic nonverbal behavior increases ratings of both warmth and competence in a medical context." *PloS ONE* 12, no. 5 (May 15, 2017): e0177758. doi.org/10.1371/journal.pone.0177758.

Kuhn, Daniel. *Dispatches from the Campaign Trail*. American University (2016), american.edu/spa/dispatches/campaign-trail/blog-two.cfm.

Lennick, Doug, and Fred Kiel. *Moral Intelligence: Enhancing Business Performance and Leadership Success*. Upper Saddle River, NJ: Pearson Education, 2008.

Lennick, Doug, Roy Geer, and Ryan Goulart. *Leveraging Your Financial Intelligence: At the Intersection of Money, Health, and Happiness*. Hoboken, NJ: John Wiley & Sons, Inc., 2017.

Maslow, Abraham H. "A theory of human motivation." *Psychological Review* 50, no. 4 (1943): 370–96. doi.org/10.1037/h0054346.

Peri, Sarada. "Empathy Is Dead in American Politics." New York, March 30, 2017. nymag.com/daily/intelligencer/2017/03/empathy-is-dead-in-american-politics.html.

Schwartz, Richard C. *Internal Family Systems Therapy.* New York: Guilford Press, 1994.

Sesno, Frank. *Ask More: The Power of Questions to Open Doors, Uncover Solutions and Spark Change.* New York: Amacom, 2017.

The Empathy Business, "Our Empathy Index." Accessed March 19, 2018. hbr.org/2015/11/2015-empathy-index.

"Transparency International—ulgaria reports alarming rate of potential vote sellers." Sofia News Agency, October 19, 2011. novinite.com/articles/133068/Transparency+International-Bulgaria+Reports+Alarming+Rate+of+Potential+Vote-Sellers.

"The Trump Family Secrets and Lies." Cover story, *People,* July 31, 2017.

Valdesolo, Piercarlo, and David DeSteno. "Synchrony and the social tuning of compassion." *Emotion* 11, no. 2 (April 2011): 262–26. doi.org/10.1037/a0021302.

[11장]

Alda, Alan. *If I Understood You, Would I Have This Look on My Face?: My Adventures in the Art and Science of Relating and Communicating.* New York: Random House, 2017.

Arumi, Ana Maria, and Andrew L. Yarrow. *Compassion, Concern and Conflicted Feelings: New Yorkers on Homelessness and Housing.* New York: Public Agenda, 2007. publicagenda.org/files/homeless_nyc.pdf.

Baron-Cohen, Simon. *Autism and Asperger Syndrome.* Oxford and New York: Oxford University Press, 2008.

Baron-Cohen, Simon. *The Science of Evil: On Empathy and the Origins of Cruelty.* New York: Basic Books, 2011.

Baron-Cohen, Simon. *Zero Degrees of Empathy: A New Theory of Human Cruelty and Kindness.* London: Penguin Books, 2011.

Egan, Gerard. *The Skilled Helper: A Systematic Approach to Effective Helping.* 4th ed. Pacific Grove, CA: Brooks-Cole Publishing, 1990.

Final Report Draft (Washington, DC: The President's Commission on Combating Drug Addiction and the Opioid Crisis, 2017). whitehouse.gov/sites/whitehouse.gov/files/images/Final_Report_Draft_11-15-2017.pdf.

Wakeman, Sarah. *Journal of Addiction Medicine.* American Society of Addiction Medicine, 2017.

Yoder, Keith J., Carla L. Harenski, Kent A. Kiehl, and Jean Decety. "Neural networks underlying implicit and explicit moral evaluations in psychopathy." *Translational Psychiatry* 25, no. 5 (August 2015): e625. doi.org/10.1038/tp.2015.117.

[12장]

Ekman, Eve, and Jodi Halpern. "Professional Distress and Meaning in Health Care:Why Professional Empathy Can Help." *Social Work in Health Care* 54, no. 7(2015), 633–50. doi. org/10.1080/00981389.2015.1046575.

Epel, Elissa S., Elizabeth H. Blackburn, Jue Lin, Firdaus Dhabhar, Nancy E. Adler, Jason D. Morrow, and Richard M. Cawthorn. "Accelerated telomere shortening in response to life stress." *Proceedings of the National Academy of Sciences* 101, no. 49 (December 2004): 17312–15. doi. org/10.1073/pnas.0407162101.

Epstein, Ronald M. *Attending: Medicine, Mindfulness, and Humanity.* New York: Scribner, 2017.

Epstein, Ronald M. "Mindful practice." *JAMA* 282, no. 9 (September 1999): 833–39. doi. org/10.1001/jama.282.9.833.

Gazelle, Gail, Jane M. Liebschutz, and Helen Riess. "Physician Burnout: Coaching a Way Out." *Journal of General Internal Medicine* 30, no. 4 (December 2014): 508–513. doi.org/10.1007/ s11606-014-3144-y.

Goleman, Daniel, and Richard J. Davidson. *Altered Traits: Science Reveals How Meditation Changes Your Mind, Brain, and Body.* New York: Avery, 2017.

Gracanin, Asmir, Ad Vingerhoets, Igor Kardum, Marina Zupcic, Maja Santek, and Mia Simic. "Why crying does and sometimes does not seem to alleviate mood: A quasi-experimental study." *Motivation and Emotion* 39, no. 6 (December 2015): 953–60. doi.org/10.1007/ s11031-015-9507-9.

Hojat, Mohammadreza, Michael J. Vergare, Kaye Maxwell, George C. Brainard, Steven K. Herrine, Gerald A Isenberg, J. Jon Veloski, and Joseph S. Gonnella. "The devil is in the third year: A longitudinal study of erosion of empathy in medical school." *Academic Medicine: Journal of the Association of American Medical Colleges* 84, no. 9 (October 2009): 1182–91. doi.org/10.1097/ ACM.0b013e3181b17e55.

Kabat-Zinn, Jon. *Wherever You Go, There You Are: Mindfulness Meditation in Everyday Life.* New York: Hyperion, 1994.

Kearney, Michael K., Radhule B. Weininger, Mary L. S. Vachon, Richard L. Harrison, and Balfour M. Mount. "Self-care of physicians caring for patients at the end of life: 'Being connected... a key to my survival.'" *JAMA* 301, no. 11(2009): 1155–64. doi.org/10.1001/jama.2009.352.

Linzer, Mark, Rachel Levine, David Meltzer, Sara Poplau, Carole Warde, and Colin P. West. "10 Bold Steps to Prevent Burnout in General Internal Medicine." *Journal of General Internal Medicine* 29, no. 1 (January 2014): 18–20. doi.org/10.1007/s11606-013-2597-8.

Mascaro, Jennifer S., James K. Rilling, Lobsang Tenzin Negi, and Charles L. Raison. "Compassion meditation enhances empathic accuracy and related neural activity." *Social Cognitive and Affective Neuroscience* 8, no. 1 (January 2013): 48–55. doi.org/10.1093/scan/nss095.

Neff, Kristin D. "Self-Compassion: An Alternative Conceptualization of a Healthy Attitude Toward Oneself." *Self-Identity* 2, no. 2 (April 2003): 85–101. doi.org/10.1080/15298860309032.

Riess, Helen, and Gordon Kraft-Todd. "E.M.P.A.T.H.Y.: A tool to enhance nonverbal communication between clinicians and their patients." *Academic Medicine* 89, no. 8 (August 2014): 1108–12. doi.org/10.1097/ACM.0000000000000287.

Riess, Helen, John M. Kelley, Robert W. Bailey, Emily J. Dunn, and Margot Phillips. "Empathy Training for Resident Physicians: A Randomized Controlled Trial of a Neuroscience-Informed Curriculum." *Journal of General Internal Medicine* 27, no. 10 (2012): 1280–86. doi.org/10.1007/s11606-012-2063-z.

Siegel, Daniel J. *The Mindful Brain: Reflection and Attunement in the Cultivation of Well-Being.* New York: W. W. Norton, 2007.

Shanafelt, Tait D., Sonja Boone, Litjen Tan, Lotte N. Dyrbye, Wayne Sotile, Daniel Satele, Colin P. West, Jeff Sloan, and Michael R. Oreskovich. "Burnout and satisfaction with work-life balance among US physicians relative to the general US population." *Archives of Internal Medicine*, 2012 Oct 8;172(18): 1377–5.doi: 10.1001/archinternmed.2012.3199.

Smith, Karen E., Greg J. Norman, and Jean Decety. "The complexity of empathy during medical school training: Evidence for positive changes." *Medical Education* 51, no. 11 (November 2017): 1146–59. doi.org/10.1111/medu.13398.

Trudeau, Renee Peterson. *The Mother's Guide to Self-Renewal: How to Reclaim, Rejuvenate and Re-Balance Your Life.* Austin, TX: Balanced Living Press, 2008.

최고의 나를 만드는 공감 능력

1판 1쇄 2019년 3월 15일 발행
1판 3쇄 2021년 1월 5일 발행

지은이 · 헬렌 리스, 리즈 네포렌트
옮긴이 · 김은지
펴낸이 · 김정주
펴낸곳 · ㈜대성 Korea.com
본부장 · 김은경
기획편집 · 이향숙, 김현경
디자인 · 문 용
영업마케팅 · 조남웅
경영지원 · 공유정, 마희숙

등록 · 제300-2003-82호
주소 · 서울시 용산구 후암로 57길 57 (동자동) ㈜대성
대표전화 · (02) 6959-3140 | 팩스 · (02) 6959-3144
홈페이지 · www.daesungbook.com | 전자우편 · daesungbooks@korea.com

ISBN 978-89-97396-88-7 (03190)
이 책의 가격은 뒤표지에 있습니다.

이 책은 아모레퍼시픽의 아리따글꼴을 사용하였습니다.

Korea.com은 ㈜대성에서 펴내는 종합출판브랜드입니다.
잘못 만들어진 책은 구입하신 곳에서 바꾸어 드립니다.

이 도서의 국립중앙도서관 출판예정도서목록(CIP)은 서지정보유통지원시스템 홈페이지
(http://seoji.nl.go.kr)와 국가자료공동목록시스템(http://www.nl.go.kr/kolisnet)에서
이용하실 수 있습니다. (CIP제어번호: CIP2019005362)